요즘 학생을 위한
딱 7일 수능 한국사

요즘 학생을 위한 딱 7일 수능 한국사

ⓒ 박순화 2024

초판 1쇄   2024년   6월   21일

지은이   박순화

출판책임	박성규	**펴낸이**	이정원
편집주간	선우미정	**펴낸곳**	도서출판 들녘
기획이사	이지윤	**등록일자**	1987년 12월 12일
디자인 진행	전영진	**등록번호**	10-156
편집	이동하·이수연·김혜민	**주소**	경기도 파주시 회동길 198
디자인	하민우·고유단	**전화**	031-955-7374 (대표)
마케팅	전병우		031-955-7381 (편집)
경영지원	김은주·나수정	**팩스**	031-955-7393
제작관리	구법모	**이메일**	dulnyouk@dulnyouk.co.kr
물류관리	엄철용		

ISBN   979-11-5925-875-6(43910)

요즘 학생을 위한

"딱

7

일"

박순화 지음

수능 한국사

푸른들녘

저자의 말

세 가지 의문.

"선생님. 역사책 읽는 것은 참 재미있는데, 시험은 어려워요!"
"역사는 외워야 할 것이 너무 많아요."
"전근대사는 익숙한데, 근현대사는 어려워요."

오랫동안 들어 왔던 학생들의 고충입니다. 그래서 역사 교사인 제가 지난 14년간 품고 있었던 의문을 정리해 보았습니다.

1. 왜 스토리텔링 식으로 내용을 정리하고, 수능까지 함께 대비해 주는 책은 없을까?
2. 왜 역사 과목은 늘 공부할 양이 많을까?
3. 왜 꼭 구석기 시대부터 시작해서 시대 순서대로 공부해야 할까?

수시로 서점을 뒤져보고 오랫동안 기다려 보아도 의문에 답을 주는 책은 나오지 않았습니다. 그래서 저는 직접 써 보기로 했습니다.

1. 이야기식으로 내용을 정리하고 난 다음, 그 내용이 수능에서 이렇게 나왔는지 소개하고 대비법을 알려 주자.

2. 목표를 수능 한국사로 좁힌다면 굳이 방대한 한국사의 모든 내용을 다 다루지 않아도 되겠지. 손품을 팔아 기출 문제를 분석하고 자주 출제되는 주제와 키워드 중심으로 내용을 재구성해 보자.

3. 바뀐 교육과정에서는 근현대사 출제 비중이 압도적으로 높은데, 초두 효과를 노려 근현대사를 앞부분에 배치해서 현대사부터 역시대 순으로 가 보자. 오늘의 나를 있게 해 준 부모님이 살았던 시대의 이야기부터 부모님의 부모님 그리고 그 윗세대로 거슬러 올라가는 여행을 하다 보면 역사라는 것이 그저 책 속에 남은 먼 이야기가 아니라 지금 이 순간을 있게 해 준 시간의 발자취라는 것을 알 수 있겠지.

이 책은 오랜 고민에 대한 저 자신의 답변입니다.

역사 교양서는 많습니다. 역사 문제집도 많습니다. 하지만 이 둘을 한 권에 담아낸 책은 없습니다. 재미와 교과 학습을 함께 담을 수는 없을까요?

기존에 없었던 파격적인 이 책이 저와 비슷한 고민을 하는 대한민국의 수험생 및 예비 수험생, 그리고 학부모와 교사들에게 티끌만큼의 도움이라도 되기를 희망합니다.

목마른 사람이 우물을 파는 법입니다. 저는 아직 목이 마릅니다. 이제 하나의 우물을 팠을 뿐입니다. 우물을 파 본 경험을 살려 두 번째, 세 번째 우물을 계속 파 나가겠습니다.

머리말

"역사" 하면 어떤 생각이 먼저 떠오르나요?

'재미없다' '암기과목' 등이 가장 먼저 떠올랐나요?

안타깝지만 지금까지 역사를 잘못 배우셨습니다. 여러분 잘못이 아닙니다.

우리가 배우는 역사는 시간의 흐름에 따른 인간의 삶을 탐구하는 과목입니다. 이 말에는 두 가지 의미가 담겨 있습니다. 하나는 '시간의 흐름에 따른다'는 것이고 나머지 하나는 '인간의 삶을 탐구한다'는 것입니다.

시간의 흐름에 따른다는 것은 '과거의 일'을 다룬다는 것입니다. 역사에서 미래의 일을 다룰 수는 없겠지요. 여러분은 혹시 일분일초마다 얼마나 많은 일이 일어나는지 알고 있나요? 과거에 일어난 사실들을 모두 다 알고 있으면 역사를 잘 아는 것일까요? 이런 일은 불가능할 뿐 아니라 역사의 본질에서도 한참 벗어나 있습니다.

역사란 과거의 일을 다루기는 하지만 과거의 일 중 '의미 있는 몇 가지'만 다룹니다. 이때 '의미'란 역사학자에 따라, 또 시대 상황에 따라 달라질 수 있습니다. 여기에서 첫 번째 어려움이 생깁니다. 어떤 것이 의미 있고, 어떤 것이 의미 없는 것일까요? 만약 이 작업을 하지 못하면 몽땅 다 알아야만 하는 것처럼 느껴집니다. '역사는 공부할 양이 많다'는 말이 나오는 이유가 여기에 있습니다.

'인간의 삶을 탐구하는 과목'이라는 말을 살펴볼까요? 여러분이 중국집에 갔습니다. 자장면을 시킬까요, 짬뽕을 시킬까요? 선호하는 메뉴는 있겠지만, 100%는 아닐 겁니다. 평소에는 자장면을 시키지만, 비 오는 날에는 짬뽕을 먹고 싶을 수 있습니다. 즉, 인간의 선택과 그에 따른 삶은 늘 일관되지 않습니다. 이런 특성은 현대인뿐 아니라 과거인들도 가지고 있었을 것입니다. 여기에서 역사 공부의 두 번째 어려운 점이 생겨납니다. 수학처럼 1+1이 늘 2라면 좋겠는데, 역사에서는 대체로 1+1=2이지만, 어느 시기 어느 장소에서는 1+1=3일 때가 있습니다. 그 때문에 과거에 있었던 일은 모두 다 외워야 할 것처럼 느껴집니다.

여기까지 읽으며 고개를 끄덕였다면 조금만 더 읽어 보기를 바랍니다.

역사뿐 아니라 모든 공부의 시작은 암기입니다. 암기 없는 공부는 없습니다. 영어 공부의 시작은 영어 단어 암기입니다. 수학 공부의 시작은 공식의 암기입니다. 과학 공부의 시작은 개념 암기입니다. 역사도 이와 마찬가지일 뿐입니다. 그런데 유독 역사 과목에 '암기과목'이라는 딱지를 붙이는 이유는 위에서 살펴본 역사라는 과목의 두 가지 특성 때문입니다.

사실 암기만큼 '쉬운 공부법'도 없습니다. 만약 암기가 지루하고 고통스럽다면 암기의 양을 줄이면 되지 않을까요? 이 책은 이런 문제의식에서 출발했습니다.

제가 기존의 역사 교양서나 참고서에서 품었던 의문은 다음과 같습니다.

첫째, 모든 내용을 다 다뤄야 하는가?

아닙니다. 어떤 음식인지에 따라 그릇 모양과 조리 도구가 달라지듯, 목표에 따라 양은 얼마든지 늘리거나 줄일 수 있습니다. 우리의 목표는 수능 한국사입니다. 수능이라는 시험은 전국 단위의 표준화 시험으로 지역이나 계층, 사용 교과서나 출판사에 따라 특정 수험생이 유리하거나 불리하면 안 됩니다. 이런 이유로 누구나 고개를 끄덕일 만한(출제 시비가 없을 만한) '보편적인 내용'으로 출제할 수밖에 없습니다. 게다가 절대평가입니다. 소위 '킬러 문항'이 없어도 됩니다. 점수에 따라 줄을 세우는 것(상대 평가)이 시험의 목적이 아니기 때문입니다.

'보편적인 내용'은 양이 많을 수 없습니다. 이 교과서에 있는 내용이 저 교과서에 없으면 보편적인 것이 아닙니다. 현행 교육과정(2015 개정) 체제에서 사용하는 고등학교 한국사 교과서는 무려 9종류입니다. 여기에서 공통으로 다루는 내용 위주로 추리기만 해도 공부량이 줄어듭니다. 한 걸음 더 들어가 지금까지 출제되었던 모의고사와 수능 문제를 모아서 제시 자료와 정답 선지에 사용되었던 키워드를 뽑아 본다면 공부량을 줄일 수 있을 뿐 아니라 공부의 우선순위까지도 정할 수 있지 않을까요?

자주 출제되는 내용을 먼저 공부하고, 가끔 출제되는 내용은 조금 나중에 가볍게 공부해도 됩니다. 시대별로 출제되는 주제는 한정되어 있고, 그 주제에서 사용되는 키워드는 더욱더 한정적입니다. 믿기 어렵겠지만, 7일이면 충분히 전 범위를 훑고 정리할 수 있습니다. 그래서 수능 한국사를 분석한 1장과 고대(선사 시대~남북국 시대), 고려 시대, 조선 시대, 일제 강점기, 현대사에 각 1개의 장을 할애하여 총 7개의 장으로 구성했습니다.

둘째, 역사책은 꼭 이야기식의 교양서이거나 개조식의 내용 정리 참고서여야 하는가?

지금까지 접해 본 역사책을 떠올려 보세요. 학교 교과서 내용이 잘 정리되어 있고 관련 문제가 조금 있는 참고서 형식이 먼저 떠오르지요? 역사에 조금 관심이 있는 경우라면 이야기식의 역사 교양서도 떠오를 것입니다. 장단점이 있습니다. 내용이 잘 정리되어 있는 참고서는 공부할 때 효과적으로 내용을 구조화할 수 있습니다. 다만 뜻과 맥락을 알기 어렵습니다. 그렇기에 정리된 내용을 비슷한 강도로 모두 공부합니다. 심할 때는 몽땅 다 외워 버립니다. 문제는 몽땅 다 외우는 게 거의 불가능할 뿐만 아니라 그렇게 했다고 해도 수능 시험에서 원하는 결과가 나오지 않는 경우가 더 많다는 점입니다.

이야기식으로 구성된 역사 교양서는 재미있어서 술술 읽힙니다. 마치 소설책을 읽는 기분이랄까요? 하지만 읽고 나서 그 내용을 구조화하기가 쉽지 않습니다. 따라서 이야기로 익힌 내용을 실제 교과 학습으로 연결하는 것이 어렵습니다.

내용 정리와 이야기식 구성, 나아가 기출 분석까지 모두 한 권의 책으로 엮을 수는 없을까요?

지금껏 그런 시도가 없었을 뿐이지 충분히 가능하다고 생각합니다. 그래서 각 시대를 한 장으로 구성한 다음 각 시대를 다시 몇 개의 소주제로 나누어 관련 내용을 이야기식으로 풀어내려고 합니다. 이후 해당 내용이 실제 모의고사나 수능에서는 어떻게 출제되었는지 기출 문제까지 분석해 보려고 합니다.

셋째, 역사 공부는 꼭 구석기 시대부터 시작해야 하나?

교과서나 참고서를 아무것이나 꺼내 보면 주로 앞부분만 필기가 되어 있고 뒤쪽은 깨끗합니다. 우리는 앞부분은 신경 써서 읽거나 공부합니다. 시작할 때는 누구나 의지와 집중력이 좋기 때문입니다.

　그러다 보니 초등학교, 중학교, 고등학교를 거치면서 무려 3번이나 한국사 공부를 하고서도 구석기, 신석기, 고조선까지는 어느 정도 알고 있지만, 고려 이후부터는 늘 새롭습니다.

　수학처럼 단원의 위계가 뚜렷한 과목이라면 마땅히 앞에서부터 공부해야 합니다. 그런데 역사도 그래야 할까요? 구석기 신석기를 알아야 고조선을 알고 삼국 시대를 알 수 있을까요? 저는 그렇게 생각하지 않습니다. 물론 시대 순으로 공부하는 게 자연스럽습니다. 하지만 거꾸로 공부해도 역사를 이해하는 데 큰 어려움은 없습니다. 결국은 선택의 문제입니다. 그렇다면 선택의 기준은 무엇이 되어야 할까요?

　어느 정도 아는 것을 더욱 확실하게 공부하는 것도 중요하지만 우리의 목표는 짧은 시간 안에 효율적으로 수능 한국사를 공부하는 것입니다. 만약 앞부분의 출제 비중이 작다면 어떻게 공부하는 것이 효율적일까요?

　2015 개정 교육과정에서 고등학교 한국사 과목은 4단원으로 구성되어 있습니다. 중학교 때 역사2 과목으로 1년 동안 공부했던 내용, 즉 구석기 시대부터 조선 후기 19세기 중반까지가 고등학교 한국사에서 고작 1개의 단원을 차지합니다. 무려 4분의 1로 줄어든 것입니다. 당연히 수능에서 출제되는 비중도 4분의 1입니다.

　여기까지 읽었다면 둘 중 하나의 생각이 들었을 것입니다.

　① '와~ 중3 때 1년 동안 배운 것이 고등학교 한국사에서는 4분의 1로 다뤄지니 나머지 4분의 3을 공부하려면 중3 때보다 공부량이 4배 많다는 거잖

아!'

②'오! 중3 1년 동안 배운 것이 고등학교 한국사에서 4분의 1이라면, 나도 4분의 1정도의 비중으로 좀 가볍게 공부하면 되겠군!'

여러분은 어느 쪽인가요?

정답이 있는 문제입니다. 정답은 ②입니다. 모든 교육과정에는 의도가 있습니다. 중3 때 1년 동안 배운 내용을 고등학교에서 4분의 1로 줄였다는 것은 딱 그 정도의 비중으로만 다루라는 것입니다.

실제로 수능에서도 약 4분의 1의 비중으로만 출제됩니다. 20문제 중 5~6문제입니다. 이 5~6문제에 선사 시대도 출제해야 하고, 삼국 시대도 출제해야 하고, 고려와 조선까지 출제해야 합니다. 선사 시대, 삼국 시대, 고려 시대, 조선 시대에서 각각 1~2문제가 출제되는 것입니다. 물론 '보편적인 내용'으로요.

한국사 2단원은 개화기입니다. 여기에서 5문제가 출제됩니다. 3단원은 일제 강점기이고 역시 5문제가 출제됩니다. 마지막 4단원은 현대사로 4~5문제가 출제됩니다.

감이 조금 오나요? 정작 출제 비중이 높은 시기는 중학교 때 '진도의 압박'으로 배우지 않았거나 배우고 넘어갔던 근현대사입니다. 근현대사만 확실하다면 전근대사에서 찍어서 맞추는 것까지 생각하면 정답률이 80% 이상 나옵니다. 그러면 수능 점수로 50점 만점에서 40점 이상입니다. 40점 이상이면 1등급입니다.

이래도 출제 비중이 낮은 앞 시대부터 공부하겠습니까?

이런 이유로 이 책은 출제 비중과 효율성을 고려하여 현대사부터 일제 강점기, 개화기, 조선, 고려, 삼국 시대 포함 고대 순서로 구성되어 있습니다.

마치 선생님이 판서하며 설명하고 설명 이후에는 실전 문제 풀이까지 해 주는 '친절한 선생님'이 이 책의 콘셉트입니다. 이 책은 수능 한국사를 목표로 하는 고등학생이나 수험생이 보면 좋은 책입니다. 하지만 한국사에 관심이 많은 초등학교 고학년 학생이나 중학생이 읽어도 좋습니다. 이미 알고 있는 한국사 지식에 덧붙여 얻어 가는 것도 있을 것이고, 언젠가 치르게 될 수능 한국사에서 관련 내용이 어떻게 출제되는지 감을 미리 잡을 수 있기 때문입니다.

고등학생을 자녀로 둔 학부모가 읽어도 좋습니다. 추가로 시간을 내기 어려운 자녀 대신 먼저 읽어 본 다음 팁을 전해 주어도 좋을 것입니다. 초등학생이나 중학생을 자녀로 둔 학부모라면 앞으로 자녀가 겪을 수능 한국사를 위한 큰 학습 계획을 세우는 데 도움이 될 것입니다. 수학, 영어 등과 달리 한국사는 비전공자가 공부해도 충분히 이해할 수 있기 때문입니다.

한국사 수업을 하는 초중고 역사 교사에게 내보이기에는 부끄러운 책이지만, 압축적으로 전 범위를 훑으려 할 때 참고하면 도움이 되리라 확신합니다. '진도 빼기'가 지상과제인 역사 교사 처지에서 어떤 내용을 덜어낼지가 늘 고민입니다. 이 책에서 제시한 빈출 주제 중심으로 수업을 재구성한다면 짧은 시간 내에 전 범위를 훑어줄 수 있을 것입니다.

최대한 학습 요소를 줄이려고 노력했습니다. 책에 쓰는 순간 학습 요소(라고 쓰고 암기 요소라고 읽습니다)가 되어 버리기 때문에 정말 필요한 경우가 아니라면 연도를 쓰지 않았습니다. 역사 인물도 출제가 되는 경우가 아니면 굳이 언급하지 않았습니다.

사람들과 지낼 때 그 사람의 나이를 몰라도 관계 맺고 대화하는 데 어려움이 없습니다. 역사도 마찬가지입니다. 연도와 인물을 다 알지 못해도 역사의 흐름을 이해하는 데는 큰 어려움이 없습니다.

　부디 이 책이 여러분에게 티끌만 한 도움이라도 되기를 소망합니다.

분석과 수능

분석과 출제 한국사 경향

수능 한국사는 어떤 시험이고 어떤 주제들이 출제되어 왔을까요?

수능 한국사는 국어, 수학, 영어에 이어 탐구와 함께 4교시에 실시되는 과목입니다. 수험생은 14:50분부터 30분간 시험을 치르게 됩니다. 문항은 과목이 개설된 이래 지금까지 단 20문항만이 출제되고 있습니다. 20문항을 30분간 푸는 것이니 평균적으로 문항당 1분 30초가 주어지는 셈입니다. 검토하고 OMR 마킹하는 시간을 빼고 여유 있게 문항당 1분으로 잡으면 안전합니다.

수능 한국사는 7차 교육과정까지는 '국사'로 불렸고, 사회탐구 선택과목 중 하나였습니다. 그러다가 2014년에 입학한 수험생들이 고3이 되었던 2016년에 실시된 2017학년도 수능부터 필수 과목으로 지정되었습니다.

2016년에 치러졌으면 2016학년도여야 하는데, '2017학년도 수능'이라고 해서 많이 헷갈리지요? 수능 출제 기관인 한국교육과정평가원(이하 평가원)에서는 수능을 출제하기에 앞서 매해 6월과 9월에 전국 수험생(N수생 포함)을 대상으로 모의평가를 실시하고 이에 따라 문항 난이도를 조정하여 수능을 출제합니다. 평가원에서 주관하는 6월 모의평가와 9월 모의평가, 그리고 11월의 수능까지 이 세 종의 시험 제목에는 다음 연도가 표기됩니다. 다음 해 대학에 입학하기 위한 대입 시험이므로 다음 연도를 표기하는 것입니다.

평가원 주관 모의평가(6월, 9월) 외에도 3월, 4월, 7월, 10월 총 네 차례에 걸쳐 지역 교육청에서 출제한 학력평가가 실시됩니다. 고3 수험생은 여섯 번의 연습 후 실전인 수능을 치르는 것입니다. 교육청에서 출제하는 네 차례의 학력평가는 문자 그대로 '학력을 평가'하기 위한 취지에서 실시되므로 실시되는 해를 시험 제목에 표기합니다.

정리하면 2023년 3월에 치러진 학력평가(교육청 주관)는 '2023학년도 3월 학력평가', 2023년 6월에 치러진 모의평가(평가원)는 '2024학년도 6월 모의 평가'로 시험 제목이 붙는 것입니다. 교육청 주관 시험은 학력평가로 부르고, 평가원 주관 시험은 모의평가라고 부릅니다.

시험 명칭과 제목의 연도가 달라 헷갈리지만, 문제 유형을 비롯하여 과목, 시험 시간 등 모든 요소가 99% 같습니다. 그래서 현장에서는 이들을 합쳐서 그냥 '모의고사'라고 부릅니다.

응시하는 수험생이 많을수록 나의 현재 위치를 가늠하는 데 신뢰도가 높 아지므로 입시 계획을 세울 때는 주로 N수생 응시가 많은 평가원 주관의 6 월 모의평가와 9월 모의평가를 중요한 자료로 활용합니다.

수능 한국사에는 지금껏 어떤 주제가 얼마나 출제되었을까요? 시대별, 주 제별 출제 빈도를 알아보기 위해 수작업으로 정리한 표를 가져왔습니다.

출제경향
고대

횟수	선사시대~청동기			삼국시대				남북국시대		
	구석기	신석기	청동기	고구려	백제	신라	통일전쟁	통일신라	발해	신라사회문화
	5	9	10	8	9	3	3	6	11	7
24-수			✔						✔	
23-10		✔							✔	
24-9		✔		✔						
23-7			✔						✔	
24-6			✔		✔					
23-4					✔					
23-3	✔									✔
23-수		✔							✔	
22-10				✔				✔		
23-9			✔							✔
22-7		✔								✔
23-6				✔	✔			✔		
22-4						✔				
22-3			✔				✔			✔
22-수	✔				✔			✔		
21-10			✔		✔				✔	
22-9			✔			✔			✔	
21-7		✔				✔			✔	
22-6		✔		✔						✔
21-4	✔						✔		✔	
21-3		✔		✔				✔		
21-수	✔				✔				✔	
20-10	✔			✔						✔
21-9		✔					✔			✔
20-7		✔		✔				✔		
21-6			✔	✔					✔	
20-4			✔		✔				✔	
20-3			✔		✔			✔		

횟수	전기						후기				경제문화	
	태조	광종	성종	고려제도	거란과여진	이자겸묘청	무신정권	몽골침입	원간섭기	공민왕	고려경제	고려문화
횟수	6	7	2	2	6	5	3	5	3	10	8	11
24-수	✔									✔		
23-10					✔							✔
24-9		✔			✔							
23-7						✔				✔		
24-6	✔					✔						
23-4		✔						✔				
23-3					✔							
23-수		✔						✔				
22-10										✔		✔
23-9				✔				✔				
22-7										✔		
23-6		✔										✔
22-4						✔		✔				
22-3		✔										
22-수			✔				✔		✔			
21-10							✔			✔	✔	
22-9	✔							✔		✔		
21-7									✔		✔	✔
22-6		✔			✔				✔			
21-4	✔										✔	
21-3	✔			✔						✔		✔
21-수	✔											✔
20-10		✔									✔	✔
21-9			✔			✔					✔	
20-7					✔		✔			✔	✔	
21-6										✔	✔	✔
20-4						✔				✔	✔	
20-3					✔						✔	✔

출제경향

조선사

횟수	조선전기						양난		
	태조	태종	세종	세조	성종	사림/붕당정치	임진왜란	병자호란	양난사이
횟수	2	3	8	0	4	2	14	6	2
24-수					✔				
23-10							✔		
24-9	✔								
23-7						✔	✔		
24-6								✔	
23-4								✔	
23-3							✔		
23-수									
22-10							✔		
23-9					✔				
22-7									✔
23-6							✔		
22-4								✔	
22-3									✔
22-수					✔		✔		
21-10			✔				✔		
22-9			✔				✔		
21-7			✔					✔	
22-6						✔		✔	
21-4			✔				✔		
21-3		✔					✔		
21-수			✔						
20-10			✔				✔		
21-9	✔	✔							
20-7			✔				✔		
21-6			✔					✔	
20-4					✔		✔		
20-3		✔					✔		

조선후기					경제사회문화			
수취체제변화	후기정치	영조	정조	19세기민란	후기경제	신분제변동	실학	서민문화
8	2	1	8	3	12	4	3	2
			✔					
					✔			
					✔			
					✔			
✔					✔			
			✔					
✔	✔							
					✔			
						✔		
					✔			
					✔			
✔								
			✔					
					✔		✔	
✔			✔					
	✔			✔				
			✔			✔		
✔		✔						
					✔			✔
					✔		✔	
✔				✔				✔
✔							✔	
			✔			✔		
			✔					
✔				✔				
					✔	✔		
			✔		✔			

출제경향

개화기

횟수	흥선대원군		개항		개화추진과 반발			근대국가수립노력			
	홍선대원군	양요	강화도조약	조미수호통상조약	개화정책	위정척사운동	임오군란	갑신정변	동학농민운동	갑오개혁	을미사변과 아관파천
	5	7	4	3	2	2	6	13	11	1	5
24-수			✔				✔		✔		
23-10	✔								✔		
24-9				✔				✔			✔
23-7			✔					✔			
24-6	✔										✔
23-4		✔	✔								
23-3		✔						✔	✔		
23-수	✔					✔		✔			
22-10							✔	✔			
23-9	✔						✔				✔
22-7		✔						✔	✔		
23-6				✔		✔		✔			
22-4		✔					✔				
22-3					✔		✔		✔		
22-수				✔					✔		
21-10		✔			✔						
22-9								✔			
21-7								✔			
22-6										✔	
21-4							✔				✔
21-3	✔										✔
21-수									✔		
20-10								✔	✔		
21-9								✔			
20-7		✔						✔	✔		
21-6									✔		
20-4		✔						✔			
20-3			✔					✔			

		국권 피탈					근대국가수립노력			
독립협회	대한제국	을사늑약	정미7조약	의병	애국계몽운동	신민회	경제침탈과 구국운동	화폐정리 사업	국채보상 운동	신문
8	7	15	2	2	1	4	3	3	8	4
		✔			✔					
	✔	✔								✔
						✔			✔	
		✔							✔	
✔		✔					✔			
	✔			✔				✔		
	✔							✔		
		✔							✔	
✔		✔							✔	
✔							✔			
✔		✔								
	✔	✔							✔	
	✔					✔				✔
✔									✔	
						✔				
✔			✔							
✔										✔
	✔					✔				
		✔								
		✔					✔			
		✔								
		✔							✔	
		✔								✔
✔			✔							
		✔							✔	
	✔	✔								
				✔						

일제 강점기

횟수	식민통치			1910년대 저항		
	1910년대 지배정책	1920년대 지배정책	1930~40년대 지배정책	1910년대저항	31운동	임시정부
횟수	3	2	23	4	19	4
24-수			✔	✔	✔	
23-10			✔		✔	
24-9			✔	✔		
23-7			✔		✔	
24-6			✔		✔	
23-4					✔	✔
23-3			✔			
23-수		✔	✔		✔	
22-10			✔			✔
23-9		✔	✔	✔		
22-7			✔		✔	
23-6			✔		✔	
22-4			✔		✔	
22-3			✔		✔	
22-수	✔				✔	
21-10			✔		✔	
22-9			✔		✔	
21-7			✔		✔	
22-6	✔					✔
21-4			✔		✔	
21-3	✔			✔		
21-수			✔		✔	
20-10			✔			
21-9			✔			
20-7					✔	
21-6			✔			✔
20-4			✔		✔	
20-3			✔		✔	

국내독립운동					의열투쟁		해외독립운동	1940년대 저항
실력양성운동	학생운동	신간회/근우회	대중운동	국학운동	의열단	한인애국단	무장투쟁	한국광복군
7	3	10	7	8	7	6	9	8
			✔					✔
		✔	✔				✔	
	✔		✔			✔		
				✔	✔			✔
✔				✔	✔			
	✔		✔					✔
✔	✔			✔				✔
			✔		✔			
			✔			✔	✔	
							✔	
✔		✔			✔			
✔				✔			✔	
✔						✔		✔
		✔					✔	✔
		✔						✔
								✔
		✔		✔				
					✔			
			✔	✔				
		✔				✔		
				✔	✔			
		✔				✔		
✔						✔		
		✔			✔		✔	
							✔	
✔				✔				
		✔					✔	
		✔					✔	

출제경향 현대사

	정부수립과 6·25			역대정부			민주화운동			통일노력		
	해방 후 3년	5·10 총선거 제헌국회	6·25전쟁	박정희 정부	YS	DJ	4·19	5·18	6월항쟁	7·4남북 공동성명	남북기본 합의서	6·15남북 공동선언
횟수	9	12	12	13	4	4	9	9	8	4	10	7
24-수		✔			✔		✔			✔		
23-10	✔			✔				✔			✔	
24-9			✔	✔				✔			✔	
23-7		✔		✔					✔			
24-6		✔		✔	✔		✔					
23-4		✔	✔						✔			✔
23-3	✔		✔	✔		✔			✔			
23-수	✔			✔			✔					
22-10		✔		✔			✔					✔
23-9	✔				✔				✔	✔		
22-7		✔	✔			✔		✔			✔	
23-6		✔		✔				✔			✔	
22-4		✔	✔					✔			✔	
22-3		✔		✔		✔		✔				
22-수	✔						✔				✔	
21-10	✔					✔	✔					
22-9			✔	✔							✔	
21-7		✔		✔					✔		✔	
22-6		✔							✔	✔		
21-4			✔						✔			
21-3			✔						✔			✔
21-수								✔			✔	
20-10			✔				✔				✔	
21-9			✔				✔			✔		
20-7	✔	✔			✔		✔					
21-6	✔							✔				✔
20-4			✔									✔
20-3	✔							✔				✔

맨 왼쪽은 모의고사가 실시된 시기입니다. 첫 칸의 '24-수'는 '2024학년도 수능'입니다. 그 아래칸의 '23-10'은 2023년 10월에 실시한 '2023학년도 학력평가'입니다. 2020학년도 3월 학력평가부터 통계를 냈습니다.

시대는 6개로 나눴습니다. 구석기 시대부터 통일신라, 발해까지의 고대, 고려, 조선, 개화기, 일제 강점기, 현대사로 크게 나눈 다음 중분류, 소분류로 세분했습니다.

각 모의고사에서 출제된 주제에는 ✔로 표시했습니다. '횟수'는 각 주제가 지금까지 출제된 횟수를 더하여 합계를 낸 것입니다. 이 숫자만 봐도 어떤 주제가 비중 있게 출제되는지 어느 정도는 알 수 있습니다.

표를 자세히 보면 특이한 점이 하나 있습니다. 중간쯤에 있는 '22-3'이라고 쓰인 칸과 '22-수'라고 쓰여 있는 칸 사이에 줄을 하나 긋고 시대별(고대, 고려, 조선, 개화기, 일제 강점기, 현대사)로 흩어져 있는 ✔의 분포를 관찰해 보기 바랍니다.

차이점이 보이나요? 고대, 고려, 조선의 ✔의 분포가 최근으로 올수록 적어지고, 개화기, 일제 강점기, 현대사의 분포가 많아지고 있습니다. 고대~조선까지를 전근대사라고 부릅니다. 개화기부터 현대까지를 근현대사라고 부릅니다. 2021년 11월에 실시된 '2022학년도 수능'을 끝으로 전근대사의 출제 비중이 작아졌고, 근현대사의 비중이 커지고 있습니다.

도대체 무슨 일이 있었기에 이렇게 출제 경향이 바뀌었을까요?

답은 교육과정에 있습니다. 조금 더 구체적으로는 2015 개정 교육과정의 영향입니다. 2015 개정 교육과정 한국사 교과서를 보면 단원이 4개로 구성되어 있습니다. 구석기부터 조선까지가 1단원, 흥선대원군부터 국권피탈 직전(개화기)까지 2단원, 일제 강점기가 3단원, 현대사가 4단원입니다. 전근대사:근현대사가 1:3의 비로 구성되어 있습니다. 따라서 수능도 전근대사:근현대사 출제 비중을 그와 비슷하게 맞추기 시작한 것입니다.

그런데 2015 개정 교육과정이면 2015년부터 적용되는 것 아닌가요? 아닙니다. 2015 개정 교육과정이라는 것은 '2015년에 개정되어 고시되었다'는 뜻입니다. 교육과정이 만들어지면 그에 따라 교과서가 만들어지고, 검정을 받습니다. 그리고 검정에 최종 통과한 교과서 중 한 개를 단위 학교에서 심의하여 채택하고 사용하게 됩니다. 그리고 비로소 현장에서 새 교육과정이 적용됩니다.

이런 일련의 절차 때문에 교육과정이 개정되고 실제 현장에서 적용되기까지 공백이 생깁니다. 통상 3년입니다. 그래서 2018년에 고등학교에 입학한 신입생부터 2015 개정 교육과정이 적용되었습니다. 그런데 박근혜 정부 말기에 한국사 국정교과서 추진, 그리고 곧바로 이어진 정권교체 후 다시 검정 체제로 되돌아가게 되면서 중학교 역사와 고등학교 한국사는 새 교육과정 적용 시기가 다시 2년 늦어졌습니다. 그래서 2015 개정 교육과정에 따른 한국사 교과서는 실제 현장에서 2020년에 입학하는 신입생부터 사용되었습니다.

그런데 왜 2022년 3월 학력평가부터 출제 경향이 달라졌을까요? 2022년이 2015 개정 교육과정으로 한국사 공부를 한 수험생이 고3이 되어 처음 수능을 치르는 해였기 때문입니다. 새 교육과정 적용 시점인 2020년부터 다시 2년이 지나야 고3이 되니까요. 그래서 2022년부터 치러지는 모든 모의고사는 새 교육과정의 한국사 교과서 단원 비중에 맞춰 출제되었습니다.

시대별로 출제 비중을 자세히 살펴볼까요?

기존에는 전근대사 10문항, 근현대사 10문항이 출제되었습니다. 전근대사 10문항은 평균적으로 고대, 고려에서 각각 3문항, 조선에서 4문항으로 구성되었습니다. 근현대사 10문항은 개화기와 현대사에서 각각 3문항, 일제 강점기에서 4문항 출제되었습니다.

2015 개정 교육과정에서는 전근대사 5~6문항, 근현대사 14~15문항이 출제되고 있습니다. 시대별로 살펴보면 다음과 같습니다. 고대, 고려, 조선에서 각각 2문항, 개화기와 일제 강점기에서 각각 5문항, 현대사에서 4문항 정도 출제되고 있습니다. 1문항 정도는 편차가 있습니다.

이처럼 근현대사의 출제 비중이 4분의 3입니다. 그런데 우리는 공부할 때 주로 앞부분부터 하므로 가장 집중력이 좋을 때 전근대사를 공부하다가 정작 출제 비중이 높은 근현대사에 접어들 때쯤에는 집중력이 흐트러져서 뒷부분은 아예 보지도 못하고 수험장에 들어가는 경우가 있습니다. 이 때문에 한국사 점수가 생각보다 낮게 나와 절망하는 수험생도 많습니다. 그래서 이 책에서는 효율적인 학습을 위해 시대를 역순으로 배치하였습니다. 가장 나중에 등장하지만 출제 비중이 높은 현대사를 맨 앞에 두고, 가장 익숙하지만 정작 시험에서 다루어지는 비중은 적은 고대사를 맨 마지막으로 살피는 것입니다.

수능 한국사는 한동안 쉽게 출제되었습니다. 이것이 가능한 이유는 바로 절대평가로 등급을 산출하기 때문입니다. 50점 만점 중 40점 이상이면 누구나 1등급을 받습니다. 상대평가 체제에서는 상위 4%(전국 수험생 중 나보다 점수가 낮은 수험생이 96%=나보다 점수 높은 수험생이 4%) 이상이어야 1등급을 받습니다. 득점률로 따지면 80% 이상만 득점하면 1등급을 받을 수 있다는 뜻입니다.

이후 5점당 한 등급씩 내려갑니다. 35점 이상은 2등급, 30점 이상은 3등급, 25점 이상이면 4등급입니다. 50점 만점 중 절반이 25점입니다. 소위 '반타작'만 해도 4등급을 받을 수 있습니다.

다만, 난도가 너무 낮아 오히려 '수험생을 조롱하는 것 아니냐'라는 비판 아닌 비판까지 여러 차례 나온 터라 최근에는 예전처럼 단순한 문항보다는 새로운 사료를 발굴하여 출제하는 모습을 보입니다. 하지만 걱정할 필요 없습니다. 사료가 아무리 새로워도 그 속에서 1~2개의 핵심 키워드만 찾아내면 사료가 가리키는 시대나 주제를 찾을 수 있습니다. 출제되는 주제는 어느 정도 정해져 있기 때문입니다. 저는 이 책에서 자주 출제되는 주제 중심으로 설명하고 실전 문제를 풀어 보려고 합니다. 차근차근 읽어 나가다 보면 어느 순간 낯선 사료에서도 키워드가 보일 것입니다.

어떤 분야든 상위 10%가 되는 방법은 동일합니다. 그것은 끝까지 하는 것입니다. 90%의 사람들은 생각만 하고 실천하지 않거나 조금 해 보고 포기합니다. 그냥 끝까지 간 것만으로도 이미 당신은 상위 10%입니다. 그러니 이런저런 생각, 이런저런 핑계 다 내려놓고 아무 생각 없이 지금부터 그냥 하면 됩니다.

현대사

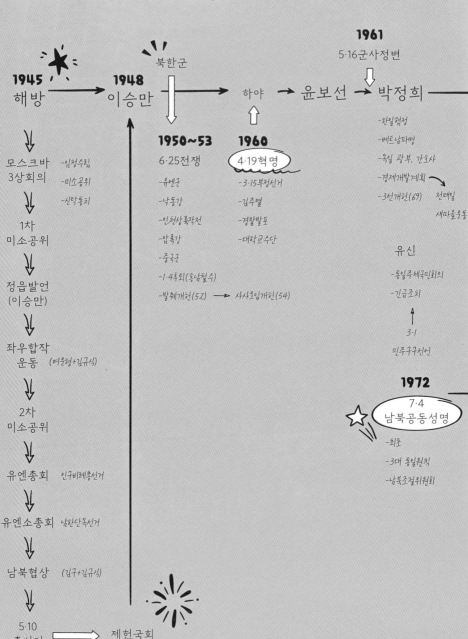

현대사

1961
5·16군사정변

1945
해방

1948
이승만

북한군

하야 → 윤보선 → 박정희 ——

-한일협정
-베트남파병
-독일 광부, 간호사
-경제개발계획
-3선개헌(69) ↘ 전태일
　　　　　　　새마을운동

모스크바
3상회의
-임정수립
-미소공위
-신탁통치

1950~53
6·25전쟁

-유엔군
-낙동강
-인천상륙작전
-압록강
-중국군
-1·4후퇴(흥남철수)
-발췌개헌(52) → 사사오입개헌(54)

1960
4·19혁명

-3·15부정선거
-김주열
-경찰발포
-대학교수단

유신

-통일주체국민회의
-긴급조치

↑
3·1
민주구국선언

1차
미소공위

정읍발언
(이승만)

좌우합작
운동 (여운형+김규식)

2차
미소공위

1972
7·4
남북공동성명

-최초
-3대 통일원칙
-남북조절위원회

유엔총회　인구비례총선거

유엔소총회　남한단독선거

남북협상 (김구+김규식)

5·10
총선거 ⇒ 제헌국회

-반민족행위처벌법 → 반민특위
-농지개혁

1979

부마항쟁, 10·26사태

→ 최규하 → 전두환 ─────→ 노태우 → 김영삼 → 김대중 ──→

12·12사태

신군부 ⇐ **1980**

5·18민주화운동

-광주

-계엄군

-시민군

-유네스코 기록유산

1987

6월
민주항쟁

-박종철

-4·13호헌조치

-"호헌철폐"

-이한열

-6·10국민대회

-6·29민주화선언

↓

직선제 개헌

-북방외교(중, 소)

-남북한UN동시가입

-한반도비핵화선언

-금융실명제

-지방자치제

-OECD가입

-외환위기(IMF)-1997

-금모으기 운동

-햇볕정책(금강산)

↓

최초남북정상회담

↓

─────────────────→ **1991**

남북기본합의서

→ ☆ **2000**

6·15
남북공동선언

-경의선 복원 합의

-개성공단 합의

외국 여행을 하다가 'Korea'에서 왔다고 하면, 'South Korea'인지 'North Korea'인지 물어봅니다. 외국인들에게 우리나라는 분단국가라는 이미지가 강한 모양입니다.

우리는 분단된 이후에 태어나고 자랐기 때문에 분단 체제가 너무나 익숙합니다. 그런데 긴 역사에 비춰 보면 분단 상황은 고작 70여 년밖에 되지 않습니다. 100년이 채 되지 않은 셈이지요.

우리나라는 왜 분단되었을까요? 힘들게 일제 강점기에서 광복을 맞이하고는 왜 그리도 빨리 분단이 되었을까요?

그 사연을 이해하려면 광복되던 1945년 8월로 다시 돌아가야 합니다. 유럽에서 2차 세계 대전을 일으킨 히틀러가 자살하면서 독일은 1945년 5월에 일찌감치 연합군에 항복합니다. 2차 세계 대전은 독일, 이탈리아, 일본이 추축국이 되어 전개되었는데, 가장 먼저 이탈리아가 항복하고 그 뒤로 독일이 항복하면서 일본만 남은 상황이었습니다.

지금의 러시아, 당시의 소련은 유럽 전선에서 독일을 상대하느라 전력을 많이 소비했습니다. 이제 전력을 동쪽으로 돌려 일본을 상대해야 하는데, 세계 대전이 끝나고 나면 세계가 미국과 소련 두 세력으로 재편되리라 판단했습니다. 최대한 전력을 아끼는 것이 유리하다고 판단한 소련은 대일본 전쟁 참전을 차일피일 미룹니다.

그러다가 8월 9일, 소련은 마침내 일본이 만주에 세워 놓은 만주국을 공격하면서 남진을 시작합니다. 일본군의 주력부대는 당시 태평양에서 미군을 맞아 고전하고 있었습니다. 따라서 소련은 빠른 속도로 남쪽으로 진격할 수 있었습니다. 한반도에서 일본군을 몰아내는 것 역시 시간문제였습니다.

태평양에서 일본과 전투를 벌이고 있던 미국은 이 상황을 매우 심각하게 받아들였습니다. 까딱하면 소련군이 한반도뿐만 아니라 일본 본토까지 점령할 판이었기 때문입니다.

소련은 생각보다 전력이 약한 일본군을 몰아내면서 조금 머쓱했습니다. 미군이 일본군의 주력부대를 태평양에서 붙잡아 둔 덕분에 손쉽게 남진한 것이니까요. 그러면서 만약 미국이 소련의 '무임승차'를 트집 잡아 일본은커녕 한반도 점령을 반대하면 어쩌나 하고 약간 우려했습니다.

이렇게 미국과 소련이 각각 다른 걱정을 하고 있을 때, 미국은 소련에 은밀한 제안을 하나 합니다. 바로 한반도를 분할 점령하자는 것이었습니다. 북위 38도선을 군사 분계선으로 하여 한반도 북쪽은 소련이 점령하고, 한반도 남쪽과 일본 열도는 미국이 일본군을 무장해제하고 점령한다는 것이 제안의 핵심이었습니다.

소련은 마다할 이유가 없었습니다. 미국의 동의 아래 당당하게(?) 한반도를 절반이나 점령할 수 있게 되었으니까요. 이에 소련은 미국의 제안을 수락합니다. 미국으로서는 일본은 물론 한반도의 절반까지 점령할 수 있게 되었으니 금상첨화였겠지요. 미국은 안도하며 태평양 전선에서 일본군과 최후의 일전을 벌였습니다.

일본군의 저항은 미국의 예상보다 훨씬 집요했습니다. 마음이 급해진 미국은 전쟁을 빨리 끝내기 위해 인류 역사상 최초로 원자폭탄을 두 번이나 사용합니다. 이로써 일본은 8월 15일 무조건 항복을 선언하게 되었고 전쟁이 끝나게 됩니다. 미군은 이로부터 약 3주나 더 지난 9월 9일에야 한반도로 들어옵니다.

해방을 맞이했지만, 북위 38도선을 기준으로 남북에 각각 미군과 소련군이 주둔하게 된 상황 속에서 한반도의 운명은 어떻게 전개될까요?

구분	정부수립과 6·25			역대정부			민주화운동			통일노력		
	해방 후 3년	5·10 총선거 제헌국회	6·25전쟁	박정희 정부	YS	DJ	4·19	5·18	6월항쟁	7·4남북 공동성명	남북기본 합의서	6·15남북 공동선언
횟수	9	12	12	13	4	4	9	9	8	4	10	7
24-수		✔			✔		✔			✔		
23-10	✔			✔				✔			✔	
24-9			✔	✔				✔			✔	
23-7		✔	✔	✔					✔			
24-6		✔		✔	✔		✔					
23-4		✔		✔				✔				✔
23-3	✔			✔		✔		✔				
23-수	✔			✔			✔					
22-10		✔		✔			✔					✔
23-9	✔				✔			✔		✔		
22-7		✔	✔			✔	✔				✔	
23-6		✔		✔			✔				✔	
22-4		✔	✔				✔				✔	
22-3		✔		✔		✔	✔					
22-수	✔						✔				✔	
21-10	✔					✔	✔					
22-9			✔	✔							✔	
21-7		✔		✔				✔				
22-6								✔	✔			
21-4			✔					✔				
21-3			✔					✔				✔
21-수							✔				✔	
20-10			✔				✔				✔	
21-9			✔				✔			✔		
20-7	✔	✔			✔		✔					
21-6	✔							✔				✔
20-4			✔									✔
20-3	✔							✔				✔

기존에는 현대사에서 3~4문항이 출제되어 비중이 그리 크지 않았습니다. 하지만 최근에는 4~5문항으로 출제 비중이 커졌습니다. 주제별로는 정부 수립과 6·25전쟁, 역대 정부, 민주화 운동, 통일 노력에서 각 1문항씩 출제되었습니다. 현대사 부분은 국내 정치 상황에 영향을 받습니다. 따라서 남북 관계, 집권당에 따라 출제 비중과 주제가 달라집니다. 표를 보면 최근에는 박정희 정부가 자주 출제되었음을 알 수 있습니다.

광복 후 정부 수립까지

1945~1948

분단의 씨앗

광복을 맞이했지만, 한반도에는 봄이 오지 않았습니다. 북위 38도선 북쪽에는 소련군이, 남쪽에는 미군이 주둔하는 상황이 펼쳐진 것입니다. 앞으로의 상황을 논의하기 위해 1945년 12월 소련의 수도 모스크바에서 미국, 영국, 소련 외무장관이 모여 회의를 열었습니다(모스크바 3국 외상 회의).

이 회의에서 세 가지 사항이 결정되었습니다.

첫째, 한반도에 임시 민주주의 정부를 세운다.

둘째, 어떻게 임시정부를 세울지 논의하기 위한 기구로 미·소 공동 위원회를 조직한다.

셋째, 임시정부가 수립되고 난 뒤에 최대 5년간 4개의 강대국이 신탁 통치를 한다.

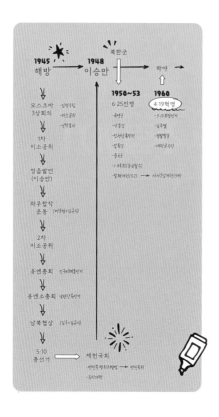

문제는 세 번째 조항이었습니다. 당시 우익 민족주의 진영에서는 이를 식민 지배의 연장이라 여기고 격렬한 반대 운동을 벌였습니다. 동아일보가 신탁 통치 결정이 소련의 주장이었다고 하는 희대의 오보를 낸 것이 결정적 계기가 되었습니다. 이로써 신탁 통치 반대 운동은 소련 반대 운동으로까지 확대되었고, 광복 후 숨죽이고 있던 친일 세력이 여기에 가담하면서 '애국자'로 둔갑하는 경우도 많았습니다. 한편, 좌익 사회주의 진영은 첫째 조항에 초점을 맞추며 모스크바 회의를 총체적으로 지지한다는 입장을 발표합니다. 이로써 한반도에는 좌우 대립이 본격화되는데요. 이때 이미 분단의 씨앗이 뿌려진 셈입니다.

통일 정부 수립을 위한 노력과 좌절

모스크바 3국 외상 회의의 결정에 따라 이듬해인 1946년 제1차 미·소 공동 위원회가 개최되었습니다. 우리나라에 임시정부를 어떻게 수립할 것인지를 논의하기 위해 미국과 소련이 만난 것입니다. 하지만 참여 세력 범위를 놓고 의견 차이를 좁히지 못한 채 휴회하게 됩니다.

같은 해 6월 이승만은 전라남도 정읍에서 남한에서만이라도 먼저 정부를 세워야 한다고 연설합니다(정읍 발언). 지금은 분단된 한반도가 너무도 익숙하지만, 당시로서는 굉장히 충격적인 주장이었습니다. 지금 전라도와 경상도가 서로 다른 정부를 갖겠다고 누군가 주장한다면 모든 사람이 깜짝 놀라겠지요? 당시 많은 사람이 이승만의 주장에 경악했습니다. 이러다가는 정말로 나라가 분단될지 모른다는 불안감도 높아졌어요. 미국 또한 한반도에다가 미국에 우호적인 정부를 세우는 것이 목표였기 때문에 단독 정부 수립은 고려 사항이 아니었습니다.

이런 분위기 속에서 중도 좌익 여운형과 중도 우익 김규식을 중심으로 좌우 합작 운동이 전개됩니다. 미군정도 이들을 지원했죠. 여운형과 김규식을 중심으로 한 좌우 합작 위원회는 미·소 공동 위원회를 재개하여 통일 정부를 수립하고자 노력했지만, 1947년 트루먼 독트린으로 본격적인 냉전 체제가 시작되면서 미국은 좌우 합작 운동에 대해 지지를 철회합니다. 설상가상으로 여운형이 극우 세력에 의해 암살되어 좌우합작 운동은 별다른 성과를 보지 못합니다.

이처럼 냉전이 본격화되고 갈등이 심화하는 상황 속에서 제2차 미·소 공동 위원회가 열립니다. 하지만 미국과 소련은 견해 차이를 좁히지 못했고, 마침내 완전히 결렬되고 맙니다. 이후 미국은 한반도 문제를 유엔 총회에 넘깁니다. 여기에서 인구 비례에 따른 총선거를 통해 정부를 세우라는 방안이 결정됩니다. 인구가 상대적으로 적은 북한을 점령하고 있던 소련은 이 제안을 거부합니다.

소련의 거부로 유엔 총회의 결정을 따를 수 없게 되자 유엔 소총회가 다시 열렸고, 거기서 선거가 가능한 지역만이라도 먼저 선거를 하라는 결정이 납니다. 즉, 남한 단독 선거가 결정되었고, 선거일은 1948년 5월 10일로 정해졌습니다.

분단이 현실이 될 가능성이 커지자, 우익 김구와 중도 우익 김규식은 38도선을 넘어 북한 지역의 김일성과 김두봉을 만나 통일 정부 수립을 논의하고 돌아옵니다(남북 협상). 하지만 대세는 이미 기울었기 때문에 남북 협상은 이렇다 할 성과를 내지 못했습니다.

마침내 1948년 5월 10일 우리나라 최초의 보통선거인 5·10 총선거가 치러집니다. 대통령 선출을 위한 선거를 대선, 국회 의원 선출을 위한 선거를 총선(거)이라 하는데요. 5·10 총선거로 뽑힌 국회 의원들로 제헌 국회가 구성되었습니다. 제헌 국회는 헌법(제헌 헌법)을 만들어 반포하고, 이 헌법에 따라 간선제로 국회에서 이승만을 초대 대통령으로 선출합니다. 이승만은 1948년 8월 15일, 광복 3주년을 맞이하여 대한민국 수립을 선포합니다. 그리고 3주쯤 지난 1948년 9월 9일 북한에는 '조선 민주주의 인민 공화국'이 수립되고 김일성이 수상으로 취임합니다. 이렇게 한반도 남북에 각각 다른 정부가 수립되면서 분단이 시작되었습니다.

제헌 국회에 주어진 두 가지 숙제

광복 후 우리에게는 친일파 청산과 농지 재분배라는 두 가지 숙제가 남겨졌습니다. 제헌 국회는 야심 차게 이 두 가지 숙제를 해결하려 했습니다. 친일파 처단을 위해서 반민족 행위 처벌법(반민법)을 제정하고 이 법률에 따라 반민족 행위 특별 조사 위원회(반민 특위)를 구성하여 친일파 청산을 시작합니다. 하지만 미국에서 오랫동안 생활하여 국내에 지지 기반이 없었던 이승만이 친일 세력을 대거 기용하면서 대통령 이승만과 반민 특위 사이에 불편한 분위기가 형성됩니다. 결국 이승만 정부의 방해로 반민 특위 활동의 공소 시효가 축소되고 큰 성과 없이 활동이 종료됩니다.

농지 재분배를 위해 제헌 국회는 농지 개혁법을 제정했습니다. 농지 개혁법에 따라 정부는 지주에게 3정보 이상의 농지를 유상으로 매입하여 농민들에게 유상으로 분배합니다. 이로써 오랜 기간 지속되었던 지주제가 사라지게 되었습니다.

얼마 뒤 6·25 전쟁이 일어났고, 북한군이 남한의 점령지에서 농민들에게 토지를 나눠주면서 민심을 사려고 했습니다. 그런데, 이미 농지 개혁이 진행되어 있었기 때문에 북한의 이런 정책은 남한의 농민들에게 큰 감흥이 없었습니다. 따라서 제헌 국회에서 추진했던 농지 개혁이 남한의 공산화를 막는 데 이바지했다고 평가하기도 합니다.

원포인트
레슨

① 광복부터 정부 수립까지 있었던 사건들의 순서를 먼저 알아 두세요.

② 5·10 총선거-제헌 국회-반민 특위 & 농지 개혁은 세트입니다. 묶어서 알아 두세요.

③ 좌우 합작 운동의 여운형, 남북 협상의 김규식이 단독으로 출제되는 경우가 있습니다. 일제 강점기의 활동도 함께 정리해 두세요.

001 (가)에 들어갈 장면으로 옳은 것만을 <보기>에서 고른 것은? [3점]

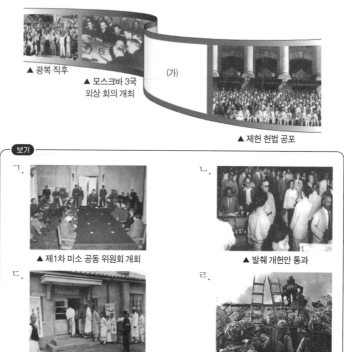

역사적 장면으로 본 광복 3년사

▲ 광복 직후   ▲ 모스크바 3국 외상 회의 개최   (가)   ▲ 제헌 헌법 공포

보기

ㄱ. ▲ 제1차 미소 공동 위원회 개최

ㄴ. ▲ 발췌 개헌안 통과

ㄷ. ▲ 5·10 총선거 실시

ㄹ. ▲ 인천 상륙 작전 전개

① ㄱ, ㄴ   ② ㄱ, ㄷ   ③ ㄴ, ㄷ   ④ ㄴ, ㄹ   ⑤ ㄷ, ㄹ

[정답 ②] 순서를 물어본 문제입니다. 모스크바 3상 회의와 제헌 헌법 공포 사이에 있었던 사실을 두 가지 찾아내야 합니다. 모스크바 3상 회의의 결정 내용에 따라 미·소 공동 위원회가 두 차례 열렸습니다(ㄱ). 하지만 정부 수립에 참여시킬 단체의 범위를 두고 미국과 소련의 견해가 달라 결렬되고 말았습니다. 이후 유엔 소총회의 결정에 따라 선거가 가능한 남한 지역에서 1948년 5월 10일에 최초의 보통 선거인 5·10 총선거(ㄷ)가 실시되었습니다. 이 선거에서 선출된 국회 의원들로 제헌 국회가 결성되었고 이들에 의해 제헌 헌법이 공포되었습니다.

1차 개헌인 발췌 개헌안(ㄴ)은 1952년 이승만 정부 시기에 통과되었습니다. 이때는 6·25 전쟁 중이기도 했습니다. 인천 상륙 작전(ㄹ)은 6·25 전쟁에서 전세를 역전시킨 결정적 사건이었습니다.

이 부분을 공부하는 가장 기본은 사건 순서 나열하기입니다. 구구단 외우듯 하기보다는 인과 관계 위주의 이야기식으로 공부해 두는 게 포인트입니다.

002 (가) 선거에 대한 설명으로 옳은 것은? [3점]

이 자료는 유엔 한국 임시 위원단이 참관한 가운데 시행된 우리나라 역사상 최초의 보통 선거인 ____(가)____ 을/를 홍보한 포스터이다. 이 포스터에는 투표하는 모습과 함께 국민들에게 투표를 독려하는 구호가 실려 있다.

① 발췌 개헌에 따라 실시되었다.

② 제헌 국회 의원을 선출하였다.

③ 통일 주체 국민 회의에서 추진되었다.

④ 아관 파천이 일어나는 원인이 되었다.

⑤ 조선 태형령이 시행되는 배경이 되었다.

[정답 ②] 5.10 총선거-제헌 국회 세트 문항입니다. 문항은 투표 독려 포스터를 자료로 제시하였습니다. '최초의 보통 선거'를 통해 (가)는 5.10 총선거라는 사실을 알 수 있습니다. 1948년 5.10 총선거로 제헌 국회 의원을 선출하였고(②) 이들로 제헌 국회가 구성되었습니다. 제헌 국회는 제헌 헌법을 공포하고 이승만을 대통령으로 선출했으며, 반민 특위를 구성하여 친일파 처단을 하려고 했으며, 농지 개혁을 추진하였습니다.

5.10 총선거-제헌 국회-반민 특위, 농지 개혁은 세트라고 했습니다. 제헌 국회를 중심에 놓고 앞 사건인 5.10 총선거와 뒤 사건인 반민 특위 활동, 농지 개혁 사이를 자유롭게 왔다 갔다 할 수 있도록 이 부분을 자동화해 놓아야 합니다.

우공쌤 한국사 깨기

다음 상황의 직접적인 배경이 된 사건으로 옳은 것은?

임시 민주 정부 수립이 핵심이야!

좌익

신탁 통치는 식민 지배의 연장이다!

우익

① 정우회 선언 발표

② 파리 강화 회의 개최

③ 국민 대표 회의 개최

④ 대일 선전 포고문 발표

⑤ 모스크바 3국 외상 회의 개최

[정답 ⑤] 그림에서 좌익과 우익이 대립하고 있다는 점, 신탁 통치에 반대하고 있다는 점 등을 통해 이 상황은 모스크바 3국 외상 회의의 결정이 알려진 이후 좌우익이 갈등하는 장면이라는 것을 알 수 있습니다 (⑤).

모스크바 3국 외상 회의와 좌우익 대립(신탁 통치 반대 운동)은 이어지는 내용입니다. 전후 인과 관계를 잘 파악해 두세요.

6·25 전쟁

1950~1953

우리나라는 6·25 전쟁 전에 분단되었을까요? 6·25 전쟁으로 분단되었을까요?

많은 학생이 6·25 전쟁으로 우리나라가 분단되었다고 생각합니다. 왠지 전쟁하고 나서 분단되었을 것 같은 느낌이 들거든요. 하지만 그렇지 않습니다. 지난 장에서 살펴본 바와 같이 1948년에 이미 남북에 각기 다른 정부가 세워졌습니다. 물론 6·25 전쟁으로 분단이 더욱 고착된 면은 있습니다.

6·25 전쟁의 시작과 위기

1950년 6월 25일 새벽 4시경 북한군이 일제히 38선을 넘어 기습 공격을 하면서 전쟁이 시작됩니다. 남북한에 각기 다른 정부가 수립된 이후 38선 부근에서 크고 작은 전투가 끊이지 않았습니다. 이 때문에 6·25 전쟁 발발 당

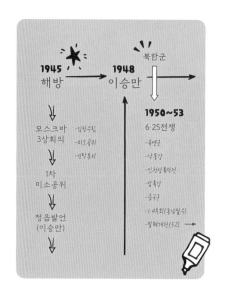

시에도 우리 정부는 그리 심각하게 생각하지 않았다고 해요. 늘 있어 온 크고 작은 전투일 것이라 믿었던 것입니다. 그렇게 국방에 구멍이 뚫리고 단 3일 만에 수도 서울을 북한에 내주고 맙니다.

당시 이승만 정부는 남쪽으로 피난을 가면서 "북한군이 도발하였으나 국군이 잘 막았고, 오히려 우리가 북진하고 있다." 라고 하면서 거짓 선전 방송을 내보내 시간을 법니다. 또 주요 인사들이 한강을 건넌 후 북한군의 진군 속도를 늦추기 위해 한강 철교를 폭파하는데, 이로 인해 수많은 서울 시민의 발이 묶이게 되었습니다.

북한군에 의해 전쟁이 일어났다는 소식을 듣고 유엔은 긴급회의를 소집하고 다국적군으로 구성된 유엔군을 한반도로 파견합니다. 하지만 전쟁 초기 북한군은 파죽지세로 남하합니다. 결국 국군과 유엔군은 낙동강까지 밀렸고, 이곳에 최후 방어선을 구축하여 대구, 부산 등을 방어합니다. 그야말로 풍전등화의 운명이었지요.

인천 상륙 작전과 공수교대

위기의 순간, 북한군을 포함한 많은 사람의 예상을 뒤엎고 유엔군이 인천 상륙 작전에 성공하며 전세가 뒤집힙니다. 국군과 유엔군은 다시 수도 서울을 되찾았고, 38선을 넘어 압록강까지 진격합니다. 그야말로 공격과 수비가 교대된 셈이었지요.

하지만 국군과 유엔군이 중국 국경 근처의 압록강까지 진격하자 위협을 느낀 중국 공산군이 참전하면서 전세는 다시 뒤집힙니다. 국군과 유엔군은 중국군의 반격에 밀려 남쪽으로 대대적인 철수를 하게 됩니다(1·4 후퇴). 이때 대표적인 작전이 바로 흥남 철수 작전입니다.

다시 수도 서울을 내준 국군과 유엔군은 대전 부근에서 반격을 시도해 서울을 되찾았고 전선은 38선 부근에서 교착됩니다. 이때가 1951년 여름이었으니 전쟁이 일어나고 약 1년 동안 서울의 주인이 4번 바뀔 정도로 치열하게 싸운 것이지요.

휴전과 분단의 고착화

전선에 변화가 없자 소련군의 제안으로 휴전 회담이 시작됩니다. 하지만 포로 송환 문제와 군사 분계선 설정 문제로 휴전 회담은 2년 동안 지루하게 이어졌고, 그사이에도 전투가 계속되어 많은 군인과 민간인이 희생되었습니다.

한편, 이 시기(1952) 이승만 정부는 대통령 직선제로 개헌을 감행합니다(발췌 개헌). 당시 헌법에 따라 대통령을 국회에서 간선제로 뽑았는데, 새로 구성된 국회에서는 이승만이 인기가 없었습니다. 다음 대선에서 당선될 가능성도 희박했어요. 그래서 국민이 직접 대통령을 뽑는 직선제로 헌법을 바꾼 것입니다.

마침내 1953년 7월 27일 휴전 협정이 체결되어 현재까지 우리나라는 휴전 국가가 됩니다. 전쟁으로 희생당한 군인보다 더 많은 수의 민간인이 양측 군대에 의해 희생당했습니다. 또 전쟁으로 인해 남북한 모두 독재 체제가 강화되었고, 서로 적대감이 커졌습니다. 전쟁으로 인해 산업시설과 농경지가 초토화되어 한국은 세계에서 가장 가난한 국가 중 하나로 전락하고 말았습니다.

① 6·25 전쟁의 발발부터 휴전까지의 전개 과정을 순서대로 알아 두세요.

② 6·25 전쟁이 진행되었던 1950년부터 1953년 사이 국내에서 있었던 사건들을 알아 두세요.

003 (가) 전쟁 중에 있었던 사실로 옳은 것은?

이 전단은 ⬚ (가) ⬚ 당시 대한민국 국방부가 제작한 것으로 북한군에게 살포되었다. 이 전단에는 '아! 헤아릴 수 없는 포탄!' 이라는 문구 아래 국군과 유엔군의 총공격을 예고하고 북한군의 투항을 권유하는 내용이 담겨 있다.

① 홍범 14조가 반포되었다.

② 한일 의정서가 체결되었다.

③ 전민변정도감이 설치되었다.

④ 인천 상륙 작전이 전개되었다.

⑤ 조선 건국 준비 위원회가 결성되었다.

[정답 ④] 6.25 전쟁과 관련된 문제의 대표적인 유형입니다. 자료에 제시한 '북한군' '국군' '유엔군' 등을 통해서 (가) 전쟁이 6·25 전쟁인 것을 알 수 있습니다. 그다음 단계는 이와 관련된 키워드를 5개 선지에서 찾는 일입니다. 너무나도 쉽게 인천 상륙 작전(④)이라는 것을 찾았을 것입니다.

자료에서 단서를 찾고 어떤 사건을 물어봤는지 추리한 다음 나머지 단서를 선지에서 찾아 가는 것이 수능 한국사 문제의 공통점입니다.

지금까지 6·25 전쟁에서 가장 자주 정답으로 제시되었던 것이 인천 상륙 작전이었습니다. 그래서 난이도를 조정하기 위해 노력하고 있습니다.

2022·9월 모의평가

004 (가) 전쟁 중에 있었던 사실로 옳은 것은? [3점]

자료는 (가) 에서 국군과 유엔군의 인천 상륙 작전이 성공했음을 알리고 인민군에게 투항을 권유하는 전단이다. 전단의 뒷면에는 인민군의 보급선이 단절되었고 후퇴할 길도 막혔으니 죽음과 항복 가운데 하나를 선택하라는 내용이 담겨 있다.

① 모스크바 3국 외상 회의가 개최되었다.

② 국회에서 발췌 개헌안이 통과되었다.

③ 5·10 총선거가 실시되었다.

④ 헤이그 특사가 파견되었다.

⑤ 비변사가 설치되었다.

[정답 ②] 6.25 전쟁 중에 있었던 사실을 물어보았습니다. 자료의 '국군' '유엔군' '인천 상륙 작전' '인민군' 등을 통해 (가) 전쟁이 '6·25 전쟁'이라는 것을 알 수 있습니다.

앞 문항과 비교해 보면 질문이 똑같습니다. 평범한 문항이었다면 정답으로 1·4 후퇴와 같이 전쟁과 관련된 내용이 제시되었을 것입니다. 하지만 이 문항은 전쟁과 직접적인 관련이 없는 발췌 개헌(②)을 제시하여 난도를 높였습니다.

6·25 전쟁은 1950년부터 1953년까지 전개되었습니다. 1952년에 이승만 정부는 임시 수도 부산에서 대통령 직선제를 핵심으로 하는 발췌 개헌을 단행하였습니다.

(가)에서 (나)로, (나)에서 (다)로 전세가 변하게 된 계기로 옳게 짝지은 것은?

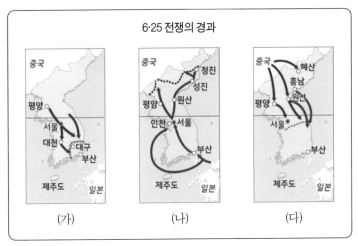

6·25 전쟁의 경과

(가)　　　(나)　　　(다)

	(가) → (나)	(나) → (다)
①	중국군 참전	인천 상륙 작전
②	인천 상륙 작전	유엔군 참전
③	인천 상륙 작전	중국군 참전
④	애치슨 라인 발표	휴전 회담 시작
⑤	애치슨 라인 발표	반공 포로 석방

[정답 ③] 전선 변화의 계기를 통해서 6·25 전쟁의 전개 과정을 물어본 문항입니다. (가)는 전쟁 발발 초기 국군과 유엔군이 낙동강을 중심으로 방어하던 시기의 전선입니다. (나)는 인천 상륙 작전 성공 이후 국군과 유엔군이 압록강까지 진격한 시기의 전선입니다. (다)는 중국군이 참전하면서 국군과 유엔군이 다시 후퇴하던 시기의 전선입니다(③).
6·25 전쟁은 주로 '전쟁 중 있었던 사실'을 물어보는데, 새로운 유형으로 특정 시기 전선을 자료로 제시하고 그 전후 사건을 물어보는 문항이 출제될 수도 있습니다. 전개와 관련해서 전선의 변화 계기와 순서도 함께 알아두세요.

박정희 정부

1960's~1970's

아프리카의 어느 가난한 나라를 떠올려 보세요. 과연 그 나라가 20~30년 후에 우리나라와 어깨를 나란히 하는 나라로 성장할 수 있을까요? 말도 안 된다고요? 그런데 실제로 그런 일이 일어났습니다. 그것도 아프리카가 아닌 아시아에서요. 그 나라는 바로 우리나라입니다.

지난 장에서 우리나라가 6·25 전쟁으로 산업시설과 농경지가 황폐화되어 세계에서 가장 가난한 나라 중 하나로 전락했다고 한 것 기억나지요? 우리나라는 언제부터 이런 상황에서 벗어나기 시작했을까요?

1960년대 경제 성장과 3선 개헌

박정희 하면 무엇이 떠오르나요? 경제 발전과 독재. 아마 이 두 가지가 함께 떠오를 것입니다. 맞습니다. 경제 발전의 시작점에 서 있는 사람도 박정

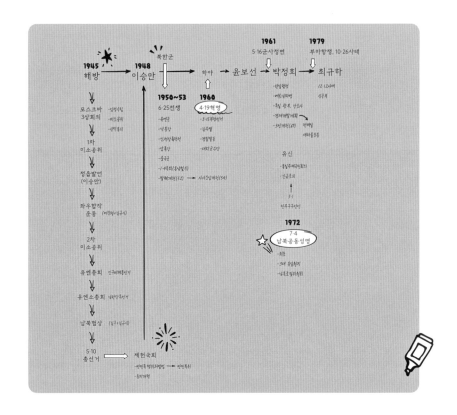

희요, 독재의 한복판에 서 있는 사람도 박정희입니다. 그런데 박정희가 대통령이 되기 전의 직업이 뭐였는지 알고 있나요?

바로 군인이었습니다. 군인 박정희는 1961년 5월 16일 군사 정변을 통해 권력을 장악합니다(5·16 군사 정변). 이때부터 박정희는 심복 김재규에게 총을 맞고 사망하는 1979년까지 약 18년 동안 권력의 정점에 있었습니다.

경제가 발전하려면 무엇이 필요할까요? 일단 로드맵이 있어야 합니다. 언제까지 무엇을 어떻게 실행해서 경제 성장을 얼마나 이룰 것인지 구체적인 계획이 있어야 합니다. 박정희가 권력을 잡기 전, 우리나라에는 이미 경제 개발 계획이 세워져 있었습니다. 우리가 알고 있는 경제 개발 5개년 계획입니다.

그 계획을 실행에 옮기려면 노동력과 자본이 필요했습니다. 당시는 6·25 전쟁 이후 인구가 증가하던 시기였기에 노동력은 풍부했지만 자본이 문제였습니다. 그래서 박정희는 자본을 확보하기 위해 일본과 한·일 협정을 맺고 국교를 회복합니다. 일본이 우리를 식민 지배하며 수탈한 것에 대한 보상의 차원으로 무상과 유상으로 자금을 확보합니다. 다만, 급하게 추진하는 바람에 식민 지배에 대한 제대로 된 사과를 받지 못했습니다.

나아가 베트남과 전쟁 중이던 미국의 요청으로 우리나라 장병들을 베트남에 파병합니다. 그리고 파병의 대가로 미국으로부터 어느 정도 자본을 확보하게 되었습니다.

독일에는 광부와 간호사를 파견했습니다(파독 광부, 파독 간호사). 요즈음 우리나라에도 외국인 노동자들이 많이 보이죠? 당시 독일에는 광부와 간호사가 힘든 직업으로 인식되어 일할 사람이 부족했습니다. 이때 우리나라 사람들이 독일에 가서 일하며 외화를 벌어왔습니다.

이렇게 확보한 자본으로 경제 개발 5개년 계획을 실행하자, 조금씩 우리나라 경제가 성장하기 시작합니다. 경제가 성장함에 따라 박정희의 인기도 조금씩 높아졌습니다. 그런데 문제가 생겼습니다. 당시 헌법에 따르면 대통령은 한 사람이 두 번까지만 할 수 있었습니다. 이미 두 번 대통령에 당선되었던 박정희는 물러날 마음이 없었습니다.

그래서 3번까지 대통령을 할 수 있게 헌법을 바꿉니다. 그것이 바로 1969년의 3선 개헌입니다. 그리고 야당 후보 김대중을 누르고 3번째로 대통령에 당선되었습니다.

3번 하고 나면 4번, 4번 하고 나면 5번까지도 권력을 차지하고 싶은 게 사람의 마음인가 봅니다. 그때마다 4선 개헌, 5선 개헌을 하게 되면 얼마나 귀찮을까요? 그래서 박정희 정부는 아예 헌법을 통 크게 바꿔 버립니다. 그게 바로 1972년에 개정되어 반포된 유신 헌법입니다.

1970년대 유신 체제의 성립과 독재 강화

1960년대 말부터 세계적으로 냉전 체제가 조금씩 완화되기 시작합니다. 자본주의 진영의 큰 형님 격인 미국의 대통령이 공산주의 진영의 둘째 형님 격인 중국에 방문하는 충격적인 사태가 벌어집니다. 또 공산화를 막기 위해 대규모의 병력을 투입했던 베트남 전쟁에서 미군이 철수를 준비합니다.

이런 세계적인 분위기에 발맞춰 남북한도 비밀리에 접촉하여 1972년 7월 4일에 서울과 평양에서 7·4 남북 공동 성명을 깜짝 발표합니다. 여기에는 통일 원칙이 명시되었습니다. 지금까지 박정희 정부의 집권 명분이 반공이었는데 하루아침에 북한과 통일을 논의하며 정반대의 움직임을 보이니 국민은 어리둥절할 수밖에 없습니다. 이때, 박정희 정부는 통일을 준비한다는 명분을 내세워 유신 헌법으로 개헌해 버립니다.

유신 헌법은 대통령에게 모든 권한을 집중시킨 것이 특징입니다. 대통령 선출은 통일 주체 국민 회의에서 간선제로 하고, 대통령 출마 횟수에 제한을 두지 않아 죽을 때까지 집권을 가능하게 만든 것입니다. 또, 대통령에게는 국회를 해산할 권한과 국민의 기본권을 제한할 수 있는 긴급조치를 내릴 수 있는 권한도 주어졌습니다. 심지어 국회 의원의 1/3을 대통령이 지명할 수도 있었지요. 민주주의의 기본원리인 삼권분립의 원칙이 완전히 무너졌습니다.

당연히 야당과 재야 민주 세력이 반대했겠죠? 그 대표적인 사례가 바로 3·1 민주 구국 선언입니다. 박정희 정부는 긴급조치를 남발하며 탄압했습니다. 하지만 영원한 것은 없습니다. 장기 집권을 하던 박정희는 결국 1979년 10월 26일 2인자였던 중앙정보부장 김재규에 의해 사망합니다(10·26 사태). 김재규는 왜 박정희를 쏘았을까요?

부마 민주 항쟁과 10·26 사태

이야기는 몇 달 전으로 거슬러 올라갑니다. 잘 나가던 YH 무역이라는 가발공장이 있었습니다. 그런데 YH 무역의 대표가 회사 자본을 해외로 빼돌리고 어느 날 갑자기 폐업을 선언합니다. 그러자 그 공장에서 일하던 어린 여공들이 시위합니다. 아무도 이들의 말에 귀를 기울이지 않자, 이들은 당시 야당이었던 신민당의 당 사무실을 찾아가 총재 김영삼의 지지를 약속받습니다. 그렇게 신민당사에서 시위하던 여공들을 진압하기 위해 경찰이 한밤중에 신민당 사무실을 습격합니다. 혼란 속에 여공 한 명이 숨졌고, 경찰의 진입을 비판하던 김영삼 총재도 폭행당하는 수모를 겪습니다(YH 무역 사건).

격분한 김영삼은 얼마 뒤 외신 기자와 인터뷰를 합니다. 박정희 정부의 독재를 강력히 비판하며 미국에 박정희 지지를 철회하라고 요구했습니다. 이것이 빌미가 되어 김영삼은 국회 의원직에서 제명됩니다. 당시 박정희 정부는 이를 계기로 야당 총재 김영삼의 힘을 약화하려고 했습니다.

하지만 그 뒤의 일은 박정희 정부의 예상과 다르게 흘러갑니다. 오랫동안 독재 체제에 시달리던 국민이 김영삼의 고향인 부산과 그 옆 도시 마산에서 들고일어난 것입니다(부·마 민주 항쟁). 규모가 꽤 커서인지 박정희의 고민도 깊어 갔습니다. 10월 26일 박정희는 궁정동의 한 술집에서 중앙정보부장 김재규, 경호실장 차지철과 함께 부마 민주 항쟁을 어떻게 진압할지 의논하고 있었습니다. 강경 진압 쪽으로 이야기가 흘러가자 김재규는 총을 빼 들었습니다.

나비 효과라고 들어봤나요? 힘없고 어린 여공들로부터 시작된 YH 무역 사건이 박정희 사망이라는 태풍이 되어 돌아온 셈입니다.

박정희 정부의 명과 암

박정희가 집권했던 1960~1970년대에 우리나라 경제가 성장하기 시작합니다. 경부 고속 국도, 포항 제철 등 현재까지 중요한 역할을 하는 기간 시설과 산업 단지도 이 시기 건설되었습니다.

하지만, 노동자와 농민들의 희생을 바탕으로 이루어진 국가 주도 수출 중심 산업구조였기에 당시 노동환경과 농촌의 현실은 열악했습니다. 1970년 근로기준법을 준수하라며 전태일이 분신한 것도 그런 현실을 반영합니다. 또, 낙후된 농촌 환경을 개선하기 위해 박정희 정부는 1970년대에 새마을 운동을 전개했습니다.

정치적 민주화와 경제 성장을 함께 이루는 방법은 없었을까요?

포인트 레슨

① 박정희 정부 시기 경제와 관련된 키워드를 잘 알아 두세요.

② 박정희 정부는 집권 기간이 깁니다. 5·16 군사 정변, 3선 개헌, 유신 공포, 10·26 사태 등 박정희 정부와 관련한 주요 사건들의 순서와 연도를 기억해 두세요.

③ 유신 헌법의 특징과 내용을 키워드 위주로 알아 두세요.

005 밑줄 친 '긴급 조치'가 발표된 시기를 연표에서 옳게 고른 것은?

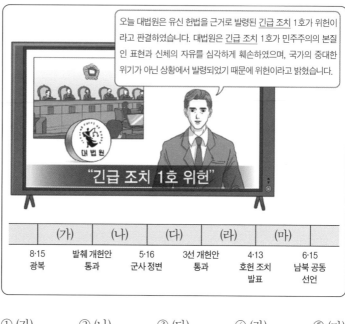

오늘 대법원은 유신 헌법을 근거로 발령된 긴급 조치 1호가 위헌이라고 판결하였습니다. 대법원은 긴급 조치 1호가 민주주의의 본질인 표현과 신체의 자유를 심각하게 훼손하였으며, 국가의 중대한 위기가 아닌 상황에서 발령되었기 때문에 위헌이라고 밝혔습니다.

"긴급 조치 1호 위헌"

	(가)	(나)	(다)	(라)	(마)	
8·15 광복	발췌 개헌안 통과	5·16 군사 정변	3선 개헌안 통과	4·13 호헌 조치 발표	6·15 남북 공동 선언	

① (가)　　　② (나)　　　③ (다)　　　④ (라)　　　⑤ (마)

[정답 ④] 박정희 정부 시기에 있었던 사건의 순서를 물어본 문항입니다. 자료의 '긴급 조치'는 유신 헌법 공포 이후입니다. 정답은 3선 개헌안 통과 이후 4·13 호헌 조치 발표 이전인 (라)입니다.

박정희 정부 시기의 주요 사건의 순서를 잘 알아 두어야 합니다. 특히, 박정희 집권의 시작점이었던 5·16 군사 정변(1961), 3선 개헌(1969), 유신 개헌(1972)의 개헌, 박정희 집권의 끝이었던 10·26 사태(1979)까지 네 가지 사건은 꼭 알아 두세요. 연도를 정확히 알면 더 유리하지만, 연도까지는 몰라도 순서 정도만이라도 확실히 안다면 위와 같은 연표 문제는 어려움 없이 정답을 찾을 수 있을 것입니다.

006 (가) 정부 시기에 있었던 사실로 옳은 것은? [3점]

[(가)] 정부 시기에는 경제 개발 5개년 계획 실시, 베트남 파병 특수 등에 힘입어 경제가 성장하였습니다. 또한 수출 100억 달러를 달성하기도 하였습니다.

하지만 전태일 분신 사건에서 알 수 있듯이 노동자는 낮은 임금과 열악한 노동 환경으로 고통받았습니다. 또한 도시와 농촌 간 소득 격차 문제가 나타났습니다.

〈기획 대담〉

[(가)]

정부, 경제 성장의 빛과 그림자

① 지계가 발급되었다.

② 제헌 헌법이 제정되었다.

③ 새마을 운동이 시작되었다.

④ 금융 실명제가 전면 실시되었다.

⑤ 동양 척식 주식회사가 설립되었다.

[정답 ③] 박정희 정부 시기의 사회를 물어본 문항입니다. 자료에 제시된 '경제 개발 5개년 계획' '베트남 파병' '수출 100억 달러' '전태일 분신' 등을 통해 (가) 정부는 박정희 정부임을 알 수 있습니다. 박정희 정부는 도시와 농촌 간 소득 격차가 커지자 농촌 환경 개선을 위해 대대적으로 새마을 운동을 전개했습니다(③). 박정희 정부가 출제되면 주로 경제 이야기가 나오거나 유신 이야기가 나옵니다. 유형으로는 순서를 물어보거나 실제 사실을 물어봅니다. 박정희 시기는 집권 기간이 긴 만큼 키워드가 많으니 잘 정리해 두세요.

(가) 운동을 주도했던 정부 시기에 있었던 사실로 옳은 것은?

> 도시와 농촌의 격차가 심화되어 농가 생활 환경 개선을 목표로 전개된 [(가)] 당시의 모습입니다. 유신 체제 유지에 이용되었다는 비판을 받기도 했습니다.

① 전태일이 분신하였다.

② 농촌 진흥 운동이 전개되었다.

③ 산미 증식 계획이 실시되었다.

④ 4대강 정비 사업이 추진되었다.

⑤ 경제 협력 개발 기구(OECD)에 가입하였다.

[정답 ①] '농가 생활 환경 개선' '유신 체제 유지에 이용' 등을 통해 (가) 운동은 새마을 운동이라는 것을 알수 있습니다. 새마을 운동은 박정희 정부 시기인 1970년대에 전개되었습니다. 이 시기 전태일이 노동법 준수를 요구하며 분신하였습니다(①).

박정희 정부는 정치사와 경제·사회사의 키워드를 모두 알아 둬야 합니다. 대체로 정치사가 많이 출제되지만, 간혹 경제사나 사회사가 출제되는 경우가 있고, 혼합해서 출제되는 경우도 있습니다. 가령, 자료는 정치사를, 선지는 사회사를 제시하는 식으로 말이지요.

3대 민주화 운동

'한강의 기적'이라는 말 들어 봤나요? 일본 식민 지배와 이어진 6·25 전쟁으로 국토가 황폐화되어 세계에서 가장 가난한 나라 중 하나였던 우리나라가 50여 년이라는 매우 짧은 기간에 세계 선진국의 반열에 오른 것을 이르는 말입니다. 일반적으로 경제 성장이라는 측면에서 말하는데요. 우리나라는 정치적으로도 매우 짧은 기간 안에 민주화를 이룸으로써 세계에서 보기 드문 성과를 낸 나라로 여겨집니다.

눈을 돌려 보면 과거에 식민 지배를 경험한 나라 중 우리만큼 성장한 나라가 드뭅니다. 대부분은 독재 체제가 아직도 이어지고 있거나 경제적으로 매우 궁핍한 상태입니다.

우리나라는 경제 성장과 정치적 민주화라는 두 마리 토끼를 잡은 그야말로 '기적'을 이루어 냈습니다. 이번 장에서는 현재 우리가 누리는 정치적 자유를 가능하게 해 준 3대 민주화 운동에 대해 알아보겠습니다.

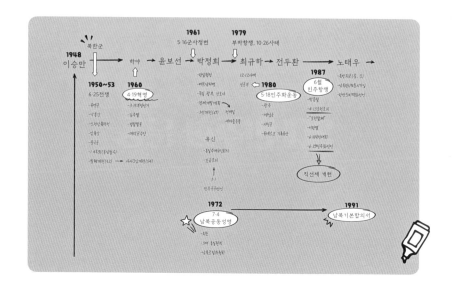

부정 선거에 저항한 4·19

초대 대통령 이승만은 계속해서 대통령을 하고 싶었습니다. 여당이었던 자유당은 이승만에게 기대어 계속 정권을 유지하고 싶었고요. 이승만은 대한민국 초대 대통령이자, 2대 대통령이자, 3대 대통령이기도 합니다. 어떻게 이런 일이 가능했을까요?

제헌 헌법에 따라 제헌 국회에서 간선제로 이승만이 초대 대통령에 선출되었습니다. 그런데 2대 국회에는 이승만에게 우호적이지 않은 국회 의원들이 대거 당선됩니다. 재선 가능성이 없다고 판단한 이승만 정부는 1952년 국민이 직접 대통령을 뽑는 직선제로 개헌합니다(발췌 개헌[1]). 그렇게 이승만은 6·25 전쟁 중에 개헌을 통해 재선에 성공합니다.

그런데 문제가 생겼습니다. 제헌 헌법에 따르면, 한 사람이 대통령을 두

---

1 '발췌'는 책이나 문서 등에서 필요한 내용을 뽑아내는 것을 말합니다. 당시 정부의 개헌안과 국회의 개헌안에서 일부를 뽑아 개헌했기 때문에 발췌 개헌이라고 부릅니다.

번까지만 할 수 있었거든요. 그래서 1954년 초대 대통령에 한하여 출마 횟수 제한을 두지 않는다는 내용의 두 번째 개헌을 시행합니다(사사오입 개헌[2]). 그렇게 해서 이승만은 3대 대통령에도 당선됩니다.

시간이 지나면서 우리 국민은 이승만 정부의 부패와 독재에 등을 돌리기 시작합니다. 이런 분위기 속에서 시간이 흘러 1960년 4대 대선이 다가왔습니다. 이미 라이벌들이 차례로 사망했기 때문에 이승만이 대통령에 당선되는 데엔 문제가 없어 보였습니다. 문제는 부통령이었습니다.

이때 이승만의 나이가 85세였습니다. 지금도 80세가 넘어가면 고령인데, 당시는 더했겠지요. 임기 중에 대통령이 사망하면 대통령직을 부통령이 이어받습니다. 만약 야당 후보가 부통령에 당선되면 이승만 사망 이후 자칫 정권을 빼앗길 수도 있다는 위기감에 여당인 자유당은 자기 당의 후보인 이기붕을 부통령에 당선시키기 위해 대대적인 부정 선거를 저지릅니다(3·15 부정 선거).

얼마나 대놓고 부정 선거를 저질렀는지 투표권도 없었던 중고등학생들이 들고 일어납니다. 학교에서 하는 학급 회장 선거도 이렇게 대놓고 부정 선거를 하지 않는데, 한 나라의 지도자를 뽑는 선거가 부정 선거로 얼룩지는 것을 참을 수 없었던 것이지요. 이때, 마산 지역에서 시위하던 고등학생 김주열이 실종되는 일이 벌어집니다. 김주열은 약 한 달 후 마산 앞바다에서 눈에 최루탄이 박힌 시신으로 발견됩니다. 시위하던 중 경찰이 쏜 최루탄에 사망한 김주열의 시신을 은폐했던 일이 만천하에 드러난 것이지요.

김주열의 시신이 발견되고 언론이 이를 보도하자 전국적으로 대규모의 시위가 벌어집니다. 사람들은 대통령이 있는 경무대로 몰려갑니다. 그러자 그

---

2 당시 재적 국회 의원 203명 중 3분의 2인 136명이 찬성해야 통과가 되는데, 1표 차이로 부결되고 맙니다. 자유당은 수학의 반올림 개념(사사오입)을 적용하여 개헌 통과 기준이 135명이라고 주장하며 개헌안이 통과되었다고 선포했습니다.

곳을 지키던 경찰들이 일제히 발포합니다. 그 와중에 수많은 시민이 죽거나 다쳤습니다(4·19 혁명).

이번에는 대학 교수들이 거리로 나섭니다. "학생의 피에 보답하라."라는 현수막을 들고 거리를 행진합니다. 결국 이승만은 하야를 선언하고, 이기붕은 일가족과 함께 자살하면서 4·19 혁명은 시민들의 승리로 끝납니다.

내각 책임제로 개헌한 헌법에 따라 다시 선거가 치러지고, 대통령에 민주당 후보 윤보선이 당선되었고, 같은 당의 장면이 총리로 지명되면서 장면 내각이 세워집니다. 여러분에게 윤보선 대통령은 많이 낯설 것입니다. 낯선 이유는 재임 기간이 1년 정도로 매우 짧았기 때문입니다. 1961년 5월 16일 군인 박정희가 정변을 일으키면서 장면 내각은 무너지고 맙니다.

신군부에 저항한 5·18 민주화 운동

10·26 사태로 18년간 권력을 잡았던 박정희가 사망합니다. 생각해 보세요. 한 나라의 대통령이 죽었습니다. 게다가 범인은 권력 서열 2위였던 중앙정보부장이었습니다. 권력 구도로 보면 우리나라의 권력 서열 1위와 2위가 모두 사라진 셈입니다. 권력 공백 상태가 된 것이지요. 이 틈을 파고들었던 것이 전두환, 노태우 등의 신군부 세력입니다.

나라가 비상 상황일 때 계엄령이 선포됩니다. 계엄령이 내려지면 군인들이 치안과 행정을 대신합니다. 한 나라의 대통령이 죽었으니 엄청 큰일이지요? 전두환 등 신군부 세력은 계엄령이 내려진 상황에서 10·26 사태를 조사하는 역할을 맡았는데 이 과정에서 차츰 권력을 장악해 나갔고, 1979년 12월 12일, 친위 쿠데타로 정치권력뿐 아니라 군부까지 장악하게 됩니다(12·12 사태).

이승만 정부에 이어 박정희 정부까지 독재를 겪은 국민은 박정희 사망 이후, 드디어 자유의 바람이 불어오려나 하고 기대에 부풀어 있었습니다. 서울의 대학가에서도 희망찬 이야기가 오고 가고 박정희 정부 시기 와해되었던 학생회 조직이 부활합니다(서울의 봄). 하지만 신군부는 국민의 바람과는 정반대로 움직입니다. 그들은 권력을 내놓을 마음이 없었습니다.

전두환 등 신군부 세력은 1980년 5월 18일 0시를 기준으로 계엄령을 전국으로 확대합니다. 예상과 다른 행보에 많은 시민과 대학생들이 어리둥절해 있던 차에 전라도 광주 전남대에서 계엄령과 신군부에 반대하는 시위가 일어납니다. 그러자 신군부 세력은 우리나라 최정예 부대인 공수부대를 광주에 투입해서 강경하게 진압합니다. 이 과정에서 시위와 관련 없는 광주 시민들 다수가 다치거나 죽었습니다. 심지어 5월 21일에는 계엄군이 비무장 시민들에게 발포하면서 많은 사망자가 나왔습니다.

시민들은 경찰서의 무기고 등에서 총기를 꺼내 스스로 무장하여 시민군을 조직합니다. 하지만 전투력에서 계엄군의 상대가 되지 않습니다. 결국 5월 27일 공수부대에 의해 전남도청에서 마지막까지 항쟁하던 시민군은 모두 진압되고 말았습니다.

이처럼 1980년 5월 18일부터 27일까지 약 열흘간 광주에서 있었던 민주화 운동을 5·18 민주화 운동이라고 합니다. 광주를 진압하고 전두환은 대통령으로 취임합니다. 하지만 이때 뿌려진 민주화 운동의 씨앗은 결국 전두환 정부를 끌어 내리는 6월 민주항쟁의 바탕이 되었습니다.

직선제를 끌어낸 6월 민주 항쟁

전두환 정부는 대통령 임기를 7년으로 늘리는 한편 한 사람이 한 번만 대통령을 할 수 있게(단임제) 헌법을 개정합니다. 전두환은 자신이 물러나도 간선제로 자신의 동지이자 후임인 노태우가 어려움 없이 대통령을 이어받을 것이라 계산했던 것이지요.

하지만 역사는 전두환의 바람과 다르게 흘러갔습니다. 1987년 1월 대학생 박종철이 고문받다가 사망하는 일이 일어납니다. 당시에는 고문으로 많은 사람이 죽었는데 대부분은 정보 기관에서 이를 은폐하고 유가족과 언론을 협박했기 때문에 일반인에게는 자세히 알려지지 않고 있었습니다. 그런데 공교롭게 이 사건은 널리 알려지게 되었습니다. 그러자 오랜 기간 독재에 억눌려 있던 시민들이 다시 거리로 뛰쳐나오게 됩니다.

시민들은 고문 없는 세상, 독재 없는 세상을 원했습니다. 하지만 모든 권력을 대통령이 독점하고 그 대통령을 국민이 뽑지 못했기 때문에 새로운 세상을 위해서는 먼저 국민이 직선제로 대통령을 선출할 수 있도록 헌법을 바꾸어야 했습니다. 그래서 시민들은 전두환 정부에 직선제 개헌을 강력하게 요구합니다.

국민의 직선제 개헌 요구가 높아지던 4월 13일, 전두환이 앞으로 개헌은 없을 것이며, 지금 헌법대로 간선제로 다음 대선을 진행하겠다고 선언합니다(4·13 호헌 조치). 이 발표에 실망한 시민들은 "호헌 철폐!"를 외치며 시위를 이어갑니다.

이 와중에 연세대학교 정문에서 대학생 이한열이 경찰의 최루탄에 머리를 맞고 병원에 실려 가는 일이 벌어집니다. 소식이 알려지자 시위 규모는 걷잡을 수 없이 커집니다. 심지어 정치적 시위와 거리를 두던 일반 회사원들조차 넥타이를 맨 채로 시위에 동참합니다.

시위의 절정은 6월 10일의 6·10 국민 대회였습니다. 5·18 민주화 운동이 광주라는 고립된 도시에서 전개되어 계엄군에게 쉽게 진압되었던 것을 거울

삼아 이번에는 전국의 많은 도시에서 일제히 시위가 벌어져 전두환 정부가 진압을 포기하게 했습니다.

마침내 6월 29일 차기 대통령 후보인 노태우가 직선제 개헌을 약속하는 6·29 민주화 선언을 합니다. 드디어 국민의 오랜 소망이었던 대통령 직선제 개헌이 이루어지게 된 것이지요. 박정희 정부의 유신 개헌(1972) 이후 15년 만에 다시 국민이 직접 대통령을 선출하게 되었습니다. 이때 바뀐 헌법이 지금까지 이어지고 있습니다.

직선제로 바뀐 헌법에 따라 치러진 대선에서 누가 당선되었을까요?

놀랍게도 신군부 세력인 노태우였습니다. 당시 야당의 유력한 후보로 김영삼과 김대중이 출마했었는데, 단일화에 실패하여 표가 분산되었기 때문입니다.

① 3대 민주화 운동이 일어난 순서와 당시 대통령을 알아 두세요.

② 3대 민주화 운동과 관련된 키워드를 구분하세요.

③ 3대 민주화 운동이 일어난 배경과 결과를 각각 알아 두세요.

007 밑줄 친 '시위'에 대한 설명으로 옳은 것은?

절망적인 위기에 봉착했던 우리나라의 민주주의를 구하고자 4월 19일 청소년 학도들은 총궐기했습니다. 이날 민권 수호 운동의 주동이 되어 시위한 서울의 대학생들은 3·15 부정 선거를 비롯해서 12년에 걸친 독재 정부의 반민주적인 행위를 규탄했습니다.

① 3·1 민주 구국 선언을 발표하였다.

② 4·13 호헌 조치의 철폐를 주장하였다.

③ 신군부 세력의 권력 장악에 저항하였다.

④ 6·10 만세 운동이 일어나는 결과를 가져왔다.

⑤ 내각 책임제를 골자로 하는 개헌의 계기가 되었다.

[정답 ⑤] 4·19 혁명의 결과를 물어본 문항입니다. 자료의 '4월 19일' '3·15 부정 선거' 등을 통해서 밑줄 친 '시위'가 1960년에 일어난 4·19 혁명이라는 것을 알 수 있습니다. 3·15 부정 선거로 일어난 4·19 혁명으로 이승만은 하야하였고, 내각 책임제로 개헌이 이루어졌습니다(⑤). 이로써 장면 내각이 출범하게 되지요.

기존에는 4·19 혁명의 배경인 3·15 부정 선거나 4·19 혁명의 결과인 이승만의 하야를 정답으로 출제했으나 이 문항은 그동안 잘 보이지 않았던 '내각 책임제 개헌 계기'를 정답으로 제시하면서 수준을 높였습니다.

3대 민주화 운동의 기본적인 키워드와 배경, 결과를 잘 구분해 두세요.

008 (가) 민주화 운동에 대한 설명으로 옳은 것은?

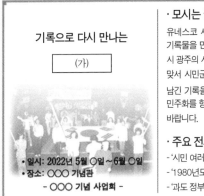

기록으로 다시 만나는

(가)

- 일시: 2022년 5월 ○일 ~ 6월 ○일
- 장소: ○○○ 기념관
 - ○○○ 기념 사업회 -

· 모시는 글

유네스코 세계 기록 유산으로 등재된 (가) 기록물을 만날 수 있는 특별전을 개최합니다. 당시 광주의 시민과 학생들은 계엄군의 무력 진압에 맞서 시민군을 결성하여 항쟁하였습니다. 이들이 남긴 기록을 통해 (가) 의 과정을 살펴보고, 민주화를 향한 당시 시민들의 열망을 느껴 보시기 바랍니다.

· 주요 전시물

- '시민 여러분께 안내 말씀 드립니다'
- '1980년도 광주의 비극을 밝히는 시'
- '과도 정부의 최규하 대통령에 보내는 글'

① 내각 책임제 정부 수립을 가져왔다.

② 미쓰야 협정을 체결하는 계기가 되었다.

③ 신군부 세력의 권력 장악에 저항하였다.

④ 10·26 사태가 발생하는 원인이 되었다.

⑤ 한반도에 대한 신탁 통치 결정에 반발하였다.

[정답 ③] 5·18 민주화 운동의 특징을 물어본 문항입니다. 자료의 '광주' '계엄군' '시민군' '1980년도' 등을 통해 (가) 민주화 운동은 1980년의 5·18 민주화 운동이라는 것을 알 수 있습니다. 5·18 민주화 운동은 전두환, 노태우 등의 신군부 세력의 권력 장악에 저항하였습니다(③).
자료의 키워드를 통해 3대 민주화 운동 중 어느 운동인지를 구분해 낸 다음, 선지 중에서 나머지 키워드를 찾는 유형으로 가장 기본적인 유형입니다.

2023-9월 모의평가

009 다음 뉴스가 보도된 시기를 연표에서 옳게 고른 것은? [3점]

지난달 9일 6·10 국민 대회를 하루 앞두고 벌어진 시위에서 부상을 입고 치료를 받던 ○○대 학생 이한열 군이 오늘 새벽 사망하였습니다. 검은색 대형 추모 만장이 걸린 모교 학생회관 빈소에는 숙연한 분위기 속에서 조문객들이 줄을 잇고 있습니다. 장지는 모교 내부와 광주 망월동 묘지 등이 거론되고 있습니다.

이한열 군 오늘 새벽 사망

	(가)	(나)	(다)	(라)	(마)	
발췌 개헌안 통과	4·19 혁명	3선 개헌안 통과	5·18 민주화 운동	4·13 호헌조치 발표	민주 자유당 창당	

① (가)   ② (나)   ③ (다)   ④ (라)   ⑤ (마)

[정답 ⑤] 6월 민주 항쟁이 일어난 시기를 물어본 문항입니다. 자료에서 '6·10 국민 대회' '이한열' 등을 통해 1987년의 6월 민주 항쟁을 보도하고 있는 것을 알 수 있습니다. 여기에서 많은 수험생이 (라)와 (마) 사이에서 고민하다가 (라)로 해서 틀렸습니다.

뉴스 앵커의 멘트 중 "지난달 9일 6·10 국민 대회를 하루 앞두고"가 있는 것으로 보아 보도하는 시점이 6월 민주 항쟁이 끝난 다음 달인 7월이라는 것이 포인트입니다. 4·13 호헌 조치 발표는 1987년 4월 13일, 6·10 국민 대회는 6월 10일, 보도 시점은 7월입니다. (마)가 있는 ⑤가 정답입니다.

자료를 통해 6월 민주 항쟁이라는 것까지는 쉽게 찾을 수 있는 문항이었습니다. 다만, 시간에 쫓기거나 대충 훑어보고 답을 찍은 수험생들이 쉽게 빠질 수 있는 함정이 있었습니다. 무슨 일이 있어도 침착하게 자료를 분석해야 합니다.

(가), (나) 선언문과 관련된 민주화 운동에 대한 설명으로 옳은 것은?

> (가) 광주의 각 학교에 공수 부대를 투입하고 이에 반발하는 학생
> 들에게 대검을 꽂고 '돌격 앞으로'를 감행하였고, …… 너무나
> 경악스러운 또 하나의 사실은 20일 밤부터 계엄 당국은 발포
> 명령을 내려 무차별 발포를 시작했다는 것이다.
>
> (나) 국가의 미래요, 소망인 꽃다운 젊은이를 야만적인 고문으로
> 죽여 놓고 그것도 모자라 뻔뻔스럽게 국민을 속이려 했던 현
> 정권에게 국민의 분노가 무엇인지를 분명히 보여 주고, 국민
> 적 여망인 개헌을 일방적으로 파기한 4·13 폭거를 철회시키
> 기 위한 민주 장정을 시작한다.

① (가) - 김주열 사망이 배경이 되었다.

② (가) - 시민군이 조직되어 저항하였다.

③ (가) - 브라운 각서가 체결되는 배경이 되었다.

④ (나) - 12·12 사태가 일어나는 계기가 되었다.

⑤ (나) - 진압 이후 전두환이 대통령에 취임하였다.

[정답 ②] '광주' '공수 부대' '계엄 당국' 등을 통해 (가)는 5·18 민주화 운동과 관련된 선언문이라는 것을 알
수 있습니다. 또, '4·13 폭거' 등을 통해 (나)는 6월 민주 항쟁과 관련된 선언문이라는 것을 알 수 있습니
다. 5·18 민주화 운동 당시 광주 시민은 계엄군의 진압에 맞서 스스로 시민군을 조직하여 저항하였습니다
(②).
4·19 혁명, 5·18 민주화 운동, 6월 민주 항쟁의 핵심 키워드를 잘 정리해서 구분할 수 있어야 합니다.

김영삼 정부와 김대중 정부

1990's

우리나라 역사상 가장 어린 나이로 국회 의원에 당선된 사람은 누구일까요?

바로 김영삼입니다. 무려 만 25세의 나이로 국회 의원에 당선되었거든요. 이후 8번이나 더 당선되어 무려 9선 의원을 지냈고 14대 대통령을 역임하기도 했습니다.

그렇다면 우리나라 사람 중 최초로 노벨 평화상을 받은 사람은 누구일까요?

바로 김대중입니다. 15대 대통령을 지낸 김대중은 40년간 한반도와 동아시아 전반의 민주주의와 인권을 위해 애쓴 공로를 인정받아 2000년 12월 노르웨이 오슬로에서 한국인 최초로 노벨 평화상을 받았습니다.

김영삼과 김대중은 정치적 라이벌로 알려져 있는데, 사실은 오랜 기간 민주화 운동을 함께해 온 정치적 동지였습니다. 박정희-전두환 정부 시기의 독

재 체제에 끊임없이 항거하였고, 민주
주의 발전에 이바지했어요. 그리고 차
례대로 대통령에 당선되었습니다. 이
번 장에서는 김영삼 정부와 김대중 정
부에 대해서 알아보겠습니다.

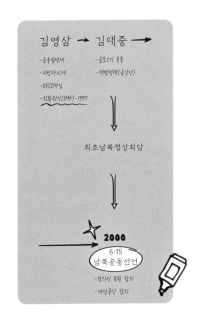

김영삼 정부의 개혁과 외환 위기

1987년 6월 항쟁의 결과 대통령 직
선제로 개헌되었습니다. 이후 치러진
대통령 선거에서 김영삼과 김대중은
단일화에 합의하지 못하고 각각 후보
로 출마합니다. 이로써 민주 진영의 표가 분산되었고, 신군부 출신의 노태우
가 당선됩니다.

이후 노태우는 박정희 세력이었던 김종필과 민주 진영의 김영삼을 끌어들
여 3당 합당을 성사시켰고, 그 덕분에 김영삼은 여당 후보로 다음 대선에 출
마하게 됩니다.

14대 대통령에 당선된 김영삼은 윤보선 이래로 국민의 손으로 뽑힌 최초
의 비군인 출신 대통령이었습니다. 오랜 군부 독재 끝에 선출된 민간인 출신
의 대통령이었기에 국민이 거는 기대도 컸습니다. 김영삼은 다양한 분야에
서 굵직한 개혁을 실행하여 국민의 기대에 부응했습니다.

경제 분야의 개혁으로는 1993년 금융 실명제를 실시했습니다. 통장을 만
들거나 송금할 때 반드시 실명 인증을 거치게 되어 있죠? 지금은 너무나 당
연한 절차인데, 금융 실명제 실시 이전에는 다른 사람의 이름으로도 얼마든

지 금융 거래를 할 수 있었습니다. 그러다 보니 각종 금융 범죄가 일어났고, 권력자들은 이를 이용해 불법 자금을 세탁하거나 비자금을 조성해 놓기도 했지요. 금융 실명제 이후로 금융 거래가 한층 더 투명해졌습니다.

김영삼 정부는 역사 바로 세우기라고 해서 일제 강점기 식민 지배의 중심이었던 조선 총독부 건물을 해체해 버립니다. 일제는 조선의 중심 궁궐인 경복궁 바로 앞에 거대한 총독부 건물을 세워 우리의 자존심을 짓밟았거든요. 광복 이후에도 총독부 건물은 오랫동안 남아 있었습니다. 김영삼 재임 당시에는 국립 중앙 박물관으로 사용되고 있었습니다. 김영삼 정부는 용산에 현재의 국립 중앙 박물관을 짓고 경복궁을 가로막고 있던 총독부 건물을 해체했습니다.

또 그때까지도 사용되고 있던 국민학교라는 명칭 대신 '초등학교'라는 말을 쓰게 했습니다. 국민학교라는 명칭은 일제 강점기에 초등학교를 부르던 말이었거든요. 이렇게 김영삼 정부는 오랫동안 남아 있던 일제의 흔적을 지우는 작업에 박차를 가했습니다.

그뿐 아니라 군인들의 사조직인 하나회를 해체하고 헌정 질서 파괴행위와 부정부패 혐의로 노태우와 전두환, 두 전직 대통령을 구속해 버립니다.

김영삼 정부 시기에는 정치적 민주화도 진전되었습니다. 박정희의 5·16 군사 정변으로 오랫동안 중단되었던 지방 자치 제도가 다시 전면적으로 실시됩니다. 이로써 지금도 우리가 우리 손으로 도지사, 시장, 구청장 등의 지방 자치 단체장과 지방 자치 의원을 선출할 수 있게 되었습니다.

경제도 꾸준히 성장하여 1996년에는 선진국 클럽인 경제 협력 개발 기구(OECD)에 우리나라가 가입했습니다. 하지만 기업의 방만한 경영과 외화 관리 실패로 우리나라는 외환 위기를 맞이하였고, 급기야 1997년 국제 통화 기금(IMF)에 구제금융을 요청하기에 이릅니다.

국제 통화 기금(IMF)은 우리나라가 부도나지 않게 구제금융을 빌려주는 대신 우리의 경제에 직접 개입합니다. 이런 간섭에서 벗어나는 길은 하루라도 빨리 나라의 빚을 청산하는 것이었습니다.

김대중 정부의 외환 위기 극복과 햇볕 정책

외환 위기 직후 김대중 정부로 정권이 교체됩니다. 김대중은 야당 출신의 대선 후보였는데, 투표를 통해 평화적으로 정권이 교체된 첫 번째 사례로 기록되었습니다.

김대중 정부에게 주어진 과제는 최대한 빨리 국제 통화 기금으로부터 받은 자금을 갚는 일이었습니다. 이때 집에 있는 금을 모아 나랏빚을 갚자는 금 모으기 운동이 전국적으로 일어났습니다. 여기에 힘입어 우리나라는 2000년에 예정보다 일찍 모든 빚을 갚고 2001년에 공식적으로 국제 통화 기금 관리 체제가 종료되었습니다.

해와 바람의 내기 우화를 들어봤나요? 어느 날 해와 바람이 누가 먼저 나그네의 외투를 벗게 하느냐를 두고 내기를 합니다. 먼저 바람이 자신의 바람으로 나그네의 외투를 날려 버리려고 시도합니다. 하지만 바람이 거셀수록 나그네는 더욱더 외투를 움켜잡을 뿐이었습니다. 반면 해는 아주 따사로운 햇볕을 비춥니다. 그러자 더워진 나그네가 스스로 외투를 벗으면서 해의 승리로 내기가 끝납니다.

여기에 빗대어 김대중 정부의 대북정책을 햇볕 정책이라고 부릅니다. 그동안 우리가 북한을 대하던 적대적인 정책에서 벗어나 대화와 교류를 중시하는 우호적인 정책으로 바꾼 것이지요. 햇볕 정책의 목적은 북한 스스로 국제 사회로 나오게 하는 것이었습니다.

1998년 금강산 관광이 시작되었으며 2000년에는 최초로 남북 정상 회담이 평양에서 성사되었습니다. 그 결과 6·15 남북 공동 선언이 발표되었고, 경의선 복구, 개성 공단 조성 등이 합의되었지요. 이때 합의된 사항들은 다음 정부인 노무현 정부 시기 상당 부분 실현되었습니다.

원포인트
레슨

① 김영삼 정부의 개혁 정책을 잘 알아 두세요.

② 김대중 정부의 '햇볕 정책'을 잘 알아 두세요.

③ 외환 위기의 발생과 금 모으기 운동의 시기를 알아 두세요.

010 다음 연설이 행해진 정부의 경제 정책으로 가장 적절한 것은?

> 저는 대통령에 취임하자마자 저의 재산을 공개했고 앞으로 정치 자금을 한 푼도 받지 않겠다고 선언했던 것입니다. 아울러 정경 유착을 제도적으로 막을 수 있도록 금융 실명제를 단행했습니다. …(중략)… 금융 실명제와 부동산 실명제를 통해 마련된 경제 정의의 기반 위에서 1인당 국민 소득 1만 달러, 수출 1천 억 달러 시대를 열었습니다. …(중략)… 모든 국민이 갈망해 온 지방 자치제의 완전한 실시로 참여와 자율이 존중되는 본격적인 지방 시대를 열었습니다.

① 지계아문에서 지계를 발급하였다.

② 경부 고속 국도(도로)를 개통하였다.

③ 조청 상민 수륙 무역 장정을 체결하였다.

④ 경제 협력 개발 기구[OECD]에 가입하였다.

⑤ 유상 매입, 유상 분배의 농지 개혁법을 제정하였다.

[정답 ④] 김영삼 정부 때의 연설문을 자료로 제시하고 이 시기의 경제 정책을 물어본 문항입니다. 자료에서 '금융 실명제' '지방 자치제의 완전한 실시' 등을 통해 김영삼 정부 시기의 연설문이라는 것을 알 수 있습니다. 이제 김영삼 정부 때 있었던 일들을 떠올려 보아야 합니다. 우리나라는 김영삼 정부 시기였던 1996년 경제 협력 개발 기구[OECD]에 가입했습니다(④).

김영삼 정부 관련해서는 금융 실명제, 경제 협력 개발 기구 가입, 외환 위기가 단골로 제시되었습니다. 최근에는 지방 자치제 실시와 같이 기존에 잘 나오지 않던 내용도 나오고 있으니 꼼꼼하게 정리해 두세요.

011 밑줄 친 '대통령'의 활동으로 옳은 것은? [3점]

> ○○○○년
> ○○월 ○○일
> 주간/비매품
>
> # 국정뉴스
>
>
> 국정홍보처
>
> ## 국제 통화 기금[IMF] 지원 자금 조기 상환 완료
>
> 지난 23일 국제 통화 기금 지원 자금 상환 기념 만찬에서 대통령은 "우리 국민이 발 벗고 나선 덕분에 IMF를 완전히 졸업하게 되었다."라고 선언하고, 그간 경제 회복을 위해 애쓴 이들의 노고를 치하하였다. 국제 통화기금 호르스트 쾰러 총재도 대통령 앞으로 서신을 보내 이번 조기 상환 완료는 한국의 빠른 경제 안정과 1997년 말의 위기 상태 극복 및 금융 부문의 강화를 증명하는 것이라고 평가하였다.

① 균역법을 실시하였다.

② 척화비를 건립하였다.

③ 6·3 시위를 진압하였다.

④ 3·15 부정 선거를 자행하였다.

⑤ 최초로 북한 정상과 회담하였다.

[정답 ⑤] 김대중 정부의 정책을 물어본 문항입니다. 자료에서 '국제 통화 기금(IMF) 지원 자금 조기 상환 완료'를 통해 밑줄 친 '대통령'은 김대중이라는 것을 알 수 있습니다. 김대중은 2000년 최초로 북한 정상 김정일과 회담하였습니다(⑤).

김대중 정부와 관련해서는 '금 모으기 운동'과 '햇볕 정책'이 주로 출제됩니다. 김영삼 정부는 주로 경제 분야, 김대중 정부는 주로 대북 정책이 출제되니 이 분야에 초점을 맞춰서 정리해 두세요.

우공쌤 한국사 깨기

자료의 기사가 보도되었던 정부 시기에 있었던 사실로 옳은 것은?

> 19○○년 ○월 ○일 　　　　　　　　　　○○신문
>
> # IMF에 구제 금융 공식 요청
>
> ## 산업 전반에 엄청난 구조 조정 요구…
> ## 정부·기업·국민 모두 고통을 감수해야

① 중국과 수교를 맺었다.

② 금융 실명제가 실시되었다.

③ 서울 올림픽이 개최되었다.

④ 5·18 민주화 운동에 대한 청문회가 열렸다.

⑤ 미국과 자유 무역 협정(FTA)이 체결되었다.

[정답 ②] 김영삼 정부 시기에 관한 문항입니다. 자료의 'IMF 구제 금융 공식 요청'을 통해 이 시기가 김영삼 정부 때라는 것을 알 수 있습니다. 김영삼 정부는 금융 거래의 투명화를 위해 금융 실명제를 실시하였습니다(②).

김영삼 정부 관련해서는 IMF 구제 금융 신청, 금융 실명제 등과 같이 경제 관련 키워드가 자주 등장합니다. 잘 정리해 두세요.

통일을 위한 노력

평소에 잘 느끼지 못하지만 남북 분단은 우리 삶에 큰 영향을 끼치고 있습니다.

휴전협정이 체결된 1953년 이후 지금까지 우리나라는 여전히 '전쟁을 잠깐 쉬는' 휴전 국가입니다. 공식적으로는 아직 전쟁 중인 셈입니다. 따라서 대한민국 남성은 국방의 의무를 다하기 위해 군 복무를 해야 합니다.

해외 여행을 갈 때 우리는 인천공항으로 향합니다. 해외 여행은 대부분 항공편으로 이루어집니다. 빠르게 이동할 수 있다는 이점도 있지만 분단으로 인해 육로 여행이 원천적으로 불가능하기 때문입니다. 그러다 보니 우리는 분명 대륙에 붙어 있는 국가이면서도 마치 섬에서 생활하는 것처럼 살 수밖에 없습니다. 이런 상황은 우리의 사고를 한정 짓는 요인이 되기도 합니다. 국경을 넘어서 다른 나라로 간단하게 여행하는 일조차 우리에게는 사치인 셈이지요.

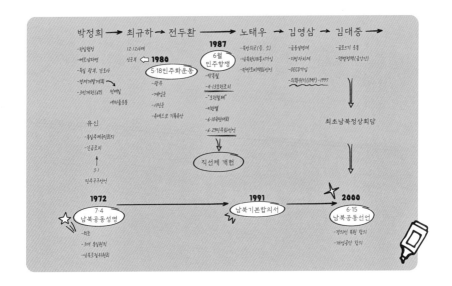

6·25 전쟁 이후 높아진 적대감으로 남북한은 서로 대립하며 대부분의 시간을 보냈습니다. 그렇지만 그 와중에도 남북 관계를 개선하고 통일을 위해 노력한 사례도 있습니다. 이번 장에서는 통일을 위한 다양한 노력을 알아보겠습니다.

최초로 남북이 통일에 합의한 7·4 남북 공동 성명

첫 번째 사례가 바로 박정희 정부 시기인 1972년에 발표된 7·4 남북 공동 성명입니다. 앞서 살펴본 바와 같이 1960년대 말부터 세계적으로 냉전 체제가 완화되기 시작합니다. 이에 발맞춰 우리도 비밀리에 남북한 실무자가 접촉하여 통일에 대한 원칙을 만들어 7월 4일 서울과 평양에서 각각 발표하였습니다.

7·4 남북 공동 성명에는 자주, 평화, 민족적 대단결이라는 통일의 3대 원

칙이 담겨 있었습니다. 그리고 통일을 위한 대화 창구로 남북 조절 위원회를 두었습니다.

하지만 7·4 남북 공동 성명 발표 이후 남한에서는 박정희 정부가 유신 헌법으로 개헌하여 대통령 독재 체제를 강화하였고, 북한에서도 사회주의 헌법을 제정하여 김일성 독재 체제를 강화하였습니다. 통일을 명분으로 남북한 각각 독재 체제를 강화한 것입니다.

그런데도 남북 당사자가 최초로 통일 문제로 대화할 필요가 있다고 합의했다는 점에서 큰 의의를 지니고 있습니다.

서로의 존재를 인정한 남북 기본 합의서

두 번째 사례는 노태우 정부 시기인 1991년에 발표된 남북 기본 합의서입니다. 노태우 정부 시기인 1980년대 말부터 1990년대 초까지는 소련이 해체되고 독일 베를린 장벽이 무너지는 등 냉전 체제가 해체되던 시기였습니다. 여기에 발맞춰 노태우 정부는 북쪽의 사회주의 국가인 소련과 중국과 수교를 맺는 북방 외교를 추진하는 등 사회주의권 국가들과 관계를 개선합니다.

1991년 9월에는 남북한이 국제 연합(UN)에 동시 가입합니다. 이는 남한과 북한이 각각 별개의 국가라는 사실을 국제 사회에서 인정받은 것입니다. 그전까지는 서로를 향해 '한반도 반쪽을 불법 점령하고 있는 불순 세력'이라고 비난했었는데, 이제 서로의 존재를 인정할 수밖에 없는 상황이 된 것입니다.

마침내 1991년 12월 남북 화해, 불가침, 교류 협력 등이 담긴 남북 기본 합의서가 발표됩니다. 뒤이어 한반도 비핵화 공동 선언이 발표되어 한반도에 평화의 바람이 불어옵니다.

최초로 남북 정상이 만나 합의한 6·15 남북 공동 선언

세 번째 사례는 김대중 정부 시기인 2000년에 발표된 6·15 남북 공동 선언입니다. 앞서 살펴봤듯이 김대중 정부는 '햇볕 정책'으로 북한과의 대화와 협력을 강조했습니다. 마침내 새천년인 2000년 6월에 최초로 남북 정상 회담을 평양에서 개최합니다. 그리고 합의 내용을 담아 6월 15일에 발표한 문서가 6·15 남북 공동 선언입니다. 남한과 북한의 통일 방안에 공통점이 있다고 인정하고 여기에서부터 통일을 추진해 나가기로 합의한 것입니다. 통일에 대한 구체적인 방안에 대해 서로 인정하고 논의했다는 점에서 의의가 있습니다.

또, 경의선 복구, 개성 공단 조성 등 경제 교류를 합의하기도 합니다. 이는 실제로 다음 대통령인 노무현 정부 시기 실현되었습니다.

하지만 이후 북한의 지속적인 핵 개발과 미사일 발사로 남북 관계가 수시로 경색되어 오늘날에 이릅니다. 현재 북한은 상당수의 사회주의 국가들이 몰락하여 교류할 나라가 줄어든 데다가 핵 개발로 인한 경제 제재로 국제적 고립이 깊어지고 있습니다.

시간이 가면서 점점 문화적 이질감이 커지고, 경제 격차가 벌어지고 있습니다. 더욱이 주변 강대국들의 눈치도 살펴야 하는 처지라서 남북 통일은 더욱 어려워지고 있습니다. 이런 어려움을 이겨 내고 우리는 통일을 이루어 낼 수 있을까요?

여름에 평양으로 놀러 가서 원조 평양냉면을 맛보고, 개마고원으로 가서 더위를 피합니다. 다음에는 함흥으로 가서 함흥냉면을 먹고 원산 앞바다에서 해수욕을 즐깁니다. 겨울에는 다양한 코스가 조성된 북한 지역의 스키장에 가서 2박 3일 스키를 탑니다. 수학여행은 고속 열차를 타고 중국으로 떠납니다. 대학생이 되면 여름 방학을 이용해서 시베리아 횡단 열차를 이용해 유럽 여행을 갑니다. 이 열차는 서울역에서 출발합니다. 늦지 않게 서둘러 가야겠습니다.

이 모든 상상이 우리의 현실이 될 수도 있지 않을까요?

① 세 개의 통일 문서 발표 순서와 발표 당시 대통령을 알아 두세요.

② 세 개의 통일 문서의 핵심 키워드를 구분하세요.

③ 남북한 유엔 동시 가입-남북 기본 합의서-한반도 비핵화 공동 선언은 세트입니다. 함께 묶어서 알아 두세요.

2024-대학수학능력시험

012 밑줄 친 '이 성명'이 발표된 시기를 연표에서 옳게 고른 것은? [3점]

남과 북 사이에 대화의 길이 트이기 시작했습니다. 우리나라의 자주적인 평화 통일을 추구하는 이 성명이 서울과 평양에서 동시에 발표됐습니다. 중앙정보 부장은 자주·평화·민족 대단결의 통일 원칙과 남북 조절 위원회 구성 등 7개 항에 합의했다고 밝혔습니다.

(가)	(나)	(다)	(라)	(마)
8·15 광복	6·25 전쟁 발발	5·16 군사 정변	유신 헌법 공포	남북한 유엔 동시 가입	6·15 남북 공동 선언

① (가)　　② (나)　　③ (다)　　④ (라)　　⑤ (마)

[정답 ③] 박정희 정부 시기 7·4 남북 공동 성명이 발표된 시기를 물어본 문항입니다. '서울과 평양에서 동시 발표' '중앙정보부장' '자주, 평화, 대단결의 통일 원칙' '남북 조절 위원회' 등을 통해 밑줄 친 '이 성명'이 1972년에 발표된 7·4 남북 공동 성명이라는 것을 알 수 있습니다. 7·4 남북 공동 성명은 최초로 남북한이 통일 원칙에 합의했다는 의의가 있지만, 남북한 모두 독재 체제 강화에 이용했다는 한계를 갖고 있기도 합니다. 7·4 남북 공동 성명 발표 직후, 북한에서는 김일성 1인 독재 체제를 강화하는 사회주의 헌법이, 남한에서는 대통령에게 막강한 권한을 준 유신 헌법이 발표되었습니다. 따라서 정답은 '유신 헌법 공포' 직전인 (다)입니다 (③).

연표 문항은 수험생들이 까다롭게 느끼는 유형입니다. 게다가 '유신 헌법 공포'가 제시되어 박정희 정부 시기의 상황을 유신 전후로 파악하고 있어야 풀 수 있습니다. 박정희 정부 시기를 공부할 때 직선제로 대통령을 선출하던 유신 이전 시기인 1960년대와 통일 주체 국민회의에서 간선제로 선출하던 1970년대 유신 시대를 구분해서 공부해 두도록 합니다.

013 밑줄 친 '합의서'를 채택한 시기를 연표에서 옳게 고른 것은? [3점]

제5차 남북 고위급 회담에서 서명된 합의서는 남과 북이 오랜 단절과 대립을 청산하여 상호 신뢰를 바탕으로 이 땅에 평화의 질서를 구축하고 교류 협력을 통해, 민족의 화해와 공동 번영을 이루어 가기 위해 필요한 조처들을 망라하고 있습니다. …(중략)… 석 달 전 남북한의 유엔 동시 가입과 이에 이은 이번 합의서의 서명은 한반도 문제 해결과 민족 통일을 향한 여정에 획기적인 이정표를 세운 것입니다.

	(가)	(나)	(다)	(라)	(마)	
8·15 광복	4·19 혁명	7·4 남북 공동 성명	10·26 사태	6·29 민주화 선언	6·15 남북 공동 선언	

① (가) ② (나) ③ (다) ④ (라) ⑤ (마)

[정답 ⑤] 노태우 정부 시기에 남북 기본 합의서가 발표된 시기를 연표로 물어본 문항입니다. 자료에서 '남북 고위급 회담' '남북한의 유엔 동시 가입'을 제시하고 있습니다. 이 시기는 노태우 정부 시기로 밑줄 친 '합의서'는 바로 남북 기본 합의서입니다. 사실 노태우 정부 시기라는 사실을 몰라도 남북한 유엔 동시 가입-남북 기본 합의서-한반도 비핵화 공동 선언이 같은 해인 1991년에 발표된 사실을 묶어서 알고 있으면 풀수 있습니다. 노태우 정부는 6월 민주화 운동 당시 6·29 민주화 선언 이후에 직선제로 치러진 대선 결과 수립되었습니다. 따라서 정답은 (마)입니다(⑤).

연표 문항은 수험생들이 부담을 느끼는 유형입니다만, 이 문항의 경우 6·29 민주화 선언이 6월 민주화 운동 때 발표되었고, 노태우 정부가 그 이후에 수립되었다는 사실 파악만 하고 있으면 정답을 비교적 쉽게 찾을 수 있는 문항입니다. 노태우 정부 시기의 3종 세트, 남북한 유엔 동시 가입-남북 기본 합의서-한반도 비핵화 공동 선언을 다시 한번 숙지하세요.

014 밑줄 친 '합의'가 이루어진 시기를 연표에서 옳게 고른 것은?

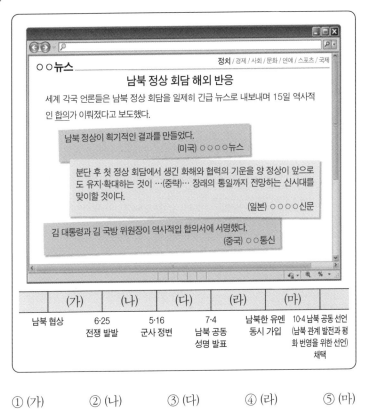

○○뉴스

정치 / 경제 / 사회 / 문화 / 연예 / 스포츠 / 국제

남북 정상 회담 해외 반응

세계 각국 언론들은 남북 정상 회담을 일제히 긴급 뉴스로 내보내며 15일 역사적인 합의가 이뤄졌다고 보도했다.

> 남북 정상이 획기적인 결과를 만들었다.
> (미국) ○○○○뉴스

> 분단 후 첫 정상 회담에서 생긴 화해와 협력의 기운을 양 정상이 앞으로도 유지·확대하는 것이 …(중략)… 장래의 통일까지 전망하는 신시대를 맞이할 것이다.
> (일본) ○○○○신문

> 김 대통령과 김 국방 위원장이 역사적입 합의서에 서명했다.
> (중국) ○○통신

	(가)	(나)	(다)	(라)	(마)
남북 협상	6·25 전쟁 발발	5·16 군사 정변	7·4 남북 공동 성명 발표	남북한 유엔 동시 가입	10·4 남북 공동 선언 (남북 관계 발전과 평화 번영을 위한 선언) 채택

① (가)　　② (나)　　③ (다)　　④ (라)　　⑤ (마)

[정답 ⑤] 6·15 남북 공동 선언의 발표 시기를 물어본 문항입니다. 연표 문항은 수험생을 움츠러들게 만드는 유형입니다. 하지만 통일 관련 문서 3종 세트의 발표 순서를 알고 있다면 쉽게 풀 수 있는 문항입니다.

자료에서 '남북 정상 회담' '분단 후 첫 정상 회담' '김 대통령과 김 국방 위원장' 등의 키워드를 통해 밑줄 친 '합의'가 2000년에 발표된 6·15 남북 공동 선언이라는 사실을 알 수 있습니다. 6·15 남북 공동 선언은 3종 세트 중 가장 마지막에 발표되었습니다.

7·4 남북 공동 성명(1972, 박정희)-남북 기본 합의서(1991, 노태우)-6·15 남북 공동 선언(2000, 김대중) 순으로 발표 연도와 당시 대통령이 누구인지 다시 한번 잘 정리해 두세요.

통일 관련 문항은 주로 수능 시험지 4페이지에 마지막 문항으로 자주 출제됩니다. 이 주제는 매회 출제되는 단골 주제인데, 남북 관계가 안 좋을 때는 한 번씩 생략되기도 합니다. 하지만 그리 어렵지 않게 출제되는 주제이므로 한 번 정리해 두면 쉽게 정답을 찾을 수 있는 효자 주제입니다.

 자료의 선언이 발표되었던 정부 시기에 있었던 사실로 옳지 않은 것은?

> 제1조 남과 북은 서로 상대방의 체제를 인정하고 존중한다.
>
> 제9조 남과 북은 상대방에 대하여 무력을 사용하지 않으며 상대
> 방을 무력으로 침략하지 아니한다.

① 3당 합당이 이루어졌다.

② 소련과 교류가 본격화되었다.

③ 남북 조절 위원회가 설치되었다.

④ 한반도 비핵화 공동 선언이 합의되었다.

⑤ 남북한이 국제 연합에 동시 가입하였다.

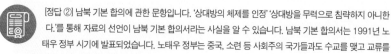 [정답 ②] 남북 기본 합의에 관한 문항입니다. '상대방의 체제를 인정' '상대방을 무력으로 침략하지 아니한다.'를 통해 자료의 선언이 남북 기본 합의서라는 사실을 알 수 있습니다. 남북 기본 합의서는 1991년 노태우 정부 시기에 발표되었습니다. 노태우 정부는 중국, 소련 등 사회주의 국가들과도 수교를 맺고 교류를 하는 북방 외교를 추진하였습니다(②).

통일 관련 문서를 자료로 주고, 해당 문서가 발표되었던 정부 시기에 있었던 사실을 물어보는 유형이 출제될 수 있으니 박정희 정부, 노태우 정부, 김대중 정부 시기에 있었던 일들을 폭넓게 정리해 두세요.

2000년대 이후로 현대사 관련 영화들이 많이 제작되었습니다. 〈국제시장〉(2014)은 6·25 전쟁부터 오늘날까지의 한국 현대사를 길게 조망할 수 있는 영화입니다. 영화는 6·25 전쟁의 1·4 후퇴 즈음부터 시작됩니다. 당시 동생을 잃은 어린 남주인공이 성장해 가면서 겪는 일들이 영화의 주된 스토리입니다. 박정희 정부 시기 파독 광부와 베트남 파병 등 우리에게 친숙한 사건들이 잘 드러납니다. 격동의 시기에 한 개인이 겪는 일을 보고 있노라면 역사란 우리와 함께 진행되고 있음을 느낄 수 있습니다.

6·25 전쟁은 현대사를 다룬 영화 중 가장 많이 영화화된 소재입니다. 〈태극기 휘날리며〉(2004)는 전쟁 속에서 형제의 우애를 극적으로 잘 그려냈습니다. 〈포화 속으로〉(2010)는 전쟁 당시 징집된 학도병들의 모습을 생생하게 표현했습니다. 〈인천 상륙 작전〉(2016)은 인천 상륙 작전을 앞두고 벌어지는 치열한 첩보전을 긴박감 넘치게 나타냈고요. 인천 상륙 작전이 성공할 수 있었던 이유는 유엔군의 교란 작전 덕분이었습니다. 〈장사리〉(2019)는 포항 북쪽 장사리에 양동 작전으로 상륙했던 잊힌 학도병들에 대한 이야기입니다. 인천 상륙 작전 당시 왜 북한군이 속수무책으로 당할 수밖에 없었는지 알 수 있게 해 줍니다.

박정희 정부의 몰락을 소재로 한 영화도 꽤 많이 제작되었습니다. 이 중

〈남산의 부장들〉(2020)은 10·26 사태의 중심에 있었던 중앙정보부장 김재규를 주인공으로 하여 당시 사건을 재구성한 영화입니다. 긴박했던 순간들을 잘 그려 냈고, 김재규의 심리를 섬세하게 묘사하여 당시의 치열했던 권력 갈등과 10·26 사태에 대해 입체적으로 이해할 수 있습니다.

〈서울의 봄〉(2023)은 남산의 부장들에서 소재로 삼은 10·26 사태에 뒤이은 시기를 소재로 삼고 있습니다. 10·26 사태 직후 전두환과 노태우 등의 신군부 세력이 12·12 사태로 권력을 장악해 가는 모습을 생생하게 그려냈습니다.

민주화 운동과 관련해서는 5·18 민주화 운동을 소재로 한 영화가 많습니다. 〈화려한 휴가〉(2007)는 내부자의 시선으로, 즉 5·18 민주화 운동을 직접 겪은 광주 시민들의 시각으로 사건을 현실감 있게 보여 줍니다. 한편, 〈택시 운전사〉(2017)는 제목 그대로 서울의 '택시 운전사'가 외국인 기자를 태우고 광주에 가게 되면서 5.18 민주화 운동을 겪게 되는 이야기입니다. 택시 운전사는 외부자의 시선으로 사건을 입체적으로 표현했습니다. 무엇보다 실화를 바탕으로 했다는 점에서 더 몰입감이 생깁니다.

〈1987〉(2017)은 6월 민주 항쟁을 소재로 한 영화입니다. 박종철의 사망부터 6월 민주화 운동까지 전반적인 과정을 다루는데, 다양한 인물들이 각자의 위치에서 고군분투하는 모습이 잘 드러납니다. 이 영화를 보면 6월 민주 항쟁에 전 국민이 광범위하게 참여했다는 사실을 알 수 있습니다.

일제 강점기

일제 강점기에서는 식민 통치 방식이 한 문항씩 출제됩니다. 그중에서도 가장 많이, 거의 매회 출제
되는 시기는 1930~40년대입니다. 그다음으로는 3·1 운동과 대한민국 임시 정부가 자주 출제됩니
다. 그 외에도 의열단, 신간회-광주 학생 항일 운동이 상대적으로 자주 출제되었습니다.

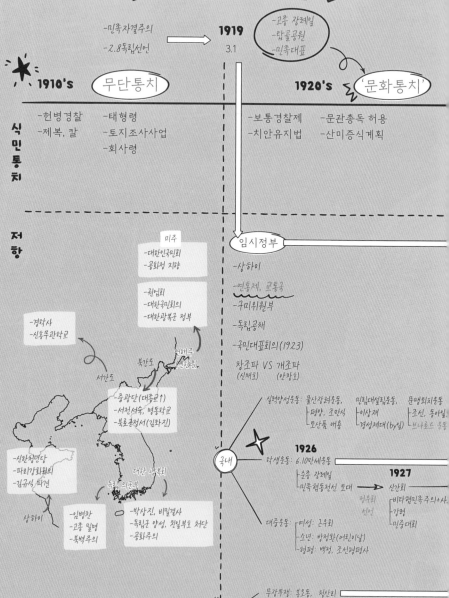

-민족자결주의
-2.8독립선언

1919
3.1

-고종 장례일
-탑골공원
-민족대표

1910's 무단통치   **1920's** '문화통치'

식민통치

무단통치		문화통치	
-헌병경찰	-태형령	-보통경찰제	-문관총독 허용
-제복, 칼	-토지조사사업	-치안유지법	-산미증식계획
	-회사령		

저항

임시정부

미주
-대한인국민회
-공화정 지향

-상하이
-연통제, 교통국
-구미위원부
-독립공채
-국민대표회의(1923)

-권업회
-대한국민의회
-대한광복군 정부

창조파 VS 개조파
(신채호)　(안창호)

-경학사
-신흥무관학교

북간도　연해주
(신한촌)

서간도

-중광단(대종교↑)
-서전서숙, 명동학교
-북로군정서(김좌진)

실력양성운동: 물산장려운동, 민립대학설립운동, 문맹퇴치운동
　　　　　 -평양, 조만식 -이상재 -조선, 동아일보
　　　　　 -토산품 애용 -경성제대(by일) 브나로드 운동

-신한청년당
-파리강화회의
-김규식 파견

대한광복회
독립 이근영

국내
학생운동: 6.10만세운동
　　　　 -순종 장례일
　　　　 -민족 협동전선 토대 →

1926

1927
신간회
-비타협민족주의+사.
-강령
-민중대회

상하이

-임병찬
-고종 밀명
-복벽주의

-박상진, 비밀결사
-독립군 양성, 친일부호 처단
-공화주의

대중운동: -여성: 근우회
　　　　 -소년: 방정환(어린이날)
　　　　 -형평: 백정, 조선형평사

국외

무장투쟁: 봉오동, 청산리
　　　　 (홍범도) (김좌진)

의열단: 김원봉, 조선혁명선언(신채호)

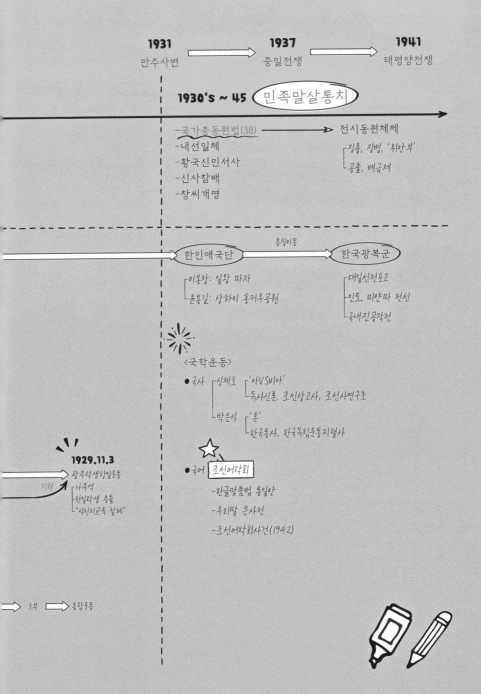

1931
만주사변

1937
중일전쟁

1941
태평양전쟁

1930's ~ 45 민족말살통치

-국가총동원법(38) ───→ 전시동원체제
-내선일체
-황국신민서사   ┌징용, 징병, '위안부'
-신사참배   └공출, 배급제
-창씨개명

한인애국단 ──총칭이동──→ 한국광복군

┌이봉창: 일왕 마차   ┌대일선전포고
└윤봉길: 상하이 훙커우공원   ├인도, 미얀마 전선
                    └국내진공작전

<국학운동>

●국사 ┌신채호 ┌'아VS비아'
      │   └독사신론, 조선상고사, 조선사연구초
      └박은식 ┌'혼'
              └한국통사, 한국독립운동지혈사

1929.11.3
광주학생항일운동
지원 ┌나주역
     ├한일학생 충돌
     └"식민지교육 철폐"

●국어 조선어학회

-한글맞춤법 통일안
-우리말 큰사전
-조선어학회사건(1942)

3부 ⇒ 통합운동

일본 하면 어떤 감정이 먼저 느껴지나요? 한국인이라면 왠지 모를 적대감이 드는 게 사실입니다. 우리는 왜 일본에 대해 이런 적대감을 무의식 속에 새기고 있을까요?

그것은 바로 30여 년 넘게 식민 지배를 받았기 때문입니다. '일제 강점기' 하면 황갈색 제복을 입고 콧수염을 기른 채 독립 운동가들을 고문하는 모습이 먼저 떠오르죠?

사실 일본은 아시아에서도 변방에 자리한 데다가 섬나라이기 때문에 문화 교류가 늦고 고립된 채 독자적인 문화를 발전시켜 왔습니다. 1천여 년 동안 무가 정권이 유지되기도 했습니다. 일본을 생각할 때 긴 칼을 찬 사무라이가 먼저 떠오르는 것은 이 때문입니다.

18세기에 들어서면서 산업혁명에 차례로 성공한 서구 열강들이 아시아와 아프리카에 진출하여 식민지를 세웁니다. 19세기에는 동아시아까지 진출했는데, 일본도 이런 흐름에서 비켜날 수 없었습니다. 태평양을 통해 서진하던 미국에 의해 일본은 1854년 개항하게 됩니다.

이후 정치적 변동과 개혁(메이지 유신)을 통해 서구 열강처럼 근대 국가 수립에 성공한 일본은 마치 그들을 개항시켰던 서구 열강처럼 우리나라와 중국을 비롯한 아시아 국가들을 침략하기 시작합니다.

일제 강점기는 1910년부터 1945년의 시기를 가리킵니다. 이 시기에는 세계적으로 많은 일들이 있었습니다. 1914년부터 1918년까지는 제1차 세계 대전이 일어났습니다. 이때 일본은 미국, 영국 등과 함께 승전국이 됩니다. 일본이 승전국이 되었다는 것은 식민 지배를 받고 있던 우리에게는 그다지 반가운 소식이 아니었습니다.

1929년 세계적으로 경제 대공황이 불어닥치고 식민지를 많이 차지하고 있었던 열강들은 본국과 자국 식민지 사이에 블록 경제를 형성하며 대응합니다. 한편, 식민지를 적게 차지했던 후발 국가들은 어떻게든 식민지를 늘림으로써 위기를 극복하고자 합니다.

특히 유럽의 독일은 제1차 세계 대전 패전국으로 식민지 대부분을 빼앗긴 데다가 막대한 배상금까지 물어야 했기 때문에 매우 고통스러운 시기를 보냈습니다. 이런 상황 속에서 나치당의 히틀러는 독일 국민을 선동하여 자신에게 투표하게 했습니다. 그렇게 독일은 히틀러에 의해 다시 무장하고 침략을 준비하게 됩니다.

일본도 1931년 만주 지역을 불법으로 차지하고 이듬해인 1932년 꼭두각시 국가인 만주국을 세웁니다. 나아가 1937년에는 중국을 침략하여 중·일 전쟁을 일으킵니다. 일찌감치 전쟁을 끝내고 승전가를 부를 줄 알았던 일본은 중·일 전쟁에서 꽤 고전합니다. 전쟁이 길어지면서 군인과 자원이 더 많이 필요해졌습니다.

일본은 전쟁 수행에 부족한 군인은 식민지 조선에서 청년들을 징발하여 해결하고자 했고, 부족한 자원은 유럽 열강이 차지하고 있었던 동남아시아를 빼앗아 해결하려고 했습니다. 그러자 세계 경찰 역할을 자처하던 미국이 경제제재를 가하며 일본을 압박합니다. 이때 일본은 최악의 수를 두는데, 바로 하와이 진주만에 주둔하고 있던 미군을 기습공격한 것입니다. 이로써 1941년 태평양 전쟁이 시작되고, 무리하게 전선을 확장한 일본은 결국 1945년 무조건 항복을 하게 됩니다.

이런 국제 정세의 변화와 일본의 대응에 따라 식민 통치 방식도 변하였고, 우리도 그에 맞춰 독립 운동의 방향을 계속해서 바꿔 나갑니다.

	식민통치			1910년대 저항		
	1910년대 지배정책	1920년대 지배정책	1930~40년대 지배정책	1910년대저항	3·1운동	임시정부
횟수	3	2	23	4	19	4
24-수			✔	✔	✔	
23-10			✔		✔	
24-9			✔	✔		
23-7			✔		✔	
24-6			✔		✔	
23-4					✔	✔
23-3			✔			
23-수		✔	✔		✔	
22-10			✔			✔
23-9		✔	✔	✔		
22-7			✔		✔	
23-6			✔		✔	
22-4			✔		✔	
22-3			✔		✔	
22-수	✔				✔	
21-10			✔		✔	
22-9			✔		✔	
21-7			✔		✔	
22-6	✔					✔
21-4			✔		✔	
21-3	✔			✔		
21-수			✔		✔	
20-10			✔			
21-9			✔			
20-7					✔	
21-6			✔			✔
20-4			✔		✔	
20-3			✔		✔	

기존에는 일제 강점기에서 4문항 정도 출제되었습니다. 최근에는 거의 5문항으로 고정되어 가는 추세입니다. '일제 식민 통치 방식'에서 1문항, '3·1 운동' 또는 '대한민국 임시 정부'에서 1문항으로 거의 고정으로 출제되고 있습니다. 특히, 식민 통치 방식에서는 1930~1940년대 민족 말살 통치 시기가 꾸준히 출제되었습니다. 1940년대 한국 광복군도 꽤 자주 출제되고 있습니다. 그 외에 1920년대의 실력 양성 운동,

국내독립운동					의열투쟁		해외독립운동	1940년대 저항
실력양성운동	학생운동	신간회/근우회	대중운동	국학운동	의열단	한인애국단	무장투쟁	한국광복군
7	3	10	7	8	7	6	9	8
			✓					✓
		✓	✓				✓	
	✓		✓			✓		
				✓	✓			✓
✓				✓	✓			
	✓		✓					✓
✓	✓			✓				✓
			✓		✓			
			✓			✓	✓	
							✓	
✓		✓		✓				
✓			✓				✓	
✓						✓		✓
		✓					✓	✓
		✓						✓
		✓						✓
		✓		✓				
					✓			
			✓	✓				
		✓				✓		
				✓		✓		
						✓		
✓						✓		
		✓			✓		✓	
							✓	
✓				✓				
		✓					✓	
		✓					✓	

국학 운동이 최근 출제 비중이 높아지고 있습니다. 신간회-광주 학생 항일 운동과 의열단 vs 한인 애국단은 출제 형태와 키워드가 거의 고정되어 있으므로 한 번만 정리해 두면 어려움 없이 풀 수 있습니다.

일제의 식민 통치 방식

길거리에 경찰이 보이면 어떤 기분이 드나요? 경찰이 거리마다 서 있다면 어떨까요? 왠지 모르게 움츠러들고 눈치를 보며 내가 잘못한 것은 없는지 돌아보게 되지 않을까요?

만약 경찰 대신 군복을 입은 군인이 칼이나 총을 차고 거리를 지키고 있다면요? 왠지 그쪽은 피해서 길을 돌아가거나 눈을 마주치지 않고 빠른 걸음으로 지나치려고 하겠죠?

일제 강점기 일본은 크게 두 번 식민 지배 방식을 바꿉니다. 대략 10년 단위로 잘라서 1910년대의 통치 방식을 무단 통치, 1920년대의 통치 방식을 이른바 문화 통치, 1930~1940년대의 통치 방식을 민족 말살 통치라고 부릅니다.

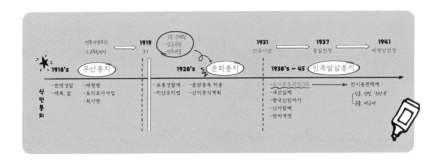

총칼로 억압하던 무단 통치 시기

1910년대는 조선이 이제 막 식민지가 된 시기입니다. 식민 지배를 순순히 받아들일 나라는 세계 그 어디에도 없을 것입니다. 우리도 격렬히 저항했습니다. 그러나 일본은 군인을 동원해서 겁을 줌으로써 식민 지배를 해 나갑니다. 이 시기의 일본 식민 지배 정책을 무단 통치라고 합니다.

당시 식민 통치를 위한 최고 기구를 조선 총독부, 그 우두머리는 총독이라고 했는데 총독은 일본인 군인 중에서 파견되었습니다. 또, 군인들을 상대하는 군인 경찰인 헌병이 일반 경찰의 역할을 대신했습니다(헌병 경찰 제도). 앞에서 살핀 것처럼 평소 경찰이 하는 역할을 군복을 입고 칼을 찬 군인들이 대신한 것입니다. 평소에 민간인은 군인을 볼 일이 별로 없습니다. 하지만 이 시기에는 거리마다 헌병 경찰을 볼 수 있었습니다.

헌병 경찰에게는 즉결 처분권이라는 막강한 권한이 주어졌습니다. 요즈음은 아무리 큰 잘못을 저질러도 재판을 받고 판결이 나오기 전까지는 무죄로 간주합니다. 하지만 헌병 경찰은 재판 없이 '즉시 결정하여 처분을 내릴 수 있는 권한'을 갖게 된 것입니다.

또, '미개한 조선인들은 맞아야 정신을 차린다.'라고 하면서 조선 태형령이 제정됩니다. 갑오개혁 때 이미 폐지되었던 신체 형벌이 이 시기에 부활한 것입니다. 따라서 누구든 잘못을 저지르면 경찰서에 끌려가 태형을 당했어요. 그런데 법령 제목에서 드러나듯 태형은 오직 조선인에게만 적용되었습니다.

트라우마라는 말 들어봤나요? 과거의 어떤 강렬한 경험이 마음에 상처를 남겨 시간이 지나도 그 상처가 계속 고통을 유발하는 심리학적 현상을 일컫는 말입니다. 일본은 이를 노려 학교의 교사와 관청의 공무원들에게도 군복을 입고 칼을 차게 했습니다.

만약 지금 교실에서 선생님이 군복을 입고 소총을 찬 채로 수업한다면, 선생님에게 대들거나 조는 경우가 획기적으로 줄어들 것 같지요? 군복과 칼은 그 자체로 사람들에게 공포감과 위화감을 주니까요. 어린 학생들이 학교에서 이런 경험을 한 뒤 어른이 되었다고 해봅시다. 길거리에서 군복과 칼을 찬 헌병 경찰을 보면 과거 학교에서 군복과 칼을 찬 교사에게 혼난 기억이 떠올라 왠지 모르게 움츠러들 수밖에 없을 것입니다.

이처럼 1910년대 일본은 여러 수단을 동원해서 우리나라 사람들에게 공포감을 심어 주는 데 주력했습니다. 이렇게 하면 우리가 겁을 먹어서 저항하지 않을 거로 생각한 것입니다.

또한 이 시기 일본은 토지 조사 사업을 진행합니다. 총독부는 정해진 기간에 자기가 어떤 토지의 주인임을 신고하면 인정해 주었습니다. 역사적으로 여러 차례 이런 작업이 진행되었는데, 이는 토지 소유자를 국가가 일률적으로 파악하여 세금을 정확하게 걷기 위해서였습니다. 토지 조사 사업으로 조선 총독부의 세금 수입이 늘어난 것은 쉽게 상상할 수 있겠지요?

문제는 국유지와 왕실 소유의 토지였습니다. 개인이 소유한 것이 아니기에 신고가 되지 않았고 이런 토지는 고스란히 총독부 소유의 토지가 되었습니다. 총독부는 이렇게 얻은 토지를 다시 동양 척식 주식회사에 헐값으로 넘겼고, 동양 척식 주식회사는 조선 최대의 지주가 되었습니다. 동양 척식 주식회사는 일본인들에게 싼값에 토지를 팔아 일본인의 조선 이주를 장려했습니다.

토지 조사 사업은 토지 주인인 지주의 권리만 보장해 주었을 뿐 경작권은 보호해 주지 않아 이곳에서 땅을 빌려 농사짓던 소작농들의 처지는 더욱 나빠졌습니다.

한편, 회사를 세울 때는 조선 총독부의 허가를 받아야 하는 회사령을 실시했습니다. 이 정책은 우리 민족 기업의 육성을 막기 위한 것이었습니다. 그뿐만 아니라 우리나라에 진출하려는 일본 자본이나 외국 자본까지도 조선 총독부가 통제하려는 목적도 있었습니다.

민족 분열을 꾀한 '문화 통치' 시기

무섭게 억압하면 겁을 먹어 고분고분해질 것이라는 일본의 예상과 달리 1919년 3월 1일 일제 강점기 통틀어 가장 큰 규모의 민족 운동인 3·1 운동이 전국적으로 일어났습니다. 일본은 크게 당황하여 잔인하게 진압했습니다. 더는 무단 통치로 식민 지배를 하기 어렵겠다고 판단한 일본은 겉으로는 문화적인 대우를 해 주고 뒤에서 친일파를 양성하여 민족 분열을 꾀하는 좀 더 교묘한 정책으로 바꿉니다. 이런 정책을 이른바 문화 통치라고 부릅니다.

법령을 바꿔 현역 군인뿐 아니라 문관도 총독에 취임할 수 있도록 총독 임명 범위를 넓힙니다. 헌병 경찰 제도를 폐지하고 보통 경찰제를 실시합니다. 그동안 금지해 왔던 언론, 출판, 집회, 결사의 자유를 일부 허용하기도 합니다. 여기에 힘입어 지금도 발행되는 《조선일보》와 《동아일보》가 창간되었습니다.

겉으로 드러난 것만 보면 일본이 조금 더 부드럽게 정책을 바꾼 것 같습니다. 하지만 결국 손바닥으로 하늘을 가리는 격이었지요. 총독의 임명 범위를 넓혔으나 일제 강점기 통틀어 단 한 번도 문관 총독이 임명된 적이 없었고, 보통 경찰제를 실시했지만 경찰 인원과 예산은 1910년대에 비해 크게 증가했습니다. 또, 언론의 자유를 줬다고 하지만 수시로 검열을 통해 기사를 삭제하거나 정간시켰습니다. 1925년에는 사회주의자들을 탄압하기 위해 치안 유지법을 발표합니다. 치안 유지법은 사회주의자들뿐 아니라 독립 운동가들을 탄압하는 데 악용되었던 대표적인 악법입니다.

1920년대에는 일본에서 산업화가 진전되어 이촌향도[1] 현상이 심화됩니다. 많은 농민이 농사짓지 않고 도시로 이주하여 노동자로 일하게 된 것입니다. 그래서 일본 본토의 식량 문제가 심각해집니다. 이런 식량 부족 문제를 해결하기 위해 일본은 식민지 조선에 산미 증식 계획을 시행하였습니다.

산미 증식 계획은 '생산되는 미곡을 증식하겠다.'는 계획입니다. 종자 개량, 수리 시설 정비 등 투자를 하여 조선에서 생산되는 쌀의 양을 늘린 다음 늘어난 쌀 중 일부를 가져가겠다는 계획이었습니다. 그런데 모든 일이 다 계획대로 되지는 않잖아요? 때마침 흉년이 들어 일본이 계획했던 것만큼 생산량이 늘지 못했습니다. 그러면 당연히 가져가는 쌀의 양도 줄여야 하는데 일본은 계획한 만큼 쌀을 일본으로 가져가 버립니다. 이로써 우리 농민들이 소비할 쌀이 부족해지자 일본은 이 문제를 해결하려고 값싼 만주산 잡곡을 수입하여 조선의 식량 문제를 해결하려고 했습니다.

일본 자본이 어느 정도 성장하자 회사령이 오히려 방해가 되었습니다. 그래서 1920년에 회사령이 폐지됩니다. 1923년에는 일본 상품에 붙던 관세마저 철폐되었습니다. 이에 우리 민족 기업은 큰 타격을 받게 됩니다. 이런 분

---

1 농촌을 떠나 도시로 향하는 것을 가리킵니다. 산업화가 진행되어 도시가 성장하여 도시와 농촌의 격차가 커지면 이런 현상이 나타납니다.

위기 속에서 국산품을 쓰자는 물산 장려 운동이 전개되었습니다.

침략 전쟁이 확대되던 민족 말살 통치 시기

세계적인 대공황 속에서 일본은 1931년 만주를 기습 점령하고(만주 사변), 1932년 만주국이라는 허수아비 국가를 세웠습니다. 1937년에는 중국을 침략하여 중·일전쟁이 시작됩니다. 1941년에는 하와이 진주만을 기습공격하면서 미국과 태평양 전쟁이 시작되지요. 전쟁은 끊임없이 확대되었습니다.

전쟁에서 가장 필요한 것은 사람입니다. 싸울 사람인 군인이 필요하고, 또 군인들이 사용할 무기를 만들어야 하니 공장에서 일할 사람도 필요합니다. 그래서 일본은 식민지 조선으로부터 이런 인력을 동원하고자 했습니다.

그런데 문제가 생겼습니다. 20년 넘게 수탈하고서 무기를 쥐어 주며 일본을 위해 싸워 달라고 하면, 일본을 위해 싸워 주기는커녕 일본에 대항하여 싸울 위험이 더 크겠죠? 그래서 일본은 이 시기 우리 민족의 색채를 지우려는 동화정책을 꾸준히 실시합니다. 이 정책을 민족 말살 통치라고 부릅니다.

민족 말살 통치를 다른 말로 황국 신민화 정책이라고도 부릅니다. '황국'은 일본을 뜻하고, '신민'은 신하 같은 백성을 뜻합니다. 일본에 충성을 다하는 신하 같은 백성을 만드는 정책이 바로 황국 신민화 정책이었던 것이지요.

이때 일본이 주장한 논리가 일선 동조론, 내선 일체론입니다. 일선 동조론은 '일본과 조선은 같은 조상을 가지고 있다.'는 주장이고, 내선 일체론은 '일본과 조선은 한 몸'이라는 주장입니다. 모두 조선인을 일본인에 동화시키려는 주장이었습니다.

이 시기 학생들은 정해진 시간에 일왕이 있는 도쿄를 향해 고개 숙여 인사해야 했습니다. 궁성 요배라는 의식이었죠. 그뿐만 아니라 일왕에게 충성을 서약하는 황국 신민 서사를 암송해야 했습니다.

일본의 전통 신들을 모신 사당을 신사라고 하는데, 이곳에는 일본이 침략 전쟁을 벌일 때 희생한 사람들의 위패도 안치되었습니다. 이 시기 일본은 신사 참배를 강요했습니다. 나아가 우리말 사용을 금지하고는 일본어 사용을 강요했습니다. 우리 역사 연구도 당연히 금지되었습니다. 이름 또한 일본식으로 바꾸게 했는데, 이를 창씨개명이라고 합니다. 창씨개명을 하지 않으면 진학이나 취업에서 엄청난 차별을 받았습니다.

중·일전쟁이 장기화할 조짐이 보이던 1938년에는 국가 총동원법을 제정하여 인적, 물적 수탈을 강화합니다. 지원병제, 징병제, 징용령 등을 통해 병력과 노동력을 확보하였고, 여성들을 위안부라고 불리는 일본군 성노예로 끌고 가는 만행을 저질렀습니다. 쌀과 금속을 강제로 걷어(공출) 전쟁터로 보냈고, 민간인들에게는 적은 양의 쌀을 배급해 주었습니다.

1930년대 일본은 남면북양 정책이라고 해서 한반도 남부에는 면화 재배를, 북부에는 양을 키우게 했습니다. 공업 원료로 쓰기 위해서였죠. 오랜 수탈로 농촌의 삶은 날로 피폐해졌습니다. 소작 쟁의도 많이 일어났습니다. 이에 일본은 농촌에 대한 통제를 강화하는 한편, 농촌의 환경 개선을 목표로 농촌 진흥 운동을 추진합니다.

전쟁이 확대되자 일본은 한반도에 군수 공장을 세우는 병참 기지화 정책을 시행합니다. 이로써 우리나라는 일본이 전쟁을 잘 수행하기 위한 군사기지로 전락했습니다.

이처럼 국내외의 사정에 따라 일본은 식민 지배 정책을 바꿔 갔습니다. 우리의 저항 방식도 시기별로 달라졌으리라는 것을 생각해 볼 수 있습니다. 우리가 무기력하게 당하기만 한 것은 아닙니다. 각 시기별로 우리는 어떤 방식으로 일본에 저항했을까요? 이제 우리가 다양한 방식으로 저항한 이야기를 하러 떠나 볼까요?

① 시기별 통치 방식 키워드를 구분하세요.

② 민족 말살 통치 시기가 자주 출제되므로 잘 정리해 두세요.

③ 3·1운동-문화 통치 전환은 세트입니다. 한 묶음으로 알아 두세요.

015 (가) 통치 시기에 있었던 사실로 옳은 것은? [3점]

○○○○○신문 편집장에게

일본 수상은 한국에서의 무단 통치를 폐지하고 [(가)] 을/를 시행하겠다는 내용을 발표하였습니다. …(중략)… 한국인들에게는 무단 통치를 시행하든 [(가)] 을/를 시행하든 별반 다르지 않습니다. 그 정부가 일본인들의 정부인 한, 한국인들은 복종하지 않을 것입니다. 일본은 헌병 경찰제를 폐지하고 대신 보통 경찰제를 시행하겠다고 합니다. 하지만 여전히 한국인들은 자신이 한국인임을 드러낼 때마다 총을 맞고 고문을 당하겠지요. 만약 일본이 진정으로 이 복잡한 문제를 해결하려 했다면 원래 한국인들의 것이었던 완전한 독립을 즉시 돌려주었어야 했던 것입니다.

필라델피아에서, 서재필

① 홍경래의 난이 일어났다.

② 독서삼품과가 실시되었다.

③ 치안 유지법이 제정되었다.

④ YH 무역 사건이 발생하였다.

⑤ 국가 재건 최고 회의가 설치되었다.

[정답 ③] 1920년대 '문화 통치' 시기에 있었던 사실을 물어본 문항입니다. 자료에서 '무단 통치 폐지' '보통 경찰제 실시' 등을 통해 (가) 시기는 '문화 통치' 시기라는 것을 알 수 있습니다. '문화통치'는 1920년대의 일제 통치 방식입니다. 1925년에 일제는 치안 유지법을 제정하여 사상 탄압을 강화했습니다(③).
시기별 일제의 통치 방식을 구분하여 정리해 두면 어려움 없이 정답을 찾을 수 있습니다. 이 외에도 1920년대와 관련해서는 회사령 폐지, 산미 증식 계획 등이 자주 등장했습니다.

016 밑줄 친 '법령'이 시행된 시기에 있었던 사실로 옳은 것은? [3점]

> 자료는 중일 전쟁을 일으킨 일제가 전쟁에 필요한 자원을 효율적으로 조달하기 위해 공포한 법령의 일부입니다. 일제는 이 법령을 일본, 조선, 대만 등지에 적용하였으며, 한국인을 탄광, 군수 공장 등에 강제로 동원하였습니다.
>
> 제4조 정부는 전시에 국가 총동원상 필요한 경우에 칙령이 정하는 바에 따라 제국 신민을 징용하여 총동원 업무에 종사시킬 수 있다

① 호포제가 실시되었다.

② 쌍성총관부가 회복되었다.

③ 제주 4·3 사건이 일어났다.

④ 황국 신민 서사 암송이 강요되었다.

⑤ 반민족 행위 특별 조사 위원회가 설치되었다.

[정답 ④] 1938년에 공포된 '국가 총동원' 법을 자료로 제시하고 민족 말살 통치 시기를 물어본 문항입니다. 자료의 '중·일전쟁' '강제 동원' '국가 총동원' '징용' 등을 통해 이 시기가 일제의 침략 전쟁이 확대되던 1930~1940년대의 민족 말살 통치 시기임을 알 수 있습니다. 이 시기 일제는 황국 신민 서사 암송을 강요 ④했습니다.

1930~1940년대는 단골로 출제되는 주제입니다. 관련 키워드가 많은데, 대체로 일제의 동화정책, 전쟁 동원 정책 등을 이해하기 위한 것들입니다. 자료로는 주로 당시의 회고록, 판결문, 일기 등이 나오고 가끔 이 시기를 배경으로 한 문학 작품의 한 부분이 인용되기도 합니다.

발문은 '이 시기 볼 수 있는 모습'을 물어보는 형식으로 제시되는 경우가 많습니다. 이 시기에 출제될 만한 키워드는 주로 전쟁과 관련되어 있으므로 쉽게 정답을 찾을 수 있습니다.

(가), (나) 선언문과 관련된 민주화 운동에 대한 설명으로 옳은 것은?

🏫 대구교육청 소식

[대구광역시교육청]

일제강점기 '여학생 일기' 공개

女學生日記

大邱公立第一高等普通學校

10월 6일

2교시에 강당에 모여 교장 선생님이 "황국 신민의 서사가 신문 지상에 발표되었으니, 우리는 오늘 애국일을 맞아 애국 자녀 단원으로, 본교 학생으로서의 마음가짐을 굳세게 하고 황국 봉사 사업 실천에 가장 힘을 쓰자."라고 하셨습니다.

① 조선 책략 유포에 반대하는 유생들

② 단체로 신사 참배를 하러 가는 학생들

③ 조선일보 창간호를 인쇄하는 노동자들

④ 고종의 황제 즉위식을 준비하는 관료들

⑤ 회사령 공포를 알리는 관보를 보는 자본가

[정답 ②] 1930~1940년대 일제 통치 방식에 관한 문항입니다. 자료의 '황국 신민의 서사' 등을 통해 이 시기가 1930~1940년대라는 것을 알 수 있습니다. 1930~1940년대 일제는 신사 참배를 강요하였습니다 ②.

일제 통치 방식을 물어보는 경우 1930~1940년대가 가장 많이 출제되었습니다. 관련 키워드를 꼭 정리해서 알아 두세요.

3·1 운동

우리는 매년 3월 2일에 새 학년을 시작합니다. 이상하지요? 왜 3월 1일이 아닌 3월 2일에 새 학년을 시작할까요? 3월 1일이 공휴일이기 때문입니다. 무슨 일이 있었기에 공휴일이 되었을까요? 맞습니다. 바로 3·1 운동입니다. 이번 장에서는 3·1 운동의 배경과 전개 과정, 영향을 정리해 보겠습니다.

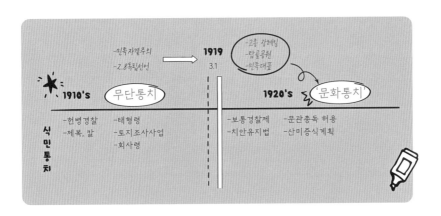

국제 정세의 변화와 3·1운동의 준비

1914년부터 1918년까지 제1차 세계 대전이 전개됩니다. 유럽의 독일, 오스트리아-헝가리제국, 이탈리아가 동맹을 맺고 전쟁을 일으킵니다. 영국, 프랑스, 러시아 등이 이에 맞섭니다. 이들 국가는 유럽에 있었지만 아프리카와 아시아에 많은 식민지를 가지고 있었기 때문에 전쟁은 유럽을 넘어 세계 대전으로 확대되었습니다.

1917년 러시아에서는 큰 사건이 일어납니다. 레닌이 사회주의 혁명을 일으켜 황제 국가인 러시아가 무너지고 역사상 최초의 공산주의 국가인 소비에트 연방, 즉, 소련이 탄생한 것입니다. 이때 레닌은 약소국의 민족 해방 운동을 지원하겠다고 연설하며 지지를 호소했습니다. 레닌이 진심으로 약소국의 민족 해방 운동을 지원하고자 했는지는 알 수 없지만, 적어도 이 소식은 우리나라를 포함해서 피식민지 국가들에 희망을 주었습니다.

전쟁이 끝난 뒤 승전국들은 파리에서 모여 패전국 처리를 놓고 회의를 열었습니다. 이 회의가 바로 파리 강화 회의입니다. 패전국의 식민지를 어떻게 할 것인지를 놓고 회의하던 중 미국 대통령 윌슨이 "민족의 일은 스스로 결정하게 하자."라며 민족 자결주의를 제창합니다. 물론 민족 자결주의는 패전국 식민지에만 적용되는 것이었지요. 당시 일본은 승전국 편에 섰기 때문에 승전국 식민지였던 우리나라는 민족 자결주의가 적용되지 않았습니다. 그럼에도 많은 독립 운동가는 민족 자결주의에 자극받았습니다.

그러던 중 1919년 2월 8일 일본의 심장, 도쿄에서 조선인 유학생들이 중심이 되어 독립 선언이 발표됩니다(2·8 독립 선언). 여기에 자극받은 국내의 지식인들은 국내에서도 독립 선언을 준비합니다. 독립 선언은 천도교, 불교 등 종교계 인사들이 주도했는데, 이들을 민족 대표 33인이라고 부릅니다. 마침 고종이 사망하였고, 많은 사람이 모일 것으로 예상되는 고종의 장례일에 맞춰 독립 선언을 하기로 결정했습니다.

최대 규모의 민족 운동 3·1운동의 전개

약속의 날 3월 1일이 되었습니다. 민족 대표 33인은 선언문 낭독을 하기로 한 서울 탑골공원에 갔다가 깜짝 놀랐습니다. 예상 밖에 너무나도 많은 사람이 나와 있었기 때문입니다. 돌발사태가 일어날 것을 우려한 민족 대표는 근처 태화관이라는 음식점에 가서 독립 선언문을 낭독하고 일본 경찰에 자수합니다.

이때 탑골공원에서 목이 빠지게 민족 대표를 기다리던 사람 중 한 학생이 민족 대표들을 찾아 헤매다가 태화관에서 이미 자수하여 체포를 기다리고 있던 민족 대표들을 발견합니다. 민족 대표로부터 독립 선언문을 입수한 이 학생은 탑골공원에 돌아와서 독립 선언문을 낭독했고, 수많은 사람이 호응하여 거리로 뛰어나와 태극기를 흔들며 대한 독립 만세를 외쳤습니다.

서울, 평양 등 대도시에서 동시다발적으로 시작된 3·1 운동은 이후 지방 중소도시와 농촌, 해외에까지 퍼지게 됩니다. 일제 강점기 통틀어 가장 규모가 컸던 민족 운동이 바로 3·1 운동입니다. 태극기를 흔들고 만세를 외친 비폭력 평화 시위를 하는 군중을 일본 경찰은 총과 칼로 무자비하게 진압합니다. 대표적인 사례가 경기도 화성의 제암리 학살 사건입니다.

제암리에 도착한 일본 경찰은 마을 사람들을 마을의 교회 예배당에 모이게 합니다. 그리고 밖에서 창과 문에 못을 박아 빠져나오지 못하게 한 다음 불을 질렀습니다. 단 한 명도 살아남지 못했습니다. 이 사건은 한 외신 기자가 우연히 이곳을 지나다가 발견하여 세상에 알려지게 되었습니다. 알려지지 않은 사례가 더 많이 있었을 것입니다.

일제의 통치 방식마저 바꾼 3·1운동

3월 1일에 시작되어서 3·1 운동이라고 부를 뿐 3·1 운동은 그 이후로도 몇 달 동안 계속되었습니다. 일본은 이해가 되지 않았습니다. 10년 동안 무단 통치로 겁을 주면 말을 잘 들을 줄 알았는데, 이런 일이 일어나다니요! 그래서 겉으로는 잘 대해 주는 척하면서 뒤로 친일파를 양성하여 민족 분열을 꾀하는 '문화 통치'로 식민 통치 방식을 바꿨던 것이지요.

한편, 3·1 운동을 계기로 민족 운동을 지휘할 컨트롤 타워의 필요성을 느낀 독립 운동가들은 중국 상하이에 대한민국 임시 정부를 수립했습니다.

3·1 운동에 참여했던 여성, 노동자, 학생들은 자신감을 얻고 이후에 적극적으로 독립 운동에 나서게 되었습니다. 또, 일본의 총칼에 맞서 만주 지방에서는 독립군 부대의 무장 투쟁 활동이 활발히 전개되었습니다.

이처럼 3·1 운동은 일제 강점기 우리 민족에게 큰 영향을 끼쳤습니다. 공휴일로 지정될 만하지요?

① 3·1운동의 배경을 알아 두세요.

② 3·1운동과 관련된 키워드를 정리해 두세요.

③ 3·1운동-대한민국 임시 정부 수립은 세트입니다. 묶음으로 알아 두세요.

017 밑줄 친 '이 운동'에 대한 설명으로 옳은 것은? [3점]

사료로 읽는 한국사

1900년 0월 00일

저녁 8시 45분, '대한 독립 만세!' 거리의 군중들의 용감한 외침이 우리 집 창문을 통해 들려온다. 외침은 거의 30분이나 계속됐다. 여기저기의 침묵은 경찰, 헌병 그리고 일본 민간인들이 그들을 잡으러 나왔다는 뜻이다. 지도자가 총대에 맞거나 총검에 베어 쓰러진다. 날마다 이런 일이 생기고, 병원들은 시위에서 부상 당한 환자들로 완전히 엉망이 되고 있다.

[해설] 사료는 선교사의 부인인 매티 윌콕스 노블이 작성한 일지의 일부로, 이 운동에 관한 서술이다. 노블 부인은 일제의 강압적 통치에 대한 반발, 고종의 서거, 민족 자결주의 대두를 배경으로 일어난 이 운동에 대하여 자신이 보고 들은 것을 상세히 기록하였다.

① 이른바 문화 통치 실시의 계기가 되었다.

② 만민 공동회가 개최되는 배경이 되었다.

③ 치안 유지법에 의해 탄압을 받았다.

④ 좌우 합작 위원회가 주도하였다.

⑤ 한일 협정에 반대하였다.

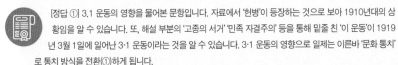

[정답 ①] 3·1 운동의 영향을 물어본 문항입니다. 자료에서 '헌병'이 등장하는 것으로 보아 1910년대의 상황임을 알 수 있습니다. 또, 해설 부분의 '고종의 서거' '민족 자결주의' 등을 통해 밑줄 친 '이 운동'이 1919년 3월 1일에 일어난 3·1 운동이라는 것을 알 수 있습니다. 3·1 운동의 영향으로 일제는 이른바 '문화 통치'로 통치 방식을 전환(①)하게 됩니다.

3·1 운동과 관련한 아주 전형적인 유형입니다. 주로 영향을 물어보고 정답은 '문화 통치', 또는 대한민국 임시정부 수립으로 제시됩니다. 드물게 배경을 물어보기도 합니다. 이 경우 민족 자결주의, 2·8 독립 선언이 정답이 됩니다. 배경-전개-영향을 잘 구분해서 알아 두세요

018 다음 회고에 나타난 민족 운동에 대한 설명으로 옳은 것은?

> 탑골 공원 뒷문에서 만세 군중이 나왔어요. 청년들이 손을 깨물어 피를 내서 손수건에다가 태극 형상을 그리고 '대한 독립 만세'라고 써서 만세를 불렀어요. 대한문 앞으로 오니까 시골에서 온 어른들이 있었어요. 고종 황제가 돌아가셨으니까 그 앞에 모인 거예요. 대열 중 한 편은 남대문 쪽으로 가고, 내가 간 곳은 일본인 상점들이 쭉 있는 진고개인데, 그곳에서 일본 순사와 헌병들이 사람들을 체포하기 시작했어요.

최○○ 독립운동가

① 신간회의 주도로 전개되었다.

② 갑오개혁이 추진되는 배경이 되었다.

③ 을미사변과 단발령을 계기로 일어났다.

④ 10·26 사태가 일어나는 원인이 되었다.

⑤ 대한민국 임시 정부 수립에 영향을 주었다.

[정답 ⑤] 3.1 운동의 영향을 물어본 두 번째 유형의 문항입니다. 일단 자료에서 키워드를 찾아야 합니다. 자료에서 고종 황제가 죽었다는 내용, 헌병이 사람들을 체포했다는 내용 등을 통해 이 운동이 3.1 운동임을 알 수 있습니다.

3.1 운동의 영향을 물어봤을 때 정답으로 나오는 것은 '문화 통치'와 대한민국 임시 정부 수립(⑤)입니다.

자료에 나타난 운동에 대한 설명으로 옳은 것은?

> 문 : 누구와 탑골공원에 갔는가.
>
> 답 : 혼자 갔다. 오후 2시에 조선의 독립 선언이 있다는 것을 성명을 알 수 없는 사람에게서 들었다. 박수를 치는 사람도 있었으며 독립 만세, 또는 만세를 부르는 사람도 있었다. 거기에서 나는 독립이 된 것으로 생각했다.
>
> - 「김상덕 신문 조서」 -

① 2·8 독립 선언에 영향을 주었다.

② 대한민국 임시정부가 주도하였다.

③ 민족 유일당 운동의 계기가 되었다.

④ 을사늑약 체결에 반발하여 일어났다.

⑤ 윌슨의 민족 자결주의에 영향을 받았다.

[정답 ⑤] 자료의 '탑골공원' '독립 선언' 등을 통해 이 운동이 3·1 운동이라는 것을 알 수 있습니다. 3·1 운동은 윌슨의 민족 자결주의에 영향을 받았습니다(⑤). 또, 2·8 독립 선언에도 영향을 받았습니다. 3·1 운동은 대한민국 임시 정부 수립에 영향을 주기도 했습니다. 사건의 전후 관계를 헷갈리면 안 되겠습니다. 3·1 운동을 중심에 놓고 그전에 있었던 일들(배경, 영향을 받음)과 그 이후에 있었던 일들(영향을 줌)을 구분해 두세요.

대한민국 임시 정부

한국인이 가장 사랑하는 독립 운동가에 빠지지 않고 이름을 올리는 사람이 김구입니다. 김구는 대한민국 임시 정부의 핵심 인물이었습니다. 특히 대한민국 임시 정부가 침체기에 접어들었을 때 꿋꿋하게 임시 정부를 지켜 냈던 사람도 김구였습니다.

김구가 지키려고 했던 대한민국 임시 정부는 어떻게 수립되었고, 무슨 활동을 했을까요? 오늘은 대한민국 임시 정부의 전반부 활동을 정리해 보겠습니다.

3·1운동의 결실, 대한민국 임시 정부

3·1 운동 전후로 국내외 여러 곳에 임시 정부가 수립되었습니다. 연해주 블라디보스토크에 결성된 대한 국민 의회, 지금의 서울인 경성에 조직한 한

성 정부, 중국 상하이에 조
직된 상하이 임시 정부가 대
표적입니다.

아무리 임시라고 하더라
도 정부가 여러 개면 활동이
분산되겠지요? 그래서 통합
논의를 거쳐 1919년 9월 마
침내 통합된 대한민국 임시
정부가 출범합니다.

위치는 일본의 영향력이
약하고 외국 공사관이 많이
모여 있어 외교 활동에 유리
한 중국 상하이로 결정되었

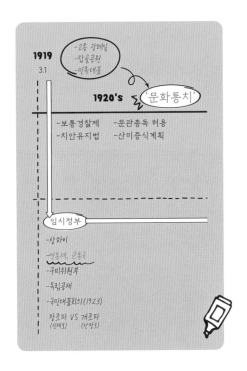

습니다. 독립 운동가들은 독
립 운동의 방법으로 무장 투쟁론, 외교론, 실력 양성론 등 다양한 의견을 내
놓았습니다. 초기 대한민국 임시 정부는 외교론에 초점을 맞췄다고 해석할
수 있습니다.

대한민국 임시 정부는 삼권분립에 기초한 민주 공화제를 채택하였고, 대
통령에 이승만, 국무총리에 이동휘를 선출합니다. 앞서 말한 것처럼 대한민
국 임시 정부는 외교 활동에 초점을 맞췄습니다. 그래서 외교 활동을 위한
기관으로 미국에 구미 위원부를, 프랑스에는 파리 위원부를 두었습니다.

국내 활동을 위해서 연통제라는 비밀 행정 조직을 운영하였고, 교통국을
통해 연락을 주고받습니다. 기관지로는 《독립신문》을 발간하였습니다. 무
슨 활동을 하든 돈이 필요합니다. 대한민국 임시 정부는 자금을 마련하기 위

해 **독립 공채**를 발행했습니다. 독립 공채는 돈을 빌려준 대가로 준 증서인데, 나중에 독립이 되고 나면 그 금액만큼 이자를 붙여서 다시 갚아 주겠다는 증서입니다. 마음은 있으나 용기가 없었던 사람들은 독립 공채를 사서 마음을 보탭니다.

독립 운동사 사료를 모으기 위해 임시 사료 편찬회를 설립하여 《한일 관계 사료집》을 편찬하는 등 문화사업도 했습니다.

대한민국 임시 정부는 지역, 이념, 독립 운동 노선을 초월하여 힘을 합쳐 하나의 조직을 만들었다는 점에서 의의가 있습니다. 하지만 뒤집어 생각해 보면, 언제든 분쟁이 일어날 수 있는 씨앗을 품고 있었던 것과 마찬가지였습니다.

위기에 빠진 대한민국 임시 정부

활동을 시작한 지 얼마 되지 않은 1920년 연통제와 교통국이 일본 경찰에게 발각되고 맙니다. 이후 대한민국 임시 정부는 자금난에 빠지게 되었고, 외교 활동도 뚜렷한 성과를 내지 못합니다.

설상가상으로 이승만이 미국 대통령에게 국제 연맹의 위임통치를 부탁했다는 사실이 알려집니다. 오늘날의 국제 연합에 해당하는 국제 연맹은 제1차 세계 대전이 끝나고 구성되었습니다. 이승만은 일본 대신 국제 연맹에 우리나라를 통치해 달라고 미국 대통령에게 부탁한 것입니다. 신채호는 "이완용은 있는 나라를 팔아먹었지만 이승만은 없는 나라를 팔아먹었다."라고 하면서 이승만을 강도 높게 비판했습니다.

이에 대한민국 임시 정부의 활동 방향을 놓고 1923년 **국민 대표 회의**가 열렸습니다. 신채호를 비롯한 **창조파**는 이 회의에서 임시 정부를 해체하고 새로운 조직을 만들자고 주장했습니다. 안창호를 비롯한 개조파는 문제점을 개선하여 임시 정부를 유지하자고 주장했습니다. 이렇다 할 합의점을 찾지 못한 채 회의는 끝나 버립니다. 그 결과 임시 정부에 실망한 많은 이가 임시 정부를 떠났습니다.

이러한 상황 속에서 대한민국 임시 정부는 1925년 이승만을 탄핵하고 박은식을 제2대 임시 대통령으로 추대합니다. 하지만 이후 대한민국 임시 정부는 오랫동안 침체기에 빠집니다. 많은 이들이 떠났음에도 불구하고 김구는 쓸쓸히 임시 정부를 지킵니다. 그리고 마침내 임시 정부의 위상을 회복하기 위해 1931년 한인 애국단이라는 의열 단체를 조직하고, 중국의 관심과 지원을 받아 내는 데 성공합니다.

포인트
레슨

① 3·1운동-대한민국 임시 정부 수립은 세트입니다. 한 묶음으로 정리해 두세요.

② 대한민국 임시 정부의 조직과 활동을 키워드로 알아 두세요.

③ 국민 대표 회의의 시기와 창조파 vs 개조파를 알아 두세요.

019 (가)에 대한 설명으로 옳은 것은? [3점]

자료는 ____(가)____ 의 외교 담당 기관인 구미 위원부가 발급한 시민증이다. 3·1 운동을 계기로 상하이에 수립된 ____(가)____ 은/는 활발한 외교 활동을 전개하였으며, 독립 운동 자금을 모으기 위해 독립 공채를 발행하였다.

① 도병마사를 설치하였다.

② 홍범 14조를 반포하였다.

③ 강화도 조약을 체결하였다.

④ 의정부 서사제를 실시하였다.

⑤ 연통제와 교통국을 조직하였다.

[정답 ⑤] 대한민국 임시 정부의 키워드를 숙지했다면 쉽게 풀 수 있는 문항입니다. 자료의 '구미 위원부' '3·1 운동을 계기로 상하이에 수립' '독립 공채' 등을 통해 (가)는 대한민국 임시 정부라는 것을 알 수 있습니다. 대한민국 임시 정부는 비밀 조직으로 연통제와 교통국을 조직하여 운영(⑤)하였습니다.

대한민국 임시 정부의 단골 키워드는 연통제와 교통국, 구미 위원부, 독립 공채 등입니다. 수립 배경인 3·1 운동은 세트로 묶어서 알아 두세요.

020 다음 회의가 개최된 시기를 연표에서 옳게 고른 것은? [3점]

> 대한민국 임시 정부의 활동이 침체에 빠지자 독립운동의 새로운 방향과 활로를 모색하기 위한 회의가 열렸다. 몇 개월 동안 진행된 이 회의에서는 임시 정부를 개편하자는 개조파와 새 정부를 조직하자는 창조파가 대립하였다. 결국 이 회의는 합의를 이루지 못한 채 결렬되었다.

	(가)	(나)	(다)	(라)	(마)	
병인양요 발발		갑신정변 발생	대한 제국 수립	국권 피탈	3·1 운동 발생	한인 애국단 결성

① (가)　　　② (나)　　　③ (다)　　　④ (라)　　　⑤ (마)

[정답 ⑤] 국민 대표 회의가 개최된 시기를 물어본 문항입니다. 자료의 '임시 정부의 활동이 침체에 빠지자' '개조파' '창조파' 등을 통해 이 회의가 1923년에 개최된 국민 대표 회의라는 것을 알 수 있습니다.

연표 문항은 수험생이 부담을 느끼는 유형입니다. 연도를 다 외우고 있으면 아주 쉽게 풀 수 있는 유형이지만 대부분은 그렇지 않습니다. 그런데, 연도를 다 외우고 있지 않아도 사건의 발생 순서만 인과적으로 파악해도 충분히 풀 수 있습니다.

국민 대표 회의는 적어도 대한민국 임시 정부 수립 이후여야 합니다. 그런데, 대한민국 임시 정부는 3·1 운동을 계기로 세워졌으므로 3·1 운동보다는 뒤입니다. 이렇게 추리했다면 쉽게 (마)를 정답으로 찾을 수 있습니다 (⑤).

자료를 발표한 정부에 대한 설명으로 옳은 것만을 <보기>에서 고른 것은?

제1조 대한민국은 대한 인민으로 조직한다.

제2조 대한민국의 주권은 대한 인민 전체에 있다.

제3조 대한민국의 강토는 구한국(대한 제국)의 판도로 한다.

제4조 대한민국의 인민은 일체 평등하다.

제5조 대한민국의 입법권은 의정원이, 행정권은 국무원이, 사법권은 법원이 행사한다.

제6조 대한민국의 주권 행사는 헌법 규범 내에서 임시 대통령에게 전임한다.

「대한민국 임시 헌법」 1919. 9. 11.

보기

ㄱ. 지계를 발급하였다.

ㄴ. 구미 위원부를 설치하였다.

ㄷ. 대한국 국제를 발표하였다.

ㄹ. 연통제와 교통국을 운영하였다.

① ㄱ, ㄴ   ② ㄱ, ㄷ   ③ ㄴ, ㄷ   ④ ㄴ, ㄹ   ⑤ ㄷ, ㄹ

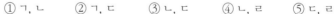

[정답 ④] 1919년에 발표되었다는 것과 '임시 헌법'이라는 것을 통해 자료는 대한민국 임시 정부가 발표한 대한민국 임시 헌법이라는 것을 알 수 있습니다. 대한민국 임시 정부는 외교 활동을 위해 미국에 구미 위원부를 설치하고(ㄴ), 연통제와 교통국을 운영(ㄹ)하였습니다(④).

대한민국 임시 정부의 경우 등장하는 키워드가 한정적입니다. 키워드만 잘 정리해 두면 큰 어려움 없이 정답을 찾아낼 수 있습니다.

실력 양성 운동

일제 강점기 중 가장 활발하게 민족 운동이 일어났던 시기는 언제일까요? 바로 1920년대입니다. 그게 가능했던 이유는 무엇일까요? 네, 맞습니다. 바로 일본이 이른바 '문화 통치'로 통치 방식을 바꿨기 때문입니다. 마지막 질문입니다. 일본이 '문화 통치'로 통치 방식을 바꾸게 된 결정적 계기는 무엇이었을까요? 딩동댕! 바로 3·1 운동입니다.

3·1 운동 이후 독립 운동가들은 크게 두 세력으로 나눠집니다. 민족의 해방을 우선시하는 민족주의 세력과 농민, 노동자 등의 계급 해방을 우선시하는 사회주의 세력으로 말입니다. 그중 민족주의자들은 '민족의 힘을 키워야 독립을 이룰 수 있고, 민족의 힘은 민족 기업 육성과 인재 교육을 통해 키울 수 있다.'고 생각했습니다. 그래서 1920년대 민족주의자들에 의해 전개된 운동이 바로 실력 양성 운동입니다. 이번 장에서는 물산 장려 운동, 민립 대학 설립 운동, 문맹 퇴치 운동의 세 가지 실력 양성 운동을 정리해 보겠습니다.

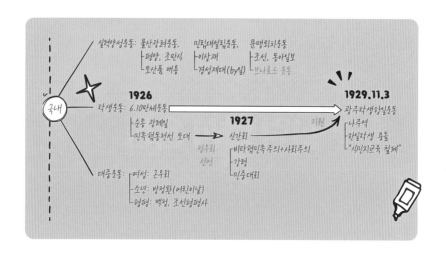

국산품을 쓰자, 물산 장려 운동

앞에서 살펴본 것처럼 1920년에는 회사령이 철폐되었습니다. 이제는 조선 총독부의 허가가 없어도 신고만 하면 누구나 회사를 세울 수 있는 길이 열린 것입니다. 회사령이 철폐되자 일본 기업이 우리나라에 대거 진출합니다. 규모 면에서는 상대가 되지 않지만 우리나라 민족 기업도 세워집니다.

1923년에는 일본 상품에 대한 관세가 폐지되었습니다. 값싼 일본 상품이 대량으로 들어와 우리 기업들이 타격을 받게 되었습니다. 그러자 평양에서 조만식을 중심으로 토산품(국산품)을 사용하자는 물산 장려 운동이 전개되었습니다. "내 살림 내 것으로!"라는 구호를 내건 물산 장려 운동은 전국으로 확산되었습니다. 독립 운동을 하라면 겁을 낼 사람들도 국산품을 사용하자는 것쯤은 쉽게 할 수 있었으니까요. 문제는 그다음이었습니다. 우리 기업의 수는 얼마 되지 않고, 생산 규모도 크지 않았습니다. 그런데 갑자기 수요가 증가한 것입니다. 사려는 사람은 많은데 물건의 수는 정해져 있을 때 물건 가격은 어떻게 될까요? 그렇지요. 오르게 됩니다.

좋은 뜻에서 시작된 물산 장려 운동으로 국산품의 가격이 상승하는 일이 벌어진 것입니다. 그러자 계급의 해방을 중요하게 생각했던 사회주의자들은 물산 장려 운동이 결국은 자본가의 배만 불려주는 운동이 아니냐며 비판했습니다.

우리 손으로 대학을 세우자, 민립 대학 설립 운동

일본은 우리나라 사람들이 똑똑해지는 것을 싫어했습니다. 지적 수준이 낮아야 지배하기 편하다고 생각한 것이지요. 그래서 예전에는 피지배층에게 교육의 기회를 주지 않았습니다. 어쨌든 1920년대는 일제가 입으로는 문화 통치를 표방하면서 실제로는 한국인들에게 교육의 기회를 더욱더 제한했던 시기입니다. 특히 고등교육인 대학 교육은 거의 불가능했습니다.

"아는 것이 힘이다!"라는 말이 있죠? 이 말을 실천하기 위한 움직임이 일어납니다. 서울에서 이상재를 중심으로 민립 대학 설립 운동이 시작된 것이지요. 민립 대학은 오늘날 사립대학이라고 생각하면 됩니다. 즉, 일본이 우리에게 대학 교육의 기회를 주지 않으니 우리가 돈을 모아 직접 대학을 세우자는 운동이었습니다. 그렇게 "1천만이 1원씩!"이라는 구호로 전국적인 모금 운동이 전개됩니다.

일본은 민립 대학 설립 운동에 어떻게 대응했을까요? '명분 빼앗기'로 맞섭니다. 민립 대학 설립 운동의 목표가 무엇이었나요? 바로 한국인이 입학할 수 있는 대학을 설립하는 것이잖아요? 그런데 일본이 직접 이런 대학을 세워 버리면 돈을 모금할 명분이 약해지겠지요? 그렇게 해서 세워진 대학이 바로 경성 제국 대학입니다. 광복 후 경성 제국 대학을 포함하여 여러 학교가 통합되어 오늘날의 서울 대학교가 됩니다. 당시 경성 제국 대학 문과대학 건물이 서울 대학로 마로니에 공원 근처에 남아 있습니다. 경성 제국 대학에서 시작된 서울대 의과대학의 경우는 여전히 이곳에 있습니다. 1975년 서울 대학교가 지금의 관악 캠퍼스로 이사 가기 전까지는 서울 동숭동과 혜화동에 있었기 때문에 지금도 이 거리를 '대학로'라고 부릅니다.

한글을 가르치자, 문맹 퇴치 운동

이 외에도 《조선일보》《동아일보》 등 언론사를 중심으로 문맹 퇴치 운동이 전개되었습니다. 글자를 모르는 사람을 문맹이라고 부르는데 당시 우리나라의 문맹률은 70%에 달했다고 합니다. 언론사에서는 학생들을 모집해 농촌으로 보냈습니다. 사람들에게 글자를 가르치게 하려고요. 그중 1931년 《동아일보》에서 진행한 브나로드 운동이 유명합니다. '브나로드'는 러시아어로 '인민 속으로'라는 뜻입니다.

이처럼 1920년대부터 국내에서는 민족주의자들을 중심으로 물산 장려 운동, 민립 대학 설립 운동 등의 실력 양성 운동이 전개되었습니다. 하지만 일본의 집요한 방해 공작과 회유로 큰 성과는 보지 못했습니다.

안타까운 점은 이 시기 친일파로 돌아서는 민족주의자들이 많이 등장했다는 것입니다. 이광수, 최남선이 대표적입니다. 이들은 일본의 지배를 인정하고, 합법적인 틀 안에서 자치권이라도 얻어내자는 자치론을 주장했습니다. 일본과 어느 정도 타협하자는 것이었지요. 이런 주장을 한 민족주의자들을 자치론자라고 부릅니다. 안타깝게도 이들은 대부분 친일파가 되어 일본 편에서 침략 전쟁을 미화하거나 참전을 독려하는 반민족행위를 합니다.

반면, 끝까지 독립을 목표로 독립 운동을 해 나가야 한다는 민족주의자들을 비타협적 민족주의자라고 부릅니다. 이들은 얼마 뒤 자치론자들과 결별하고 오히려 사상이 다른 사회주의자들과 손을 잡고 완전 독립을 목표로 운동을 이어가게 됩니다. 성향이 다른 민족주의자들과 사회주의자들이 공동의 목표를 위해 잘 협력할 수 있을까요?

핵심포인트 레슨

① 물산 장려 운동과 민립 대학 설립 운동의 키워드를 구분해서 정리해 두세요.

② 브나로드 운동을 알아 두세요.

③ 실력 양성 운동이 전개되면서 민족주의 계열이 분열되었다는 것을 알아 두세요.

021 (가)에 들어갈 내용으로 가장 적절한 것은?

> 1930년에 조사한 통계 자료에 따르면 전체 한국인 가운데 한글을 읽고 쓸 수 있는 사람은 약 15%에 불과했다. 이를 남녀로 구분해 보면 전체 남성 중 약 25%만이, 여성 중 약 6%만이 한글을 읽고 쓸 수 있었다. 이렇게 문맹률이 높은 상황하에서 한글 보급 등을 목표로 　　　　(가)　　　　

① 과거제가 도입되었다.

② 홍문관이 설치되었다.

③ 한성순보가 창간되었다.

④ 수선사 결사가 제창되었다.

⑤ 브나로드 운동이 전개되었다.

[정답 ⑤] 실력 양성 운동 중 문맹 퇴치 운동을 물어본 문항입니다. 자료에서 '문맹률' '한글 보급' 등을 통해 (가)에 들어갈 내용이 문맹 퇴치 운동과 관련된 것임을 알 수 있습니다. 문맹 퇴치 운동은 《조선일보》와 《동아일보》에서 주도했는데, 선지에는 《동아일보》가 주도했던 브나로드 운동(⑤)이 정답으로 제시되어 있습니다.

브나로드 운동이 문맹 퇴치 운동 중 하나였다는 사실을 알고 있으면 쉽게 풀 수 있는 문항입니다. 이 부분은 키워드 위주로 쉽게 출제되는 경향이 있습니다. 운동 명칭과 그 내용을 연결하는 연습을 해 보세요.

022 밑줄 친 '이 운동'에 대한 탐구 주제로 가장 적절한 것은?

> • 우리 생활에서 산업의 기초가 파괴되면 조선 사람의 생활과 인격 역시 파괴될 것입니다. 그러니 빈부를 막론하고 우리가 산업의 권리를 장악해야 합니다. 따라서 '내 살림 내 것으로'라는 구호를 내건 이 운동은 반드시 필요합니다.
>
> • 조만식 등이 평양에서 시작한 이 운동은 중산 계급이 자신들의 경제적인 지위를 유지하려는 것일 뿐입니다. 이로 인해 토산물 가격이 너무 올라, 조선산 무명과 베옷을 입던 이들의 구매력은 더욱 참담하게 되었습니다.

① 남북 협상의 추진과 결과

② 당백전 발행의 이유와 문제점

③ 조선 물산 장려회의 활동과 평가

④ 대동법 실시의 사회·경제적 원인과 효과

⑤ 국제 통화 기금[IMF] 구제 금융 신청의 배경과 영향

[정답 ③] 실력 양성 운동 중 물산 장려 운동에 대해 물어본 문항입니다. 자료의 '내 살림 내 것으로' '조만식' '평양' '토산물' 등을 통해 밑줄 친 '이 운동'이 물산 장려 운동이라는 것을 알 수 있습니다. 이와 관련한 내용은 ③의 조선 물산 장려회입니다.

역시 쉽게 출제된 문항입니다. 수준을 조금 높인다면 정답으로 '사회주의자들이 비판하였다.'와 같은 내용이 제시될 수 있습니다.

실력 양성 운동 세 가지의 키워드를 다시 한번 정리해 보세요.

(가) 운동에 대한 설명으로 옳은 것만을 <보기>에서 고른 것은?

이것은 경성 방직 주식회사의 광목 신문 광고야. '우리가 만든 것 우리가 쓰자.'라는 문구가 인상적이야.

그래, 이 광고는 민족 기업을 육성해 경제적 자립을 이루려는 (가) 중에 등장했지.

보기

ㄱ. 토산품 애용을 강조하였다.

ㄴ. 사회주의 진영의 비판을 받았다.

ㄷ. 대한 제국의 국채를 갚고자 하였다.

ㄹ. 경성 제국 대학이 설립되는 결과를 가져왔다.

① ㄱ, ㄴ ② ㄱ, ㄷ ③ ㄴ, ㄷ ④ ㄴ, ㄹ ⑤ ㄷ, ㄹ

[정답 ①] 자료의 '경성 방직 주식회사' '민족 기업 육성' 등을 통해 (가) 운동이 물산 장려 운동이라는 것을 알 수 있습니다. 물산 장려 운동은 토산품 애용을 강조하며(ㄱ) 전국으로 확산되었지만 일시적으로 물가 상승을 불러와 자본가 계급의 이익을 위한다는 사회주의자들의 비판(ㄴ)을 받기도 하였습니다(①).
물산 장려 운동의 대표적인 포스터입니다. 포스터도 문제 풀이의 중요한 힌트가 되니 함께 알아 두세요.

학생 운동과 신간회

5월 5일은 무슨 날일까요? 네, 어린이날입니다. 그렇다면 5월 8일은 무슨 날일까요? 정답입니다. 어버이날입니다. 세 번째 질문입니다. 5월 15일은 무슨 날일까요? 그렇죠. 스승의 날입니다. 어린이날-어버이날. 짝이 맞죠? 스승의 날이 있다면 혹시 학생의 날도 있지 않을까요? 학생의 날에 대해 들어봤나요? 학생의 날은 바로 11월 3일입니다. 도대체 무슨 일이 있었기에 이 날을 학생의 날로 기념하고 있을까요?

이번 장에서는 학생 운동과 신간회에 대해 알아보겠습니다. 학생 운동의 대표적인 사례는 1926년에 일어난 6·10 만세 운동과 1929년의 광주 학생 항일 운동입니다. 그사이인 1927년에 민족 유일당 운동의 결과로 신간회가 탄생했습니다.

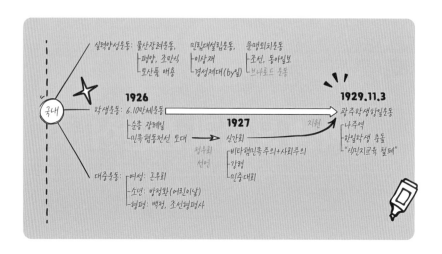

민족 협동 전선의 계기가 된 6·10 만세 운동

1926년 대한 제국의 마지막 황제인 순종이 사망합니다. 황제에 오른 지 4년 만에 나라를 빼앗기고, 그로부터 다시 16년 후에 사망한 것이지요. 마지막 황제였던 만큼 장례일에는 많은 사람이 모일 것이라 예상할 수 있겠죠? 지금의 우리와 마찬가지로 당시 사람들도 충분히 이를 예상했을 것입니다. 마치 3·1 운동이 고종의 장례일에 맞춰 준비되었던 것처럼 순종의 장례일에 맞춰 다시 한번 만세 운동이 준비됩니다.

이때 운동을 준비했던 사람들은 주로 사회주의 계열이었습니다. 3·1 운동 때처럼 대규모의 시위를 성공시키기 위해 열심히 준비하던 중, 다른 한편에서는 학생들이 모여 따로 시위를 준비하고 있었습니다.

일본 경찰이라고 이런 상황을 예상하지 못했을까요? 그들은 3·1 운동 때처럼 당황하지 않으려고 감시망을 철저히 강화합니다. 특히, 사회주의 계열에 대한 감시에 주력합니다. 그러고는 순종 장례일에 맞춰 시위를 준비하던 사회주의 계열 독립 운동가들을 찾아내어 체포합니다.

이때 일본 경찰의 관심이 사회주의 계열의 독립 운동가들에게 집중되었던 덕분에 다른 한쪽에서 준비하고 있던 학생들은 비교적 수월하게 감시망을 피하여 만세 운동을 준비할 수 있었습니다.

때는 1926년 6월 10일. 순종의 장례 행렬을 따라 교복을 입은 학생들이 뒤따르며 격문을 뿌리면서 6·10 만세 운동이 시작되었습니다. 비록 일본의 철저한 감시망 속에서 3·1 운동처럼 전국적으로 퍼져 나가지는 못했지만, 학생들이 주도했다는 점에서 의의를 가집니다.

6·10 만세 운동으로 학생들은 더욱 자신감을 얻습니다. 그래서 이후에도 동맹 휴학 등 적극적으로 항일 운동을 이어갑니다. 한편으로는 독립 운동가들 사이에서 이념을 초월한 민족 협동 전선을 만들어야 한다는 공감대가 형성되었습니다.

이 시기는 실력 양성 운동이 큰 성과를 보지 못하고 민족주의 계열 내에서 일본과 타협하여 자치권이라도 얻어내자고 주장하는 자치론이 등장한 시기와 겹칩니다. 그리고 앞서 살펴본 바와 같이 여기에 동조하지 않고 끝까지 완전 독립을 목표로 항일 운동을 하겠다는 비타협적 민족주의 계열이 자치론자들과 결별합니다. 이들은 자치론자들과 노선을 달리했기 때문에 새로운 파트너가 절실한 상황이었습니다.

좌익과 우익이 손잡고 만들어진 신간회

3·1 운동 이후 사회주의 사상이 유입되어 많은 사람이 평등을 지향하는 사회주의 사상에 매력을 느끼고 사회주의자가 되었습니다. 하지만 일본은 치안 유지법까지 제정하면서 이들을 탄압합니다. 이 시기 민족주의 계열에 대한 탄압은 다소 느슨해진 반면 사회주의자에 대한 감시와 탄압은 더욱 심

해졌습니다. 사회주의 계열에는 합법적인 활동 공간이 절실한 상황이었습니다.

그러던 중 중국에서 항일 운동을 위해 1924년 국민당과 공산당이 손을 잡았다(제1차 국공합작)는 소식이 국내에 전해집니다. 이에 사회주의 단체 정우회가 "항일을 위해 민족주의 계열과 협력할 마음이 있다."라는 내용을 발표합니다(정우회 선언). 여기에 민족주의 계열이 호응하면서 1927년 우리나라에도 민족주의 계열과 사회주의 계열이 함께 참여한 신간회가 탄생하게 됩니다. 신간회의 3가지 강령은 다음과 같습니다.

첫째, 우리는 정치적, 경제적 각성을 촉구한다.

둘째, 우리는 단결을 공고히 한다.

셋째, 우리는 기회주의를 일체 부인한다.

강령이란, 모임의 규칙이라고 생각하면 됩니다. 이 중 셋째에 등장하는 '기회주의'는 바로 타협론, 즉 자치론을 의미합니다.

신간회는 대중을 각성시키기 위해 계몽 운동과 강연을 진행합니다. 또, 오늘날 파업에 해당하는 쟁의를 지원하기도 합니다. 그리고 광주 학생 항일 운동에 진상 조사단을 파견하여 지원했습니다.

학생 독립 운동 기념일이 된 광주 학생 항일 운동

1929년 가을의 어느 날 오후, 광주에서 나주로 향하던 통학 열차 안에서 일본인 남학생이 한국인 여학생을 희롱하는 일이 벌어집니다. 마침 그 장면을 한국인 여학생의 친척 남동생이 목격합니다. 이것이 계기가 되어 한·일 학생들 사이에 충돌이 일어나게 됩니다.

그런데 학교에서 일본인 학생들에 비해 한국인 학생들이 더 무거운 처벌을 받습니다. 오히려 일본인 교사들이 일본 학생들을 부추기기까지 했어요. 학교가 여러분을 가장 분노하게 만드는 그 차별의 현장이 된 것입니다.

마침 그 주 일요일인 11월 3일은 일왕의 생일인 메이지절(명치절)이었습니다. 일본은 학생들을 강제로 동원하여 기념식을 가진 후 신사에 참배하게 합니다. 가뜩이나 일본에 대한 감정이 안 좋아진 상황에서 일요일마저 행사에 동원되니 학생들의 분노는 극에 달했습니다. 이들은 행사 참여를 거부하고 거리로 뛰쳐나와 식민지 교육 철폐를 외치며 시위를 일으킵니다.

광주에서 시작된 이 운동은 신간회의 지원 속에 전국으로 확산됩니다. 광주 학생 항일 운동은 3·1 운동 이후 최대 규모의 민족 운동이라는 평가를 받습니다.

광주 학생 항일 운동이 시작되었던 11월 3일은 1982년에 학생의 날로 정해졌다가 2006년, 학생 독립 운동기념일로 이름이 바뀌었습니다.

지도부의 교체, 그리고 신간회의 해소

한편, 신간회는 광주 학생 항일 운동 당시 진상 조사단을 파견하여 조사한 후 규모를 키워 민중 대회를 열기 위한 준비에 박차를 가합니다. 하지만 일본 경찰의 탄압으로 민중 대회를 준비하던 신간회의 지도부가 체포됩니다.

지도부가 체포되었으니 다시 지도부를 뽑아야겠지요? 그런데 이때 새로 뽑힌 신간회 지도부 내에서 일본의 지배를 인정하고 자치권을 얻자는 자치론(타협론)자들과 함께 운동을 이어가자는 의견이 등장합니다. 신간회의 방향이 타협적 노선으로 기운 것이지요. 그러자 사회주의자들이 강력히 반발하였고, 결국 1931년 신간회는 발전적 해체, 즉 해소하게 되었습니다.

4년이라는 짧은 활동 기간이었지만 신간회는 우익이라 할 수 있는 민족주의자들과 좌익이라 할 수 있는 사회주의자들이 손을 잡고 민족 유일당을 만들었다는 점에서 큰 의미를 지닙니다. 무엇보다 신간회는 일제 강점기 최대 규모의 공개적이고 합법적인 단체였습니다.

상하이에 있던 대한민국 임시 정부가 침체기를 겪을 때 국내에서는 걸출한 독립 운동가들이 신간회의 깃발 아래 모인 셈이지요.

포인트
레슨

① 6·10 만세 운동-신간회 결성-광주 학생 항일 운동 순서를 잘 알아 두세요.

② 신간회-광주 학생 항일 운동은 세트입니다. 함께 묶어서 알아 두세요.

③ 6·10 만세 운동을 3·1 운동과 구분해서 알아 두세요.

023 (가)에 들어갈 내용으로 가장 적절한 것은?

학습 주제: (가)

순종의 장례일에 맞춰 일어났어.

천도교 계열 민족주의자들과 사회주의자들, 학생 단체가 함께 계획했어.

계획이 발각되어 지도부가 검거되었지만 학생들이 예정대로 시위를 주도했어.

① 원산 총파업의 영향

② 6·10 만세 운동의 전개

③ 국민 대표 회의의 배경

④ 임술 농민 봉기의 원인

⑤ 정전(휴전) 협정 체결의 결과

[정답 ②] 6·10 만세 운동을 물어본 문항입니다. 대화에서 순종의 장례일에 맞춰 일어났다는 점, 민족주의자들과 사회주의자들, 학생 단체가 함께 계획했으나 계획이 발각되어 지도부가 검거되었지만, 학생들은 예정대로 시위를 주도했다는 점을 통해 (가) 운동은 1926년에 일어난 6·10 만세 운동이라는 것을 알 수 있습니다(②).

어렵지 않은 문항입니다. 학생 운동의 대표적인 사례로 주로 1929년의 광주 학생 항일 운동이 출제되다가 오랜만에 6·10 만세 운동이 출제되었습니다. 핵심 키워드는 '순종의 장례일'입니다. 6·10 만세 운동의 영향을 물어보게 되면 난이도가 다소 올라가게 됩니다. 6·10 만세 운동의 영향으로 민족 협동 전선의 공감대가 형성되었고, 이로써 민족 유일당 운동이 전개됩니다. 그 결과 1927년에 비타협적 민족주의 계열과 사회주의 계열이 손을 잡고 신간회가 탄생하게 됩니다.

6·10 만세 운동은 앞으로 더 출제될 가능성이 많은 주제이므로 잘 알아 두도록 합니다.

2023-4월 학력평가

024 밑줄 친 '이 운동'에 대한 설명으로 옳은 것은?

11월
3

역사 속 오늘

광주에서 항일의 불꽃이

11월 3일은 광주에서 이 운동이 일어난 날이다. 이날 광주 지역의 학생들은 며칠 전 나주역에서 발생한 한·일 학생의 충돌에 대한 일본 경찰의 편파적 조치에 분노하여 시위를 전개하였다. 이후 식민지 교육 철폐 등을 요구하는 시위가 전국으로 확산되었다. 대한민국 정부는 이 운동에서 학생들이 보여 준 항일 정신을 기리고자 11월 3일을 '학생 독립 운동 기념일'로 지정하였다.

① 집강소를 통해 개혁을 추진하였다.

② 중국의 5·4 운동에 영향을 주었다.

③ 삼정이정청이 설치되는 계기가 되었다.

④ 일제의 황무지 개간권 요구를 철회시켰다.

⑤ 신간회가 진상 조사단을 파견하여 지원하였다.

[정답 ⑤] 광주 학생 항일 운동에 관해 묻는 문항입니다. 자료에서 '광주' '항일' '11월 3일' '나주역' '한일 학생 충돌' 등을 통해 밑줄 친 '이 운동'이 1929년의 광주 학생 항일 운동이라는 것을 알 수 있습니다.

신간회는 광주 학생 항일 운동이 일어나자 진상 조사단을 파견하여 지원하였습니다(⑤). 광주 학생 항일 운동이 전국으로 확산되는 데 기여한 것입니다. 신간회와 광주 학생 항일 운동은 세트입니다. 신간회가 자료로 제시되면 광주 학생 항일 운동을 지원했다는 것이 정답으로 많이 나옵니다. 광주 학생 항일 운동이 자료로 나오면 신간회가 지원해 주었다는 것이 정답으로 제시됩니다. 위의 경우처럼 말입니다. 꼭 함께 묶어서 알아 두기 바랍니다.

025 (가) 단체에 대한 설명으로 옳은 것은?

▲ 일본 와세다 대학 스코트 홀

사진 속 건물은 1927년 (가) 도쿄 지회 창립 대회가 열린 곳이다. 국내뿐만 아니라 일본, 만주 지역에 걸쳐 지회를 두었던 (가) 은/는 '우리는 정치적, 경제적 각성을 촉진함', '우리는 기회주의를 일체 부인함' 등의 강령을 내세우며, 각종 사회 운동을 적극 지원하였다. 특히, 광주 학생 항일 운동 당시에는 현지에 진상 조사단을 파견하고, 진상 보고를 위한 민중 대회의 개최를 추진하기도 하였다.

① 국채 보상 운동을 주도하였다.

② 정우회 선언을 계기로 결성되었다.

③ 을미사변에 반발하여 조직되었다.

④ 조선 건국 준비 위원회를 발족하였다.

⑤ 러시아의 절영도 조차 요구를 저지하였다.

[정답 ②] 신간회의 키워드를 물어본 문항입니다. 자료에서 '1927년' '광주 학생 항일 운동' '민중 대회' 등을 통해 (가) 단체는 신간회라는 것을 알 수 있습니다. 신간회는 정우회 선언을 계기로(②) 비타협적 민족주의 계열과 사회주의 계열이 손을 잡고 1927년에 결성되었습니다. 이들은 3대 강령을 내세우며 광주 학생 항일 운동을 지원하는 등의 활동을 했습니다.

그동안은 신간회가 자료로 나오면 광주 학생 항일 운동을 지원했다는 것이 정답으로 많이 나왔습니다. 이번에는 결성 계기인 정우회 선언이 나와서 수험생들이 다소 생소하게 느꼈을 것입니다.

신간회 키워드를 다시 한번 정리하되, 6·10 만세 운동과 광주 학생 항일 운동까지 이어지는 흐름 속에서 정리하기를 바랍니다.

 자료의 강령이 발표되었던 시기를 연표에서 옳게 고른 것은?

○○○ 강령

• 우리는 정치적·경제적 각성을 촉진한다.

• 우리는 단결을 공고히 한다.

• 우리는 기회주의를 일체 부인한다.

《동아일보》, 1927. 1. 20.

	(가)	(나)	(다)	(라)	(마)	
국권 피탈	3·1 운동 발생	대한민국 임시정부 수립	6·10 만세운동	윤봉길 의거	태평양전쟁 발발	

① (가)　　　　② (나)　　　　③ (다)　　　　④ (라)　　　　⑤ (마)

[정답 ④] 자료의 '각성' '단결' '기회주의 부인'과 1927년에 발표되었다는 것을 통해 이 강령은 신간회의 강령임을 알 수 있습니다. 6·10 만세 운동 이후 민족 유일당 운동의 공감대가 형성되었고 마침내 민족주의 계열과 사회주의 계열이 손을 잡고 신간회를 결성합니다. 시기적으로 6·10 만세 운동 직후가 되어야 합니다(④).

순서를 물어보는 경우가 있으니, 6·10 만세 운동-신간회 결성-광주 학생 항일 운동을 순서대로 묶어서 잘 알아 두세요.

노동·농민 운동과 대중 운동

여러분이 남의 건물을 빌려서 상점을 열었다고 상상해 보세요. 매출이 한 달에 100만 원이 나왔습니다. 그런데, 그중 80만 원을 건물주인에게 줘야 한다면 어떨 것 같나요? 말도 안 된다고요? 일제 강점기에는 실제로 이와 비슷한 일이 흔했습니다.

남의 땅을 빌려서 농사짓는 농민을 소작농이라고 합니다. 소작농은 고려 시대나 조선 시대에도 있었습니다. 이들은 땅을 빌려 농사짓는 비용으로 땅 주인인 지주에게 생산량 일부를 소작료로 내야 했습니다. 조선 시대에는 보통 생산량의 50%를 냈습니다. 그런데, 일제 강점기에 들어서 소작료가 점점 높아지면서 심한 경우에는 80%까지 내기도 했습니다.

일제 강점기에는 불평등을 해소하기 위한 운동도 많았습니다. 이번 장에서는 주로 농민, 노동자, 여성, 백정 등 사회적 약자들이 중심이 되었던 운동에 대해 알아보겠습니다.

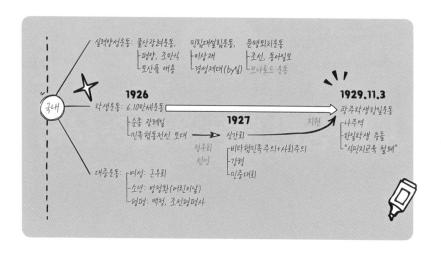

가끔 뉴스에 파업이라는 단어가 등장합니다. 파업은 고용된 사람들이 자신의 요구사항을 관철하기 위한 거의 마지막 수단으로, 힘을 모아 일시에 일손을 놓아버리는 것을 말합니다. 그렇게 함으로써 고용인을 압박하여 대화 테이블로 나오게 하려는 것이지요.

당시 열악한 환경에 놓인 소작농들과 노동자들도 이런 파업을 여러 차례 전개했는데, 파업을 다른 말로 쟁의라고도 합니다.

소작료 인하에 성공한 암태도 소작 쟁의

1910년대 토지 조사 사업과 1920년대 산미 증식 계획으로 농촌의 현실은 피폐했습니다. 특히 소작농들의 삶은 여기에 더해 높은 소작료로 더욱 힘들어졌습니다. 그래서 이 시기에는 소작료를 낮춰 달라는 소작 쟁의가 자주 일어났습니다. 그중 대표적인 쟁의가 바로 1923년에 일어난 암태도 소작 쟁의입니다.

전남 목포 앞바다에는 크고 작은 섬들이 매우 많습니다. 그중 암태도라는 섬의 농경지는 문씨 가문이 대부분 소유하고 있었습니다. 그런데, 이곳의 소작료는 무려 80%에 달했다고 합니다. 소작농들이 얼마나 힘들었을까요? 이에 소작농들은 소작료를 조금 낮춰 달라고 지주인 문씨에게 요구합니다. 문씨는 이들의 요구를 거부했습니다. 그러던 중 소작농들에 의해 문씨 가문의 공덕을 새긴 송덕비가 파괴되는 일이 벌어지면서 양측의 대립은 더욱 격화되었습니다.

그러자 일본 경찰이 나섭니다. 경찰은 소작농 중 주도 세력을 목포 경찰서로 체포해 갑니다. 암태도 주민들도 가만히 있지 않습니다. 날마다 목포 경찰서 앞에 몰려가서 시위를 했습니다. 이들의 시위로 사무를 볼 수 없게 된 목포 경찰서는 문씨 가문을 설득하여 사건을 무마하려고 했습니다. 결국 소작료를 40%로 낮추는 데 합의하고 암태도 소작 쟁의는 소작농들의 승리로 끝났습니다.

국제 연대를 받았던 원산 노동자 총파업

1920년대 들어서면서 식민지 공업화가 성숙 단계에 이릅니다. 일본, 또는 외국계 회사가 우리나라에 많이 들어왔는데 이곳에서 일하는 한국 노동자들은 같은 일을 하면서도 일본인 노동자에 비해 급여를 적게 받는 등 차별을 받았습니다. 노동자라는 사회적 위치에다가 피식민지 민족이라는 이중의 고통을 겪는 상황이었죠. 따라서 열악한 노동 현실을 개선하기 위한 노동 쟁의가 많이 일어났는데, 그중 대표적인 사례가 1929년 북한 지역의 원산에서 일어난 원산 노동자 총파업입니다.

북한의 원산 지역에 영국계 석유 회사가 있었습니다. 어느 날 일본인 감독관이 조선인 노동자를 구타하는 사건이 벌어집니다. 이를 계기로 이곳에서 일하던 노동자들의 분노가 폭발하지요. 노동자들은 회사 측의 사과와 노동 환경 개선을 요구하며 파업에 들어갑니다. 당시 이 공장에서 일하던 노동자뿐 아니라 원산 전 지역의 노동자들이 파업에 동참합니다. 더 놀라운 것은 파업이 장기화되자 세계 각국의 노동자들이 연대와 지지를 보내왔다는 점입니다. 심지어 일본의 노동조합에서도 지지를 선언했습니다.

이처럼 국제 연대를 얻어내는 데 성공했으나 원산 노동자 총파업은 결국 목적을 달성하지 못한 채 진압당하고 말았습니다. 하지만 국내외에 한국인 노동자들의 열악한 현실을 알리는 데 큰 역할을 했습니다.

생존권 투쟁에서 항일 투쟁으로

농민 운동과 노동 운동은 1930년대 들어서면서 성격이 바뀝니다. 1920년대의 운동이 생존권을 위한 투쟁이었다면, 1930년대의 운동은 항일 투쟁의 성격이 강합니다. 생존권을 위해 투쟁하다가 일본 경찰에게 잡혀가 고문당하는 경험을 통해 농민과 노동자는 각성하게 됩니다. "아, 우리 지주(사장) 뒤에는 일본이 있구나." 하고 말입니다. 이 과정에서 투쟁의 대상을 지주나 사장의 뒤를 봐주고 있는 일본으로 인식하게 되었고, 이로써 운동의 성격도 바뀌게 된 것입니다.

당시 유행하던 사상은 사회주의였습니다. 그런데 사회주의에서 지향하는 것이 바로 농민과 노동자 계급을 해방하여 평등한 세상을 만드는 것이었죠. 그 때문에 사회주의 운동가들은 농민과 노동자 속으로 들어가 이들을 조직으로 묶어내고 계몽시키는 등의 역할을 주도적으로 했습니다. 이처럼 농민·노동 운동은 사회주의의 영향을 받았습니다.

평등한 세상을 위하여, 대중 운동

여러분이 어릴 때 가장 손꼽아 기다렸던 날이 언제인가요? 대부분은 5월 5일이었을 것입니다. 어린이날이죠. 어린이날은 독립 운동가이자 어린이 문학가인 방정환이 만들었습니다. 방정환을 비롯한 천도교 계열은 천도교 소년회를 만들어 어린이의 권리를 신장시키기 위한 소년 운동을 전개해 나갔습니다. '어린이'라는 말을 만든 것도 방정환입니다.

사회적으로 차별받던 여성들도 권리 신장을 위해 여성 운동에 나섰습니다. 그 핵심 역할을 했던 단체가 근우회입니다. 근우회는 신간회의 자매 단체로, 신간회와 마찬가지로 민족주의 계열과 사회주의 계열의 여성들이 만든 단체였습니다.

근우회는 신간회의 여성 버전으로 여성의 단결과 지위 향상을 목표로 활동하였습니다. 행동 강령을 발표하고 회지《근우》를 발간하였으며 강연회, 토론회를 개최하며 여성 해방에 대한 인식을 확산시키고자 노력했습니다.

하지만 신간회가 해소되면서 근우회도 1931년에 해체되고 말았습니다.

백정이라고 들어봤나요? 요새로 치면 정육점 사장님이라고 생각하면 되겠습니다. 당시에는 고기를 파는 사람을 백정이라고 불렀는데, 이들은 오래 전부터 사회적으로 차별을 받았습니다. 일제 강점기 전인 갑오개혁 때 법적으로 신분제가 폐지되었지만, 30년이 지난 이 당시까지만 해도 백정에 대한 사회적 차별이 극심했습니다.

학교에서 백정의 자식은 학교 생활 기록부에 붉은 점을 찍어서 차별하기도 했습니다. 이에 백정들은 차별에 반대하며 형평 운동을 전개합니다. 1923년 진주에서는 조선 형평사가 조직되기도 했습니다. 형평 운동에서 '형(衡)'은 양팔 저울을 뜻하는 한자어입니다. '평(平)'은 평등하다는 뜻이고요. 이들은 양팔 저울이 균형을 이루었을 때처럼 평등한 세상을 꿈꾸었습니다.

지금까지 살펴본 소년 운동, 여성 운동, 형평 운동의 공통점이 무엇일까요? 맞습니다. 바로 사회적으로 차별받던 약자들의 권리 신장을 위해 전개되었다는 점입니다. 즉, 평등을 지향했다는 공통점이 있습니다. 여러분은 이들이 꿈꾸던 평등한 세상이 얼마나 이루어졌다고 생각하나요?

원포인트
레슨

① 암태도 소작 쟁의와 원산 노동자 총파업의 키워드와 지역의 위치를 알아 두세요.

② 방정환과 관련된 소년 운동의 키워드를 알아 두세요.

③ 형평 운동의 주도 계층과 주장을 알아 두세요.

026 (가) 단체에 대한 설명으로 옳은 것은?

> 19○○년 ○○월 ○○일
>
> # 한국사신문
>
> ### [(가)], 어린이날 제정!
>
> 부모 중에는 배우고자 하는 자식을 막는 사람들도 있다. 이러한 사람들을 볼 때 누가 한숨을 쉬지 않고 눈물을 흘리지 않겠는가. 이에 천도교회의 소년들이 중심이 된 [(가)]에서는 어린이를 위하는 부모의 마음이 더 두터워지기를 바라는 마음에서 5월 1일을 '어린이날'이라 하고, "항상 10년 후의 조신을 생각하십시오."라고 쓴 인쇄물을 시내에 배포할 계획이다.

① 정우회 선언을 계기로 결성되었다.

② 한글 맞춤법 통일안을 제정하였다.

③ 방정환 등이 주축으로 활동하였다.

④ 오산 학교와 대성 학교를 설립하였다.

⑤ 청산리 전투에서 일본군을 격파하였다.

[정답 ③] 대중 운동 중 소년 운동에 대한 문항입니다. 자료에서 '어린이날' '천도교회의 소년들' 등을 통해 소년 운동에 대한 문항이라는 것을 알 수 있습니다. (가) 단체는 천도교 소년회입니다. 천도교 소년회는 방정환 등의 천도교도들 중심으로 활동하였습니다(③).

소년 운동은 비교적 쉽게 출제됩니다. 어린이날-방정환-천도교의 묶음으로 알아 두면 좋습니다.

2024-대학수학능력시험

027 다음 자료를 활용한 탐구 활동으로 가장 적절한 것은? [3점]

> 귀영이가 서울 간 지 3년 만에, 한 장의 편지가 그의 아버지께 왔다. "아버지 그만 두소, 백성 노릇 마소."하고 몇 마디 눈물로 섞어 쓴 편지였다. 그것은 귀영이가 고향 학생 친목회에서 '백정의 딸이'라고 쫓겨나던 날 쓴 것이었다. …(중략)… 약한 자의 부르짖음, 서러운 이의 목 놓는 울음! 평안치 않은 곳에는 봉화를 든다.
>
> - 「봉화가 켜질 때에」, 『개벽』, 1925 -

① 도병마사의 기능을 찾아본다.

② 당백전의 발행 계기를 알아본다.

③ 새마을 운동의 성과를 분석한다.

④ 형평 운동의 전개 과정을 살펴본다.

⑤ 5·18 민주화 운동의 영향을 조사한다.

[정답 ④] 대중 운동 중 형평 운동을 물어본 문항입니다. 자료의 '백정의 딸'이 언급된 것을 통해 백정 차별에 반대한 형평 운동에 대한 문항이라는 것을 알 수 있습니다(④).

1923년 진주에서 차별받던 백정들이 중심이 되어 조선 형평사가 조직되었습니다. 형평 운동도 비교적 쉽게 출제됩니다. 백정-차별 반대-형평 운동의 묶음으로 알아 두면 좋습니다.

대화의 마지막 여학생이 공유할 자료로 가장 적절한 것은?

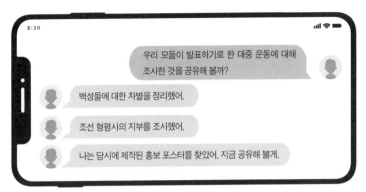

우리 모둠이 발표하기로 한 대중 운동에 대해 조사한 것을 공유해 볼까?

백성들에 대한 차별을 정리했어.

조선 형평사의 지부를 조사했어.

나는 당시에 제작된 홍보 포스터를 찾았어. 지금 공유해 볼게.

①

②

③

④

⑤

[정답 ②] 대화 중 '백정들에 대한 차별' '조선 형평사' 등을 통해 학생들이 형평 운동에 대해 이야기하고 있음을 알 수 있습니다. 이와 관련한 포스터는 ②의 포스터입니다.

이 부분의 다양한 운동의 홍보 포스터가 많이 남아 있어 그림 자료가 제시될 수 있습니다. 대부분의 경우 포스터 안에 특징적인 문구가 있으므로 자세히 들여다보면 어떤 운동과 관련된 포스터인지 유추할 수 있습니다. 포스터와 관련 운동을 연결해 보세요.

국학 운동

학교 시간표를 떠올려 보세요. 그중 '한국적'인 과목을 두 개만 골라 보세요. 여러분은 어떤 과목을 골랐나요? 국어와 한국사를 골랐다고요? 잘했습니다. 수학, 과학 등과 달리 국어와 한국사는 굉장히 '한국적'입니다. 이렇게 '한국적'인 학문을 국학이라고 부르기도 합니다. 이번 장에서는 일제 강점기 우리 역사 연구와 우리말 연구를 통해 우리의 정체성을 지키고자 했던 국학 운동에 대해 알아보겠습니다.

우리 역사를 왜곡한 식민 사관

일제가 무력으로만 식민 지배를 했던 것은 아닙니다. 우리 민족을 정신적으로도 지배하기 위해 갖은 공작을 펼쳤습니다. 대표적인 것이 한국사의 왜곡입니다. 일본이 식민 지배를 합리화하기 위해 우리 역사를 왜곡한 것을 식

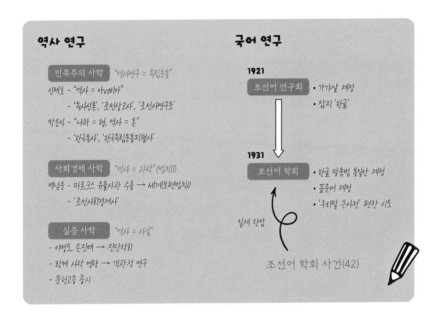

역사 연구

민족주의 사학 "역사연구 = 독립운동"
신채호 - "역사 = 아vs비아"
     - '독사신론', '조선상고사', '조선사연구초'
박은식 - "나라 = 형, 역사 = 혼"
     - '한국통사', '한국독립운동지혈사'

사회경제 사학 "역사 = 과학"(법칙O)
백남운 - 마르크스 유물사관 수용 → 세계보편법칙O
     - '조선사회경제사'

실증 사학 "역사 = 사실"
- 이병도, 손진태 → 진단학회
- 랑케 사학 영향 → 객관적 연구
- 문헌고증 중시

국어 연구

1921
조선어 연구회
• 가갸날 제정
• 잡지 '한글'

1931
조선어 학회
• 한글 맞춤법 통일안 제정
• 표준어 제정
• '우리말 큰사전' 편찬 시도

일제 탄압

조선어 학회 사건(42)

민 사관이라고 부릅니다.

식민 사관에는 크게 3가지가 있습니다. 우리 역사가 여전히 고대에 머물러 있다는 정체성론, 스스로 역사 발전을 이루지 못하고 주변국에 의해 발전해 왔다는 타율성론, 편을 갈라서 싸우는 것이 우리의 본성이라는 당파성론이 바로 그것입니다.

역사 연구가 곧 독립 운동, 민족주의 사학

식민 사관에 맞서 우리나라 역사학자들은 여러 갈래로 역사 연구를 해 나갑니다. 먼저 신채호, 박은식 등은 역사를 연구하고 보존하는 것을 독립 운동이라고 인식했습니다. 이들은 우리 민족을 역사의 주체로 삼아 역사를 연구하고 책을 썼습니다. 이런 역사 연구 경향을 민족주의 사학이라고 합니다.

신채호는 역사를 "아(我)와 비아(非我)의 투쟁"이라고 주장했습니다. '아'는 나를 의미하고, '비아'는 나 아닌 것을 의미합니다. 일제 강점기 전 발간되었던 《대한매일신보》라는 신문에 《독사신론》을 연재하기도 했고, 《조선상고사》《조선사연구초》라는 책을 남겼습니다.

대한민국 임시 정부 제2대 대통령이기도 한 유학자 박은식은 "나라는 형(形), 역사는 혼(魂)"이라고 주장했습니다. 비록 우리가 형체(나라)는 빼앗겼지만, 혼(역사)을 간직하면 언젠가 형체(나라)를 다시 찾을 수 있다고 여긴 것입니다. 박은식은 《한국통사》《한국독립운동지혈사》라는 책을 남겼습니다.

보편 법칙을 강조한 사회 경제 사학

역사가 과학이라고 인식했던 역사학자들도 있었습니다. 이들은 역사 또한 과학처럼 보편적인 자연 법칙에 따라 발전한다고 생각했습니다. 이런 관점의 역사 연구를 사회 경제 사학이라고 부릅니다. 마르크스의 유물사관에 영향을 받은 백남운이 대표적인 사회 경제 사학자입니다.

《공산당 선언》을 쓴 독일의 학자 마르크스는 생산 수단의 변화에 따라 역사가 발전해 왔다고 주장했습니다. 고대 노예제 사회에서 중세 봉건제 사회로, 다시 근대 자본주의 사회로 발전해 왔고, 최종 발전 단계가 공산주의 체제가 될 것이라는 게 마르크스의 유물 사관입니다. 여기에서 백남운은 여러 나라가 이런 보편적인 법칙에 따라 발전해 왔다는 점에 주목하여 우리나라도 이런 세계사적 보편 법칙에 따라 발전해 왔다고 생각하고 자신의 생각을 《조선사회경제사》라는 책에 담았습니다. 백남운의 이런 주장은 식민 사관 중 정체성론을 반박하는 근거가 되었습니다. "고대에 머물러 있다."라는 일본의 역사 왜곡에 맞서 "우리도 보편 법칙에 따라 발전하고 있다."라고 주장한 것이지요.

객관적 역사 연구를 강조한 실증 사학

마지막으로 실증 사학이 있습니다. 이병도, 손진태 등은 진단학회를 결성하고 문헌 고증을 통한 실증적 역사 연구를 강조했습니다. 각종 문서와 책을 '문헌'이라고 합니다. '고증'은 따져보고 증명해 본다는 뜻입니다. 실증이란, 실제로 증명한다는 뜻입니다. 쉬운 말로 다시 정리하면, 오래된 문서와 책이 진짜인지 조작된 것인지 꼼꼼하게 따져보면서 실제로 증명할 수 있는 것만을 토대로 역사 연구를 해야 한다는 것입니다.

독일의 역사학자 중 랑케가 있습니다. 랑케는 "역사가는 오직 사실만 이야기해야 한다."라고 주장하며 철저한 사료 비판을 강조했습니다. 실증 사학은 이런 랑케의 역사 연구 방법론에 영향을 받았습니다.

우리 말과 글을 지키기 위한 노력

일제 강점기에는 일본어가 '국어'였습니다. 그래서 이 시기 국어 공부란 곧 일본어 공부를 뜻했습니다. 우리 말과 글은 '조선어'라고 불렸습니다. 당연히 일본 식민지 당국은 조선어 사용 대신 일본어 사용을 강요하였고, 전쟁이 확대되던 민족 말살 통치 시기에는 아예 조선어 사용을 금지하기도 했습니다.

여기에 맞서서 우리 말과 글을 지키려는 노력이 나타났습니다. 1921년에는 조선어 연구회가 조직되었습니다. 조선어 연구회는 잡지 《한글》을 발행하였고, 각종 강연회를 통해 우리 말과 글을 가르쳤습니다. 1926년에는 훈민정음 반포 480주년을 맞아 가갸날을 제정했습니다. 가갸날은 오늘날 한글

날로 계승되었습니다.

　1931년에는 조선어 연구회가 조선어 학회로 이름을 바꾸고 조금 더 전문적이고 학술적인 활동을 하게 됩니다. 한글 맞춤법 통일안을 만들기도 하고, 표준어를 제정하기도 했습니다. 조선어 학회가 가장 공들인 작업은 바로《우리말 큰사전》을 만드는 일이었습니다. 하지만 불행하게도 1942년 조선어 학회 사건으로 상당수의 학자가 체포되었고 작업은 중단되고 말았습니다.

　광복 후에 조선어 학회를 계승하여 한글 학회가 만들어졌고, 잃어버렸던 원고를 우연히 되찾아 마침내《우리말 큰사전》이 편찬됩니다.

　이처럼 요즘의 우리에게 지겨운 공부의 대상으로 여겨지는 국어와 한국사가 지금으로부터 100년 전만 해도 배우고 싶어도 마음대로 배울 수 없고, 연구를 하고 싶으면 목숨까지 걸어야 했던 학문이었답니다.

① 조선어 학회의 활동을 키워드 중심으로 정리해 두세요.

② 신채호는 인물 단독 문항으로 출제되기도 하니, 주제를 넘나들며 신채호와 관련된 키워드를 모아 함께 알아 두세요.

③ 역사 연구 방법론의 특징을 구분하여 알아 두세요.

028 (가)에 들어갈 내용으로 가장 적절한 것은? [3점]

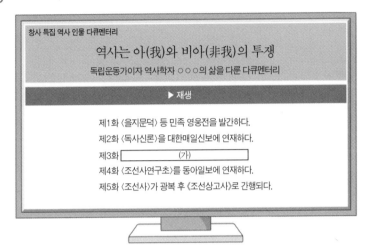

창사 특집 역사 인물 다큐멘터리

역사는 아(我)와 비아(非我)의 투쟁

독립운동가이자 역사학자 ○○○의 삶을 다룬 다큐멘터리

▶ 재생

제1화 〈을지문덕〉 등 민족 영웅전을 발간하다.
제2화 〈독사신론〉을 대한매일신보에 연재하다.
제3화 [(가)   ]
제4화 〈조선사연구초〉를 동아일보에 연재하다.
제5화 〈조선사〉가 광복 후 《조선상고사》로 간행되다.

① 한국통사를 저술하다.

② 시무 28조를 건의하다.

③ 조선 혁명 선언을 작성하다.

④ 조선 사회 경제사를 출간하다.

⑤ 우리말(조선말) 큰사전 편찬을 주도하다.

[정답 ③] 신채호의 활동을 단독으로 물어본 문항입니다. 자료에서 '아와 비아의 투쟁' 〈독사신론〉《조선사연구초》《조선상고사》 등을 통해 ○○○는 신채호라는 것을 알 수 있습니다. 신채호는 의열단의 활동 지침인 〈조선 혁명 선언〉을 작성(③)하기도 하였습니다.
뒤에서 의열 투쟁을 다룰 텐데, 이때 신채호의 〈조선 혁명 선언〉이 등장합니다. 한국사를 통틀어 인물 단독으로 출제되는 경우 신채호가 가장 많이 출제되었습니다. 자료로 역사 연구 활동이 제시되고 정답으로 〈조선 혁명 선언〉이 나오는 패턴이 주를 이룹니다.
수험생 처지에서는 주제가 통합되어 출제되면 체감 난이도가 높아지는데, 한 번 정리해 두면 두고두고 써먹을 수 있습니다. 신채호의 활동은 국민 대표 회의 때 창조파, 우리 역사를 연구한 역사학자, 의열단의 활동 지침인 〈조선 혁명 선언〉 작성, 이렇게 크게 세 부분으로 정리해 볼 수 있습니다.

029 (가) 단체에 대한 설명으로 옳은 것은?

> 1942년 10월 이윤재, 한징, 이극로, 최현배 등 ⎡ (가) ⎤ 의 회원
> 들이 경찰에 검거되었다. 한글 맞춤법 통일안을 마련하고 표준어
> 를 선정하는 등의 ⎡ (가) ⎤ 활동은 민중의 민족의식을 높여 조선
> 독립을 하는 것이라며, 검거된 회원들은 혹독한 고문을 받았다.
> 그 결과 이윤재와 한징은 옥사하였고, 이극로와 최현배 등은 치안
> 유지법 위반으로 징역형을 선고받았다.

① 독립문을 건립하였다.

② 정우회 선언을 계기로 창립되었다.

③ 오산 학교와 대성 학교를 설립하였다.

④ 고종 강제 퇴위 반대 운동을 전개하였다.

⑤ 우리말(조선말) 큰사전 편찬을 추진하였다.

[정답 ⑤] 조선어 학회의 활동을 물어본 문항입니다. 국학 운동에서 가장 자주 출제되었던 단체가 조선어
학회입니다. 자료에서 '한글 맞춤법 통일안' '표준어 선정' 등을 통해 (가) 단체가 조선어 학회라는 것을 알
수 있습니다. 자료는 1942년의 조선어 학회 사건을 서술하고 있습니다.

조선어 학회는 《우리말 큰사전》 편찬을 추진(⑤)하던 중 일제에 발각되어 상당수의 회원이 체포되어 옥고를 치
릅니다. 이 사건이 조선어 학회 사건입니다. 이로써 조선어 학회는 큰 타격을 입었습니다.

조선어 학회가 출제되면 난이도가 낮아집니다. 높은 확률로 《우리말 큰사전》 편찬이 정답으로 제시되기 때문
입니다.

(가)에 들어갈 내용으로 가장 적절한 것은?

백남운(1895~1979)

사회경제사학자 백남운은 한국의 역사가 세계의 보편적인 법칙에 따라 발전하였다고 보고 이를 바탕으로 《조선사회경제사》를 저술하여

(가)

① 나라의 '혼'을 강조하였다.

② 조선 후기 실학을 재평가하였다.

③ 식민 사관의 정체성론을 비판하였다.

④ 일제의 침략 전쟁 참여를 독려하였다.

⑤ 진단 학회를 조직하고 진단 학보를 발간하였다.

[정답 ③] 백남운의 활동을 물어본 문항입니다. 백남운은 한국의 역사가 세계사적 보편 법칙에 따라 발전해 왔다고 주장하며 일제의 식민 사관 중 정체성론을 비판하였습니다(③).

국학 부분은 흐름보다는 추상적인 개념이 많아 다소 딱딱하게 느껴집니다. 각 역사학자의 저서와 주장을 잘 구분해 두세요.

해외 무장 투쟁

1910년대는 무단 통치 시기였기 때문에 국내에서 드러내놓고 독립 운동을 하기가 무척이나 어려웠습니다. 그래서 이때의 독립 운동은 두 가지 방향으로 나타납니다. 국내에서 몰래 숨어서 하거나 가까운 국외로 나가서 독립운동 기지를 건설하는 방식으로요. 그러다가 시간이 지나면서 1920년대가되면 독립군 부대들이 본격적으로 활동하기 시작합니다. 그리고 일본군과직접 교전을 하기도 했습니다. 이번 장에서는 1910년대~1930년대 중반까지 해외에서 전개되었던 해외 무장 투쟁에 대해서 알아보겠습니다.

1910년대, 국내 비밀 결사와 독립 운동 기지 건설

무단 통치 시기 국내에서 민족 운동이 아예 없었던 것은 아닙니다. 이 엄혹한 시절에도 독립 의군부와 대한 광복회라는 비밀 결사 조직이 활동했습니다.

1912년 유학자 임병찬은 고종의 비밀지령을 받아 독립 의군부를 조직했습니다. 독립 의군부는 대한 제국의 복벽을 목표로 하였습니다. 즉, 나라를 되찾아서 다시 고종을 황제로 하는 대한 제국으로 돌아가는 것이었어요.

1915년에는 박상진 등이 대한 광복회를 결성했습니다. 대한 광복

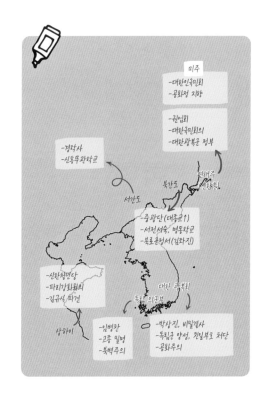

회는 일본으로부터 나라를 되찾은 다음 공화정 국가를 만드는 것을 목표로 하였습니다. 공화정이란 왕이 없는 지금의 대한민국과 같은 형태의 정치 체제를 가리킵니다. 이들은 독립군을 양성하기 위해 친일 부자들을 습격하여 자금을 모으기도 했습니다.

국외에서는 백두산 근처 간도 지역에 독립 운동 기지가 건설되기 시작합니다. 서간도에는 신민회에 의해 삼원보라는 마을과 신흥 강습소가 세워졌습니다. 신흥 강습소는 곧 신흥 무관 학교로 개편되었습니다. 북간도 지역에는 용정, 명동이라는 한인 마을이 세워졌고, 서전서숙, 명동학교 등의 한인 학교도 세워집니다. 이곳에는 단군을 믿는 대종교 신자들이 많았는데, 중광단이라는 단체를 조직하여 활동하다가 북로 군정서라는 독립군 부대를 조직

하기도 했습니다. 러시아 블라디보스토크 지역을 연해주라고 하는데, 이곳에는 신한촌이라는 한인 마을이 만들어지고 권업회라는 단체가 조직되어 활동했습니다.

이처럼 1910년대는 국내에서는 비밀 결사의 형태로, 국외 간도와 연해주에서는 독립 운동 기지 건설의 형태로 독립 운동이 전개되었습니다. 다른 형태의 독립 운동으로 외교 활동에 힘쓴 사례도 있었습니다.

중국 상하이에서는 여운형, 김규식 등을 중심으로 신한 청년당이 결성되어 활동했습니다. 이들은 윌슨의 민족 자결주의 제창을 계기로 우리의 독립 의지를 세계에 알리고자 했습니다. 그 노력의 하나로 제1차 세계 대전이 끝나고 열린 파리 강화 회의에 김규식을 파견하기도 했습니다.

한편 1908년 미국 샌프란시스코에서 장인환과 전명운이 친일 외교 고문 스티븐스를 사살하는 일이 벌어집니다. 이를 계기로 미주 지역의 한인 단체가 통합되어 대한인 국민회가 결성되었습니다. 이들은 미주 지역의 한인 권익 보호에 힘쓰는 한편, 파리 강화 회의에서 한국의 독립 문제를 적극적으로 검토해 달라고 미국 정부에 요청하기도 했습니다.

1920년대, 본격적인 항일 무장 투쟁의 시작

3·1 운동 이후 1920년대에 들어서면서 간도 지역에 크고 작은 독립군 부대가 활동하기 시작합니다. 이들은 국경을 넘어와 일본 경찰서나 행정기관을 습격하고 다시 돌아가는 게릴라전을 통해 일본을 괴롭혔습니다. 1920년 6월에는 일본군이 독립군의 도발에 넘어가 북간도 봉오동 계곡까지 뒤쫓아 왔습니다. 홍범도가 이끄는 대한 독립군을 비롯한 독립군 연합부대는 이미 봉오동에 매복하고 있었는데 이들에게 일본군이 크게 패하고 퇴각합니다(봉

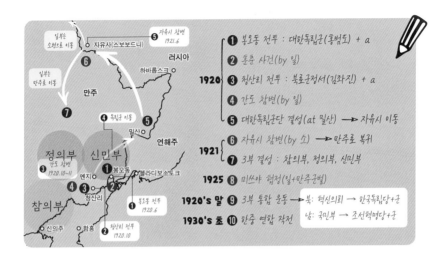

지도 내 텍스트:

일본은 소련으로 이동
자유시 참변 1921.6
자유시(스보보드니)
러시아
하바롭스크
일본은 만주로 이동
만주
독립군 이동
⑥
④
⑤
밀산
연해주
정의부 신민부
③ 간도 참변 1920.10~11
① 봉오동
블라디보스토크
엔지
참의부
④
③ 청산리
②
봉오동 전투 1920.6
신의주
함흥
청산리 전투 1920.10
⑦

① 봉오동 전투 : 대한독립군(홍범도) + a
② 훈춘 사건(by 일)
1920 ③ 청산리 전투 : 북로군정서(김좌진) + a
④ 간도 참변(by 일)
⑤ 대한독립군단 결성(at 밀산) → 자유시 이동
1921 ⑥ 자유시 참변(by 소) → 만주로 복귀
⑦ 3부 결성 : 참의부, 정의부, 신민부
1925 ⑧ 미쓰야 협정(일+만주군벌)
1920's 말 ⑨ 3부 통합 운동 → 북: 혁신의회 → 한국독립당+군
1930's 초 ⑩ 한중 연합 작전   남: 국민부 → 조선혁명당+군

오동 전투).

약이 오른 일본군은 이번 기회에 만주 지역의 독립군을 소탕해야겠다고 마음을 먹었습니다. 문제는 만주 지역이 중국 땅이라는 점이었습니다. 아무리 당시 중국이 힘이 없다고는 하지만 일본이 대규모로 병력을 동원해 국경을 넘기에는 부담이 컸습니다. 그래서 일본은 훈춘 사건을 조작합니다. 일본은 우리나라의 국경에 맞닿아 있는 중국 땅 훈춘 지역의 마적단을 매수해 그곳의 일본 영사관을 약탈하라고 지시합니다. 마적단은 약속대로 일본 영사관을 약탈했습니다. 물론 일본은 미리 자국인들을 피신시켰지요. 일본은 이 사건을 출병의 근거로 삼습니다. 훈춘 사건의 배후가 우리 독립군이라며 대규모 병력을 동원해 마침내 국경을 넘어옵니다.

규모나 화력 면에서 열세였던 독립군 부대는 두만강을 따라 서쪽으로 이동합니다. 하지만 일본군의 진군 속도가 빨랐기 때문에 따라 잡히는 것은 시간 문제였습니다. 그래서 다시 한번 대대적인 반격을 계획합니다. 김좌진이 이끄는 북로 군정서, 홍범도가 이끄는 대한 독립군 등 독립군 연합부대는 청산리 일대 곳곳에 매복하고 있다가 이곳을 지나는 일본군을 집중적으로 공격하여 큰 승리를 거둡니다(청산리 전투).

규모나 무기 수준에서 일본군에 뒤졌던 우리 독립군이 봉오동과 청산리에서 거듭 승리를 거둘 수 있었던 것은 그 지역에 이주해 있던 한인들의 도움과 더불어 독립군이 지형을 잘 활용한 덕분입니다.

두 번이나 패배를 겪은 일본은 화가 머리 꼭대기까지 났습니다. 하지만 이미 독립군은 어디론가 사라지고 없었습니다. 눈에 보이는 것은 한인 마을들뿐입니다. 일본군은 독립군에게 당한 보복으로 간도 지역의 한인 마을을 습격하여 주민들을 무참히 학살합니다. 이 사건을 간도 참변이라고 합니다.

그렇다면 그동안 독립군 부대는 어디에 있었을까요? 독립군은 조금 더 북쪽으로 이동하여 밀산이라는 곳에 모여 서일을 총재로 하는 대한 독립 군단이라는 거대한 연합부대로 거듭났습니다. 그리고 소련에 도움을 요청하려고 다시 국경을 넘어 소련령 자유시로 갑니다.

하지만 자유시에 도착한 독립군을 맞이한 소련군은 지휘권을 넘기라고 요구합니다. 제대로 먹지도 자지도 못했지만 자존심 하나로 여기까지 버텨온 독립군이 응하기 어려운 조건이었습니다. 마침 독립군 중 공산주의자들의 주도권 다툼까지 더해졌고 이 과정에서 소련군은 강제로 독립군의 무장을 해제합니다. 끝까지 저항한 독립군 일부는 소련군의 공격에 희생됩니다(자유시 참변).

자유시 참변 이후 독립군 중 일부는 소련으로 이동하였고, 나머지는 다시 만주로 남하하여 각 지역을 관할하는 자치 기구인 참의부, 정의부, 신민부를 결성합니다(3부 성립).

미쓰야 협정과 3부 통합 운동

3부가 차례로 결성되면서 1920년대 중반으로 넘어갑니다. 대규모 병력을 파견했으나 독립군을 진압하지 못한 일본은 작전을 바꿉니다. 당시 만주 지역은 중국 군벌 세력이 차지하고 있었는데, 1925년 미쓰야 협정을 체결하여 만주 지역의 독립군을 체포해서 일본에 넘기면 포상금을 주겠다며 독립군에게 현상금을 겁니다.

미쓰야 협정으로 인해 3부의 활동이 위축됩니다. 마침 이 시기 중국에서 국민당과 공산당이 합작을 이루었다(제1차 국공합작)는 소식과 더불어 국내에서도 민족 유일당 운동의 결과 신간회가 탄생했다는 소식이 전해집니다. 어려울 때는 힘을 합쳐야겠지요? 그래서 만주 지역에서는 1920년대 후반부터 3부 통합 운동이 시작됩니다.

통합 운동의 결과 북만주에는 혁신 의회, 남만주에는 국민부가 결성됩니다. 이후 혁신 의회는 한국 독립당으로 개편되고 그 산하에 지청천이 지휘하는 한국 독립군을 둡니다. 남만주의 국민부도 조선 혁명당으로 개편되고 그 밑에 양세봉이 이끄는 조선 혁명군을 둡니다.

만주 사변과 한중 연합 작전

이 시기는 세계적으로 경제 대공황 시기였습니다. 일본은 대공황을 극복하기 위해 식민지를 넓힐 필요가 있었습니다. 그래서 국경 넘어 만주 지역을 불법으로 침략하는 만주 사변을 일으킵니다(1931).

만주 지역은 중국 땅인데, 이곳을 일본이 불법으로 점령하자, 일본에 대한 중국인의 감정이 급속도로 악화됩니다. '나의 적의 적은 나의 친구'라는 말이 있듯이, 이런 분위기 속에서 1930년대에는 한국의 독립군 부대와 중국 군대가 연합하여 항일전을 전개해 나갔습니다. 한중 연합 작전으로 승리를 거둔 사례로 쌍성보 전투, 대전자령 전투, 영릉가 전투, 홍경성 전투 등이 있습니다.

① 봉오동 전투와 청산리 전투의 키워드를 알아 두세요.

② 1910년대 해외 독립 운동 기지의 위치와 키워드를 구분해서 정리해 두세요.

③ 1920년대 봉오동 전투와 3부 통합 운동까지의 주요 사건들의 순서를 정리해 두세요.

④ 1930년대 한중 연합 작전의 배경과 사례를 알아 두세요.

030 (가)에 들어갈 내용으로 가장 적절한 것은?

학습 주제: _____(가)_____

장인환과 전명운의 의거를 계기로 미주 지역 한인 단체 통합의 목소리가 커지면서 결성되었어.

미주 지역 한인의 권익 보호에 힘썼고, 만주와 연해주에 지회를 설치하여 독립운동을 지원하였어.

파리 강화 회의에서 한국 독립 문제를 검토해 달라고 미국 정부에 요청하기도 하였지.

① 대한인 국민회의 민족 운동

② 대한 자강회의 국권 수호 운동

③ 대한 광복회의 군자금 모금 운동

④ 조선어 학회의 민족 문화 수호 운동

⑤ 조선 민립 대학 기성회의 실력 양성 운동

[정답 ①] 1910년대 해외 독립 운동 단체를 물어본 문항입니다. 대화에서 '장인환과 전명운 의거를 계기로 통합' '미주 지역 한인 권익 보호' 등을 통해 (가) 단체는 대한인 국민회라는 것을 알 수 있습니다(①).

그동안 잘 출제되지 않던 시기와 주제라서 수험생들이 생소하게 여겼음 직한 문항입니다. 봉오동 전투, 청산리 전투 등 1920년대 해외 무장 투쟁이 주로 출제되어 오다가 2023년 하반기 들어 그동안 잘 출제되지 않던 신한청년당과 대한인 국민회 등 외교 운동에 힘쓴 해외 한인 단체가 출제되고 있습니다.

하나하나 개별적으로 외우려 하기보다 한 장의 지도를 놓고 국내 비밀 결사 단체, 간도 지역의 독립 운동 단체와 함께 상하이의 신한청년당, 미주 지역의 대한인 국민회를 표시하여 1910년대 독립 운동으로 묶어서 공부하기 바랍니다.

031 (가) 단체에 대한 설명으로 옳은 것은? [3점]

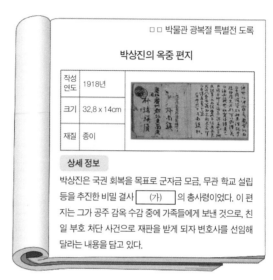

□□ 박물관 광복절 특별전 도록

박상진의 옥중 편지

작성 연도	1918년
크기	32.8 x 14cm
재질	종이

상세 정보

박상진은 국권 회복을 목표로 군자금 모금, 무관 학교 설립 등을 추진한 비밀 결사 (가) 의 총사령이었다. 이 편지는 그가 공주 감옥 수감 중에 가족들에게 보낸 것으로, 친일 부호 처단 사건으로 재판을 받게 되자 변호사를 선임해 달라는 내용을 담고 있다.

① 105인 사건으로 탄압받았다.

② 공화정의 수립을 지향하였다.

③ 광주 학생 항일 운동을 지원하였다.

④ 상하이 훙커우 공원에서 의거를 일으켰다.

⑤ 일본의 황무지 개간권 요구를 좌절시켰다.

[정답 ②] 1910년대 국내에서 활동한 비밀 결사 대한 광복회에 대한 문항입니다. 자료의 '박상진' '친일 부호 처단' 등의 키워드를 통해 (가) 단체가 대한 광복회라는 것을 알 수 있습니다. 대한 광복회는 공화정 수립을 목표로② 활동하였습니다.

그동안 출제 비중이 적었던 1910년대 국내 독립 운동이 최근에 조금씩 출제되기 시작했습니다. 국내에서는 비밀 결사 독립 의군부, 대한 광복회가 활동했습니다. 이 두 단체의 활동과 지향점을 구분해서 정리해 두세요.

032 (가) 군사 조직에 대한 설명으로 옳은 것은?

한국사 인물 카드

- 이름: ○○○
- 생몰년: 1888년 ~ 1967년
- 주요 활동
- 일본 육군 사관 학교를 졸업하고 만주로 넘어가 독립운동에 투신함
- 만주에서 한국 독립당의 군대인 [(가)] 을/를 이끌며 만주 사변 이후 대전자령 전투를 비롯한 무장 투쟁을 전개함
- 한국광복군의 총사령관으로 활동함

① 귀주에서 거란군을 물리쳤다.

② 서울 진공 작전을 주도하였다.

③ 황토현 전투에서 관군을 격퇴하였다.

④ 청산리 전투에서 일본군을 격파하였다.

⑤ 쌍성보에서 한중 연합 작전을 전개하였다.

[정답 ⑤] 1930년대 한중 연합 작전에 대해 물어보고 있습니다. 제시된 인물은 지청천입니다. 지청천은 1930년대 한국 독립군을 이끌며 중국과 함께 쌍성보 전투를 승리로 이끌었고(⑤), 1940년대 대한민국 임시 정부의 정규군인 한국광복군의 총사령관으로 활동했습니다.

1931년 만주 사변으로 한중 연합 작전이 활발히 전개되었는데, 쌍성보 전투는 그 대표적인 사례입니다.

지청천이 단독으로 출제되어 많은 수험생이 당황했던 문항입니다. 그런데 이 문항의 핵심은 지청천을 아는가가 아닙니다. 자료의 '대전자령 전투'가 1930년대 대표적인 한중 연합 작전이라는 사실을 알고 있었다면 선지에서 쉽게 또 다른 한중 연합 작전이었던 쌍성보 전투를 골라냈을 것입니다. 이렇듯 낯선 자료가 나오면 내가 알고 있는 것과 최대한 연결하여 생각해 보는 힘을 기르는 것이 관건입니다.

033 (가) 인물에 대한 설명으로 옳은 것은? [3점]

| ○○일보 | 2021년 ○월 ○○일 |

고국으로 돌아온 독립운동가

이번 광복절에 카자흐스탄으로부터 (가) 의 유해가 고국으로 돌아왔다. 그의 유해는 추모 기간을 거친 후 국립대전 현충원 독립 유공자 묘역에 안장될 예정이다. 한말 의병장으로 활약했던 그는 봉오동 전투와 청산리 전투를 승리로 이끄는 등 오랜 기간 항일 무장 투쟁을 전개하였다. 이후 연해주로 건너가 활동하던 중 소련의 강제 이주 정책에 의해 중앙아시아로 이주하게 되었고, 그곳에서 생을 마감하였다.

① 시무 28조를 건의하였다.

② 대한 독립군을 이끌었다.

③ 강동 6주 지역을 확보하였다.

④ 인천 상륙 작전에 참여하였다.

⑤ 상하이 훙커우 공원에서 의거를 일으켰다.

[정답 ②] 봉오동 전투에서 활약했던 홍범도에 대한 문항입니다. 자료의 '봉오동 전투'와 '청산리 전투' 등을 통해 (가) 인물이 홍범도임을 알 수 있습니다. 홍범도가 이끌었던 독립군은 대한 독립군(②)입니다. 대한 독립군은 봉오동 전투에서 활약했고 청산리 전투에도 참여했습니다. 홍범도 대신 김좌진으로 착각한 수험생이 있을 수 있는데, 김좌진이 지휘했던 북로 군정서는 봉오동 전투에는 참여하지 않았습니다.

이 문항은 시사적인 문항입니다. 2021년에 실제로 카자흐스탄으로부터 홍범도 장군의 유해가 돌아왔는데, 뉴스에 대서특필되었습니다. 이 기사가 문제의 재료로 사용된 것입니다. 이처럼 한국사는 시사적인 내용이 출제되기도 합니다. 평소에 관심을 두고 뉴스를 보는 습관을 기른다면 어느 정도 출제 주제를 예측할 수도 있겠지요?

(가) 인물에 대한 설명으로 옳은 것은?

육사, [(가)] 흉상 외부 이전 결정

육군사관학교가 [(가)] 의 흉상을 외부로 이전하겠다는 입장을 밝혔다.

청산리·봉오동 전투를 모두 승리로 이끈 독립 운동가 [(가)] 은/는 1927년 소련 공산당에 입당한 후 연해주의 고려인 지도자로 활동했으나 1937년 고려인 강제 이주로 카자흐스탄으로 이주해 정미소 노동자로 일하다가 1943년 숨을 거뒀다.

카자흐스탄에 있던 [(가)] 의 유해는 2021년 사후 78년 만에 국내로 돌아온 바 있다.

① 별무반을 편성하였다.

② 강동 6주를 획득하였다.

③ 대한 독립군을 지휘하였다.

④ 한산도 대첩에서 승리하였다.

⑤ 매소성에서 당군을 물리쳤다.

[정답 ③] 자료에서 청산리 전투와 봉오동 전투를 모두 승리로 이끌었다는 점, 1937년 카자흐스탄으로 강제 이주당한 점 등을 통해 (가) 인물은 홍범도라는 것을 알 수 있습니다. 홍범도는 대한 독립군을 지휘하였습니다(③).

1920년대 무장 투쟁과 관련한 대표적인 인물 홍범도와 김좌진이 단독으로 출제될 가능성이 있습니다. 각 인물이 지휘했던 군대를 잘 구분해 두세요.

의열 투쟁

무장 투쟁을 하는 사람 중에는 특정 군대에 소속되기보다 개별 활동을 선
호하는 사람들도 있었습니다. 단체로 움직이기보다 혼자 움직일 때 이동 속

	의열단(1919)	한인애국단(1931)
활동 시	1920년대	1930년대
창설자	김원봉	김구
창설장소	만주	상하이
목적	일제 기관 파괴, 고관 암살, 친일파 처단	임정 침체 극복
특징	- 〈조선 혁명 선언〉(신채호) → 활동 지침 - 무정부주의에 영향 받음	임정 산하 조직
활동	- 박재혁 → 부산경찰서 - 김지 → 일본 궁성 - 최수봉 → 밀양경찰서 - 나석주 → 동양척식 - 김익상 → 조선총독부 주식회사 - 김상옥 → 종로경찰서	- 이봉창 → 일왕 - 윤봉길 → 상하이 홍커우 공원
이후	개별 투쟁 한계 → 조직적 투쟁 - 황푸군관학교 입학 - 민족혁명당 결성	- 임정 위상 ↑ → 중국 국민당 정부 지원 - 일제 탄압 ↑ → 임정 이동 시작 (→ 충칭)

도가 빠르고 들킬 염려도 적었기 때문입니다. 이들은 일본의 주요 시설을 파괴하고, 높은 지위의 일본인을 암살하는 등의 활동을 합니다. 이런 방식의 활동을 의열 투쟁이라고 합니다.

이번 장에서는 의열단과 한인 애국단의 의열 투쟁에 대해 정리해 보겠습니다.

〈조선 혁명 선언〉을 지침으로 삼은 의열단

1919년 만주에서는 김원봉을 주축으로 의열단이 조직되어 1920년대 활발히 의열 투쟁을 전개했습니다. 이들은 민중의 직접 혁명을 주장한 신채호의 〈조선 혁명 선언〉을 활동 지침으로 삼았습니다.

의열단의 대표적 활동으로는 부산 경찰서에 폭탄을 투척한 박재혁, 밀양 경찰서에 폭탄을 투척한 최수봉, 조선 총독부에 폭탄을 투척한 김익상의 활동이 있습니다. 그 외에도 김상옥은 종로 경찰서에, 김지섭은 일본 도쿄 황궁에서, 나석주는 조선 식산 은행과 동양 척식 주식회사에 각각 폭탄을 던졌습니다.

하지만 시간이 지나면서 김원봉을 비롯한 의열단원들은 개별 투쟁의 한계를 느끼기 시작합니다. 일본의 시설을 파괴하면 일본이 물러가나요? 다시 복구하면 그만입니다. 일본 총독이 암살되었다고 해서 일본이 물러날까요? 새로운 총독을 파견할 것입니다. 의열 투쟁으로 일본에 겁을 줄 수는 있지만 그렇다고 일본이 순순히 물러갈 것이라고 보기는 어렵습니다.

그래서 의열단은 1930년대가 되면 조직적 투쟁으로 노선을 바꿉니다. 중국 황푸 군관 학교에 입학하여 군사훈련을 받거나 중국 국민당의 지원을 받아 조선 혁명 간부 학교를 난징에 세우기도 합니다. 이후 의열단은 난징에서 민족 혁명당을 결성하는 데 주도적인 역할을 하기도 했습니다.

중국인들의 마음까지 뒤흔든 한인 애국단

1923년 국민 대표 회의 결렬 이후 침체에 빠져든 대한민국 임시 정부 기억나요? 임시 정부를 지키고 있던 김구는 임시 정부의 위상을 높이고 분위기 반전을 꾀하기 위해 1931년 임시 정부 소속의 의열 단체인 한인 애국단을 조직합니다.

여러분이 도시락 폭탄으로 잘 알고 있는 윤봉길이 바로 대표적인 한인 애국단원입니다. 윤봉길을 들어본 사람은 많아도 이봉창을 들어본 사람은 적을 것입니다. 하지만 이봉창이 없었다면 윤봉길이 상하이 훙커우 공원에서 의거를 할 수도 없었을 것입니다.

이봉창만큼 다양한 직업을 가져 본 독립 운동가도 없습니다. 1900년생인 이봉창은 초등학교를 졸업하고 중학생의 나이 때부터 일을 시작했습니다. 과자점 직원, 기차 운전 견습소 관리인, 철도 직원 등 다양한 일을 하다가 일본으로 건너갑니다. 일본으로 건너가서는 철공소 직원, 가스회사 노동자, 표구사 보조원 등으로 생계를 유지합니다.

이런 방랑 생활 끝에 독립 운동에 몸을 바쳐야겠다고 생각한 이봉창은 상하이로 건너가 김구를 만납니다. 유창하게 일본말을 하는 이봉창을 본 김구는 처음에 일본인 첩자인 줄 알았다고 합니다.

이봉창의 진심을 알게 된 김구는 한인 애국단에 가입시키고 이봉창의 뜻에 따라 일왕을 암살하는 임무를 함께 준비합니다. 준비 끝에 마침내 1932년 1월 도쿄에서 히로히토 일왕을 향해 이봉창은 수류탄을 던졌습니다. 하지만 수류탄은 빗나갔습니다. 다급해진 이봉창은 남은 하나의 수류탄을 히로히토 일왕 가까이 던집니다. 하지만 이 수류탄은 터지지 않습니다. 불발탄이었습니다. 이봉창은 현장에서 체포되어 얼마 뒤 사형을 당합니다. 그런데 그의 의거는 나비 효과처럼 큰 태풍을 불러일으킵니다.

이봉창의 의거 소식을 전해 들은 중국의 한 신문은 "조선의 한 청년, 일왕을 저격했으나 불행히도 명중시키지 못했다."라는 기사를 실었습니다. 기사를 본 일본은 격분하였고 중일 양국의 관계가 매우 악화되었습니다. 그리고 이를 빌미로 일본군은 중국 상하이를 공격하여 점령해 버립니다.

마침 그 시기 일왕의 탄생일이 가까웠기 때문에 상하이 홍커우 공원에서 승전 기념식과 함께 일왕 탄생 기념행사가 열리게 되었는데요. 여기에 일본의 높은 군인들이 많이 참여했습니다. 그때 구경꾼 중 한 남성이 그들이 모여 있던 단상에 폭탄을 던졌습니다. 계급이 높은 일본군인 상당수가 죽거나 다쳤죠. 그 남성이 바로 윤봉길입니다.

어떤가요? 이봉창의 의거가 없었다면 중국 신문의 보도도 없었을 것이고, 그 시기 일본군이 상하이에 들어오지도 않았을 것입니다. 그런 점에서 이제부터는 윤봉길과 더불어 이봉창도 한인 애국단 단원으로 기억해 두도록 합니다.

상하이를 떠나게 된 대한민국 임시정부

이봉창과 윤봉길의 의거로 대한민국 임시 정부의 위상이 높아지고 많은 중국인이 감동하고 자극을 받습니다. 특히 중국 국민당 정부의 장제쓰는 "중국군 30만이 못한 일을 조선의 한 청년이 해냈다."라고 극찬하고 적극적으로 대한민국 임시 정부를 지원해 주기 시작합니다. 이봉창과 윤봉길의 의거로 임시 정부의 존재와 활동이 전 세계에 알려지게 되었습니다. 김구는 한인 애국단의 창단 목적을 달성한 셈이지요.

하지만 일본의 수색이 강화되면서 김구를 비롯한 임시 정부 요인들은 상하이를 떠나 1940년까지 약 8년 동안 중국 여기저기로 옮겨 다니는 신세가 되었습니다.

① 의열단의 주요 키워드를 잘 정리해 두세요. 특히 신채호의 <조선 혁명 선언>이 의열단의 활동 지침이었다는 사실을 연결하여 잘 알아 두세요.

② 의열단과 한인 애국단의 인물들을 구분해 두세요. 한인 애국단은 두 명이니 이 두 명을 기억해 두면 나머지는 의열단원이라 생각하면 됩니다.

③ 윤봉길 의거가 임시 정부에 끼친 영향을 정리해 두세요.

034 (가) 단체에 대한 설명으로 옳은 것은? [3점]

◎ 3월 다나카 기이치 대장이 상하이에 도착하자 ☐ (가) ☐ 의 단원인 김익상이 폭탄을 던졌으나 다나카의 생명에는 지장이 없었다. …(중략)… 9월 일본에서 열린 재판에서 검사는 김익상에게 사형을 구형하였다.

◎ 내가 종로 경찰서에 들어섰을 때 "식산 은행에 폭탄을 던지고 동양 척식 주식회사에서 권총을 난사했다고?"라는 말이 들렸다. …(중략)… 체포된 범인의 정체를 알고자 일본 경찰이 "네가 ☐ (가) ☐ 의 일원인 나석주냐?"라고 물으니, 그는 "그렇다."라고 했다고 한다.

① 이인영을 총대장으로 추대하였다.

② 김규식을 파리 강화 회의에 파견하였다.

③ 임병찬이 고종의 밀명을 받아 조직하였다.

④ 지청천의 지휘하에 쌍성보에서 전투를 벌였다.

⑤ 신채호의 조선 혁명 선언을 활동 지침으로 삼았다.

[정답 ⑤] 의열단의 키워드를 물어본 문항입니다. 자료에서 '김익상' '종로 경찰서' '나석주' 등을 통해 (가) 단체가 의열단이라는 것을 알 수 있습니다. 의열단은 신채호의 〈조선 혁명 선언〉을 활동 지침으로 삼았습니다(⑤).

의열단의 모든 인물을 다 외울 필요는 없습니다. 의열단 내의 인물들의 활동을 구분하라고 하지는 않기 때문입니다. 한인 애국단과 구분할 정도면 충분합니다.

의열단은 주로 단원들의 활동이 자료로 제시되고 신채호의 〈조선 혁명 선언〉이 정답으로 출제되어 왔습니다.

035 밑줄 친 '사건'을 주도한 단체에 대한 설명으로 옳은 것은?

> 우리 프랑스는 지난 10여 년 동안 김구를 보호하여 왔습니다. 그
> 러나 이번에 김구가 단원을 보내서 일왕에게 폭탄을 던진 <u>사건</u>을
> 빌미로 일본은 우리에게 김구를 체포해 넘기라고 요구할 것입니
> 다. 따라서 우리 프랑스가 일본과 전쟁을 결심하지 않는 한 김구
> 를 보호하는 것은 어렵습니다.
>
> ―〈백범일지〉―

① 예송을 전개하였다.

② 한성순보를 발행하였다.

③ 관민 공동회를 개최하였다.

④ 윤봉길이 단원으로 활동하였다.

⑤ 청의 선진 문물 수용을 주장하였다.

[정답 ④] 한인 애국단의 활동을 물어본 문항입니다. 자료에서 '김구가 단원을 보내서' 등을 통해 '사건'을
주도한 단체는 대한민국 임시 정부 소속의 한인 애국단인 것을 추리해 낼 수 있습니다. 대표적인 한인 애
국단 단원으로는 이봉창과 윤봉길이 있습니다(④). 윤봉길 의거로 인해 한인 애국단의 정체가 드러났고, 상
하이에 있던 임시 정부는 이곳을 떠나 유랑하게 됩니다. 또, 중국 국민당 정부의 적극적인 지원을 받는 계기가
되기도 합니다.
의열단과 한인 애국단을 구분할 수 있도록 두 단체의 키워드를 정리해 두세요.

(가)에 들어갈 내용으로 옳은 것은?

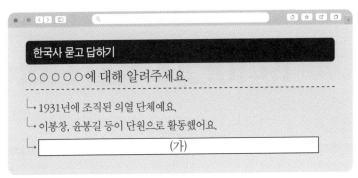

한국사 묻고 답하기

○○○○○에 대해 알려주세요.

└→ 1931년에 조직된 의열 단체예요.

└→ 이봉창, 윤봉길 등이 단원으로 활동했어요.

└→ | (가) |

① 김원봉이 조직했어요.

② 복벽주의 단체였어요.

③ 민족 혁명당 결성을 주도하였어요.

④ 대한민국 임시 정부 소속의 단체였어요.

⑤ 조선 혁명 선언을 활동 지침으로 삼았어요.

[정답 ④] 1931년에 조직된 의열 단체라는 점, 이봉창, 윤봉길 등이 단원으로 활동했다는 점을 통해 이 단체는 한인 애국단이라는 사실을 알 수 있습니다. 한인 애국단은 대한민국 임시 정부 소속의 의열 단체였습니다(④).

이 부분은 의열단과 한인 애국단의 키워드를 구분할 줄 알면 됩니다. 대체로 난이도가 평이한 문항이 출제됩니다.

1940년대 독립 준비

1940년대 들어서면서 일본이 점점 전쟁을 확대해 나가는 무리수를 둡니다. 이때 상당수의 독립 운동가는 일본이 머지않아 패망할 것을 예상했습니다. 그토록 기다려 온 독립의 날이 성큼 다가온 것입니다. 그러면 독립을 이룬 다음을 준비해야겠지요? 이번 장에서는 1930년대 말~1940년대의 독립 준비에 대해 정리해 보겠습니다.

이 시기는 세계적으로는 제2차 세계 대전(1939~1945)이 전개되던 시기이면서 중·일전쟁(1937~1945)이 진행되기도 했습니다. 일본의 침략 전쟁이 확대되던 시기였죠.

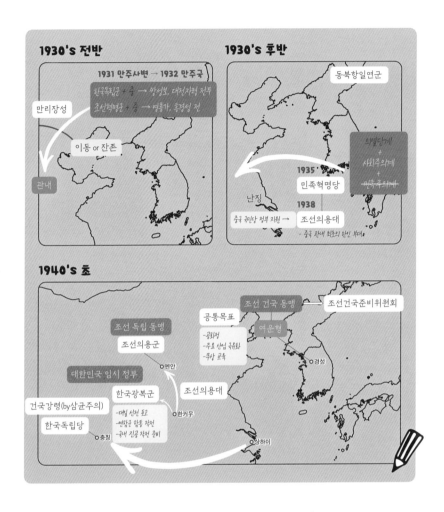

중국 땅 내의 최초의 한인 부대, 조선의용대

1935년 의열단장 김원봉의 주도로 난징에서 조직된 민족 혁명당은 중국 국민당 정부의 지원을 받아 1938년 조선 의용대를 결성합니다. 조선 의용대는 만리장성 남쪽 중국 지역에서 만들어진 최초의 한국인 군대 조직이었습니다.

조선 의용대는 중·일전쟁 중 일본군 포로 심문과 후방 공작 활동을 주로 담당했습니다. 하지만 중국 국민당군의 소극적인 작전 활동에 불만을 품은 대원 일부는 중국 공산당이 머물고 있던 중국 화북의 옌안으로 이동합니다.

옌안에는 한국인 공산주의자들도 많이 활동하고 있었는데, 1942년에는 김두봉을 중심으로 조선 독립 동맹이 결성되었습니다. 그리고 이곳으로 이동해서 활동하고 있던 조선 의용대를 중심으로 조선 의용군이 조직됩니다.

정규군을 갖게 된 대한민국 임시 정부

윤봉길 의거 이후 상하이를 떠나 8년 동안 떠돌던 임시 정부는 1940년 중국 내륙 깊숙한 곳에 있는 충칭에 정착합니다. 김구는 이곳에서 임시 정부의 여당인 한국 독립당을 결성합니다. 또, 지청천을 사령관으로 하는 한국광복군이 창설됩니다. 한국광복군은 대한민국 임시 정부의 정규군입니다. 이제 대한민국 임시 정부도 외교 활동뿐 아니라 적극적으로 무장 투쟁까지도 불사하겠다는 뜻을 내비친 것이지요.

한편, 옌안으로 이동하지 않았던 김원봉은 남은 조선 의용대원들을 이끌고 대한민국 임시 정부의 정규 군대인 한국광복군에 합류합니다. 한국광복군은 대일 선전 포고를 하고 영국군과 함께 인도와 미얀마 전선에서 일본군과 전투를 벌입니다. 한국광복군의 최종 목표는 한반도에 진입하여 우리 손으로 직접 일본군을 몰아내고 독립을 쟁취하는 것이었습니다(국내 진공 작전). 하지만 우리가 정해 놓은 작전일보다 약 1주일 먼저 일본이 항복하는 바람에 이 작전은 실행되지 못했습니다.

당시 임시 정부는 일본의 패망을 예상하고 독립된 이후의 나라에 대해 구체적으로 생각해 보기 시작합니다. 조소앙은 개인과 개인, 민족과 민족, 국가와 국가 간의 균등을 주장하였는데, 이 중 개인과 개인의 균등은 정치적 균등, 경제적 균등, 교육의 균등으로 이룰 수 있다고 했습니다. 조소앙의 이런 사상을 삼균주의라고 하는데, 삼균주의를 기반으로 1941년 대한민국 임시 정부의 건국강령이 발표되었습니다.

발 빠르게 움직인 조선 건국 동맹

1944년에는 국내 서울에서도 여운형을 중심으로 조선 건국 동맹이 조직되어 독립을 준비하기 시작합니다.

이렇게 해서 1940년대가 되면 충칭의 대한민국 임시 정부, 옌안의 조선 독립 동맹, 서울의 조선 건국 동맹이라는 3개 조직이 독립을 준비하면서 새로운 나라를 설계합니다. 약간씩 차이는 있지만, 공화정, 주요 시설의 국유화, 무상 교육 주장 등의 공통점도 있었습니다. 여러분 생각은 어떤가요? 독립 운동가들의 이런 계획이 지금 우리나라에서 얼마나 이루어졌나요?

원포인트
레슨

① 한국광복군의 활동을 키워드 위주로 정리해 두세요.

② 1940년대 충칭에 정착한 대한민국 임시 정부의 활동을 알아 두세요.

③ 가끔 여운형을 주제로 인물 단독 문제가 출제되기도 하므로 조선 건국 동맹을 조직했다는 사실을 기억해 두세요.

2024-대학수학능력시험

036 (가) 군대에 대한 설명으로 옳은 것은?

> (가) 을/를 창설할 때에 "우리의 분산된 역량을 독립군에 집중하여 전면적인 조국 광복 전쟁을 전개한다."는 등의 활동 목표를 세우고, 아울러 그 목표를 달성하기 위하여 노력하였지만, 뜻대로 일이 진행되지 않았다. …(중략)… 그러다가 (가) 은/는 미국 전략 정보국[OSS]과 합작하여 국내 진공 계획을 수립하게 된 것이기 때문에, 이는 우리 독립운동사에 있어서 획기적인 전환이라 할 수 있을 것이다. 이 역사적인 계획 실천의 첫 역군이 되고자 우리는 이곳에 온 것이다.

① 쌍성보 전투에서 승리하였다.

② 인천 상륙 작전을 전개하였다.

③ 고종의 밀명을 받아 조직되었다.

④ 청산리에서 일본군을 격파하였다.

⑤ 인도·미얀마 전선에 투입되었다.

[정답 ⑤] 한국광복군의 활동에 대해 물어본 문항입니다. 자료에서 '미국 전략 정보국' '국내 진공 작전' 등을 통해 (가)는 한국광복군임을 알 수 있습니다. 한국광복군이 활동하던 시기는 제2차 세계 대전이 전개되던 시기와 겹칩니다. 이들은 영국군과 연합하여 인도·미얀마 전선에서 항일전을 벌였습니다(⑤).

몇 해 전까지만 해도 한국광복군이 단골로 출제되었습니다. 최근에는 조금 잠잠해졌는데 방심하면 안 됩니다. 한국광복군의 키워드를 잘 정리해 두세요. 특히, 인도, 미얀마 전선 투입, 국내 진공 작전이 단골 소재입니다.

(가) 군사 조직에 대한 설명으로 옳지 않은 것은?

〈Book積북적〉

《돌베개:장준하의 항일대장정》

지은이: 장준하, 돌베개, 2015-05-18, 초판 출간 1971년

장준하가 대한민국 임시 정부의 ⎡ (가) ⎤ 에 참여하여 1945년
11월 한국으로 귀국하기까지의 여정을 담은 책이다. 장준하는
1944년 1월 일본군 학도병으로 징집되어 중국 쉬저우에 배치되
었다가 그해 7월에 탈출하였다. 이후 1945년 1월 대한민국 임시
정부에 도착하여 ⎡ (가) ⎤ (으)로 편입되었고, 미국 전략 정보
국(OSS)의 지원을 받아 특수 훈련을 받았다.

① 김원봉이 조직했어요.

② 복벽주의 단체였어요.

③ 민족 혁명당 결성을 주도하였어요.

④ 대한민국 임시 정부 소속의 단체였어요.

⑤ 조선 혁명 선언을 활동 지침으로 삼았어요.

[정답 ④] 자료 '대한민국 임시 정부' '미국 전략 정보국(OSS)의 지원' 등을 통해 (가) 군사 조직은 대한민국
임시 정부가 창설한 한국광복군이라는 것을 알 수 있습니다.
일제 강점기 활동했던 군대 중에서는 한국광복군이 비중 있게 출제됩니다. 이와 비교적 비슷한 시기에 활
동했던 조선 의용대와 헷갈리지 않도록 잘 구분해 두세요.

영화로 보는 일제 강점기

일제 강점기를 배경으로 한 영화 중 특히 흥행에 성공한 영화는 주로 의열 투쟁을 다룬 영화들입니다. 〈아나키스트〉(2000)를 시작으로 〈암살〉(2015), 〈밀정〉(2016)이 대표적입니다. 〈아나키스트〉와 〈암살〉은 의열단을 모티브로 한 영화입니다. 아나키스트는 '무정부주의자'라는 뜻인데, 의열단 초기의 무 정부주의적 성격을 소재로 삼은 것으로 추측됩니다. 다양한 단원들의 활동 을 생생하게 그려서 개봉 당시에 많은 관객을 모았습니다.

〈아나키스트〉가 느와르와 액션의 시원시원함을 보여 준다면, 〈암살〉은 조 금 더 섬세한 느낌이 듭니다. 여러 실존 인물을 모티브로 하여 캐릭터를 구 성하였고, 반전의 재미가 있습니다. 하지만 실존 인물과 극중 인물의 활동 시대가 맞지 않고, 사실관계가 다른 부분이 있어 영화를 볼 때 이를 사실로 받아들이지 않도록 주의해야 합니다.

〈밀정〉은 일제 강점기 실존 인물인 황옥 경부(경찰의 직책)를 모티브로 한 영화입니다. 이중 첩자로 활동한 황옥 경부는 오늘날까지도 친일 반민족 행 위자인지, 독립 운동가인지 논란이 있는 인물입니다. 영화는 이 인물을 중심 으로 반전에 반전을 거듭합니다.

〈박열〉(2017)은 조금 더 직접적으로 실존 인물의 삶을 그린 영화입니다. 제목 그대로 일본에서 활동했던 무정부주의자(아나키스트) 박열이 주인공입니다. 1920년대 일본 본토의 상황과 1923년에 발생한 일본 간토 대지진 당시 조선인 학살에 대해 생생하게 그리고 있습니다.

〈봉오동 전투〉(2019)는 1920년의 봉오동 전투를 그린 영화입니다. 영화를 통해 봉오동 전투가 그저 시험에서 한 문제 더 맞히기 위한 암기 대상이 아니라 독립 운동가들이 각고의 노력과 헌신으로 일구어낸 귀중한 승리라는 사실을 알게 됩니다.

〈말모이〉(2019)는 우리말을 지키기 위해 노력한 조선어 학회를 소재로 한 영화입니다. 1930~1940년대 활동한 조선어 학회가 《우리말 큰사전》을 편찬하기 위해 얼마나 피나는 노력을 했는지 알 수 있습니다. 영화 후반 조선어 학회 사건으로 조선어 학회가 탄압받는 장면이 등장해 우리를 안타깝게 하지만 광복 후 사라졌던 《우리말 큰사전》 원고가 발견되는 장면도 영화 마지막에 등장하여 가슴을 쓸어내리게 합니다.

〈동주〉(2016)는 일제 강점기 저항 시인인 윤동주의 일대기를 그린 영화입니다. 윤동주의 학창시절, 일본 유학 시절, 그리고 감옥 생활을 어두운 색채로 보여 줍니다. 특히 영화 중간중간에 실제 윤동주의 시가 낭송되며 감성을 자극합니다.

일본군에 강제로 끌려갔던 위안부를 소재로 한 영화도 있습니다. 〈귀향〉(2016)은 당시 일본군 '위안부'로 끌려갔던 강일출의 실화를 바탕으로 만들어진 영화입니다. 민감한 소재를 직접적으로 다뤘다는 점에서 개봉 당시에 큰 관심을 모았습니다.

〈아이 캔 스피크〉(2017)는 일본군 위안부를 현재적 관점에서 다소 코믹하게 그려 낸 영화입니다. 구청에 민원을 넣는 것으로 악명 높은 할머니가 막 부임한 신규 공무원에게 기를 쓰고 영어를 배우려고 하는데 그 이유는 무엇일까요? 영화 속에서 답을 찾아보세요.

3·1 운동의 상징인 유관순을 소재로 한 영화도 있습니다. 〈항거〉(2019)는 유관순이 서대문 감옥에 갇혀 보낸 1년간의 이야기를 그렸습니다. 정작 이름 외에는 아는 것이 별로 없는, 교과서 속 사진으로만 접하는 유관순에 대해서 더 깊이 알 수 있는 계기가 될 것입니다.

개화기

진개화파
상록 왜양일체론
군납치
정총
립문 헤이그
김홍집
우금치
대성학교
고종강제퇴위
매일신보 별기군
혁 김오그
을미사변
인양요

빈출 키워드

개화기에서 가장 많이 출제되었던 주제는 갑신정변과 을사늑약입니다. 이 중에서도 갑신정변의 경
우 출제에 활용되는 키워드가 한정적입니다. 갑신정변의 주역인 급진 개화파와 김옥균에 집중된 것
을 알 수 있습니다. 을사늑약의 경우에는 외교권 박탈, 통감부 설치라는 조약 내용과 더불어 고종이
을사늑약의 부당성을 알리기 위해 파견했던 헤이그 특사에 키워드가 집중되어 있습니다.

개화기

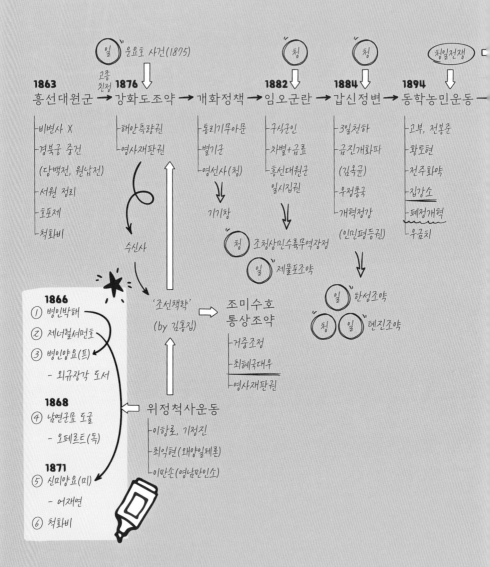

일 운요호 사건(1875) 청 청 청일전쟁

1863 고종 **1876** **1882** **1884** **1894**
흥선대원군 친정 강화도조약 → 개화정책 → 임오군란 → 갑신정변 → 동학농민운동 →

├ 비변사 X   ├ 해안측량권   ├ 통리기무아문   ├ 구식군인   ├ 3일천하   ├ 고부, 전봉준
├ 경복궁 중건 └ 영사재판권   ├ 별기군   ├ 차별+급료   ├ 급진개화파   ├ 황토현
│ (당백전, 원납전)   └ 영선사(청)   ├ 흥선대원군   │ (김옥균)   ├ 전주화약
├ 서원 정리   │ 일시집권   ├ 우정총국   ├ 집강소
├ 호포제   기기창   ├ 개혁정강   ├ 폐정개혁
└ 척화비   (인민평등권) └ 우금치
                                청 조청상민수륙무역장정
        수신사
                                일 제물포조약

                    '조선책략'   조미수호
                    (by 김홍집) 통상조약   일 한성조약
1866
① 병인박해   ├ 거중조정   청 일 톈진조약
② 제너럴셔먼호   ├ 최혜국대우
③ 병인양요(프)   └ 영사재판권
   - 외규장각 도서
1868   위정척사운동
④ 남연군묘 도굴
   - 오페르트(독) ├ 이항로, 기정진
1871   ├ 최익현(왜양일체론)
⑤ 신미양요(미)   └ 이만손(영남만인소)
   - 어재연
⑥ 척화비

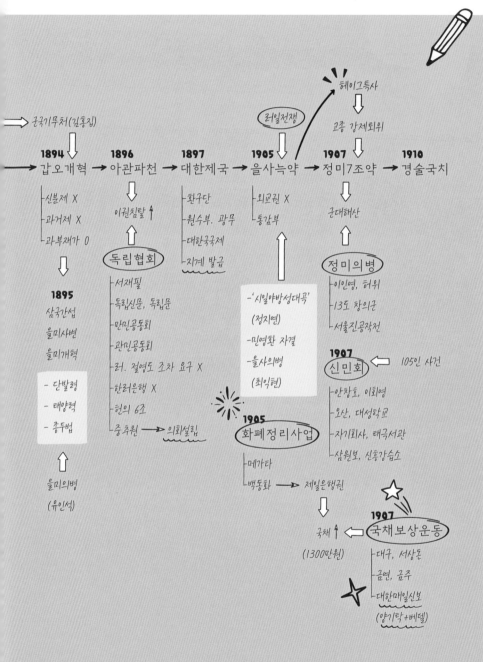

군국기무처(김홍집)

1894 갑오개혁 → **1896** 아관파천 → **1897** 대한제국 → **1905** 을사늑약 → **1907** 정미7조약 → **1910** 경술국치

러일전쟁

헤이그특사

고종 강제퇴위

- 신분제 X
- 과거제 X
- 과부재가 O

이권침탈 ↑

독립협회

- 환구단
- 원수부. 광무
- 대한국국제
- 지계 발급

- 외교권 X
- 통감부

군대해산

정미의병

- 이인영, 허위
- 13도 창의군
- 서울진공작전

1895
삼국간섭
을미사변
을미개혁

- 서재필
- 독립신문, 독립문
- 만민공동회
- 관민공동회
- 러. 절영도 조차 요구 X
- 한러은행 X
- 헌의 6조
- 중추원 → 의회설립

- '시일야방성대곡'
(정지연)
- 민영환 자결
- 을사의병
(최익현)

1907
신민회 ⇐ 105인 사건

- 안창호, 이회영
- 오산, 대성학교
- 자기회사, 태극서관
- 삼원보, 신흥강습소

- 단발령
- 태양력
- 종두법

을미의병
(유인석)

1905
화폐정리사업

- 메가타
- 백동화 → 제일은행권

국채 ↑
(1300만원)

1907
국채보상운동

- 대구, 서상돈
- 금연, 금주
- 대한매일신보
(양기탁+베델)

조선 시대를 떠올려 보세요. 상투를 틀고 갓을 쓴 사람이 떠오르나요? 우리는 언제부터 지금처럼 머리카락을 짧게 자르기 시작했을까요?

다시 조선 시대를 떠올려 보세요. 양반에게 머리를 조아리는 노비가 떠오르나요? 신분제는 언제 없어졌을까요?

한 번 더 조선 시대 집을 떠올려 보세요. 기와집 또는 초가집이 떠오르나요? 우리는 언제부터 지금처럼 콘크리트와 철근을 이용해 건물을 짓기 시작했을까요? 우리는 언제부터 빵과 파스타를 먹기 시작했을까요? 우리는 언제부터 한복 대신 양복을 입기 시작했을까요? 우리는 언제부터 전기와 전화를 쓰기 시작했을까요? 기차와 자동차는 언제부터 타기 시작했을까요?

위 질문들의 답은 모두 지금부터 살펴볼 이 시기에 집중됩니다. 바로 개화기입니다. 개화기는 구한말이라고도 부르는데, 조선 말~대한 제국 시기를 의미합니다. 시대구분은 시대에 따라 학자에 따라 조금씩 달라지는데, 2015 개정 교육과정에서는 개화기를 흥선 대원군(1863)부터 국권 피탈(1910)까지로 보고 단원을 설정했습니다. 한편, 2022 개정 교육과정에서는 강화도 조약(1876)부터 국권 피탈(1910)까지로 설정했습니다.

나라로 따지면 분명 조선인데 왜 이렇게 시기를 따로 구분할까요? 이 시기는 이전의 조선과는 차원이 다른 변화가 이루어졌기 때문입니다. 이제부터 그 변화의 소용돌이 속으로 떠나 볼까요?

횟수	흥선대원군		개항		개화추진과 반발			근대국가수립노력			
	흥선대원군	양요	강화도조약	조미수호통상조약	개화정책	위정척사운동	임오군란	갑신정변	동학농민운동	갑오개혁	을미사변과 아관파천
	5	7	4	3	2	2	6	13	11	1	5
24-수			✔				✔		✔		
23-10	✔								✔		
24-9				✔				✔			✔
23-7			✔					✔			
24-6	✔										✔
23-4		✔	✔								
23-3		✔						✔	✔		
23-수	✔					✔		✔			
22-10							✔	✔			
23-9	✔						✔				✔
22-7		✔						✔	✔		
23-6				✔		✔			✔		
22-4		✔					✔				
22-3					✔		✔		✔		
22-수				✔					✔		
21-10		✔			✔						
22-9								✔			
21-7								✔			
22-6										✔	
21-4							✔				✔
21-3	✔										✔
21-수									✔		
20-10								✔	✔		
21-9								✔			
20-7		✔						✔	✔		
21-6									✔		
20-4		✔						✔			
20-3			✔					✔			

개화기는 기존에는 3문항 출제되다가 교육과정이 개정되면서부터는 5문항씩 출제되고 있습니다. 출제 비중이 대폭 늘었습니다. 그러다 보니 출제 주제의 범위도 확장되었습니다. 그동안 잘 보이지 않던 흥선 대원군, 경제 파트가 출제되기 시작했습니다. 전통적으로 갑신정변과 을사늑약이 자주 출제되었으니, 기본적으로 잘 정리해 두어야 합니다.

개화기는 어느 정도 정형화되어 출제되는 경향이 있으므로 짝이 되는 키워드를 한 묶음으로 정리해 두면

독립협회	대한제국	을사늑약	정미7조약	의병	애국계몽운동	신민회	경제침탈과 구국운동	화폐정리 사업	국채보상 운동	신문
8	7	15	2	2	1	4	3	3	8	4
		✔			✔					
	✔	✔								✔
						✔			✔	
		✔							✔	
✔		✔					✔			
	✔			✔				✔		
	✔							✔		
		✔							✔	
✔		✔							✔	
✔							✔	✔		
✔		✔								
	✔								✔	
	✔					✔				✔
✔									✔	
						✔				
✔			✔							
✔										✔
	✔					✔				
		✔								
		✔					✔			
		✔								
		✔							✔	
		✔								✔
✔			✔							
		✔							✔	
	✔	✔								
				✔						

빠르게 정답을 찾아 나갈 수 있습니다. 예를 들어, 국채 보상 운동-《대한매일신보》, 을사늑약-헤이그 특사가 여기에 해당합니다. 왼쪽 키워드가 자료로 나오면 오른쪽 키워드가 정답으로, 오른쪽 키워드가 자료로 나오면 왼쪽 키워드가 정답으로 많이 출제된다는 뜻입니다.

흥선 대원군

우리가 알고 있는 조선 시대 왕은 주로 '종'이나 '조'로 끝납니다. 물론 예외도 있습니다. 연산군, 광해군과 같이 반정으로 왕위에서 쫓겨난 왕의 경우에는 '군'으로 끝나기도 합니다.

그렇다면 오늘의 주인공, 흥선 대원군은 어떤 경우일까요? 그냥 '군'도 아니고 '대원군'이니 뭔가 더 대단한 위치에 있었던 것이 분명해 보입니다. 흥선 대원군은 조선 26대 왕 고종의 아버지입니다. 왕조 국가에서는 아버지가 사망한 다음 아들이 왕위를 물려받습니다. 그런데 이 경우, 아들 고종이 임금인데 아버지 흥선 대원군이 멀쩡히 살아 있는 걸 보면, 뭔가 이상하죠? 그뿐만 아니라 흥선 대원군은 약 10년 동안 아들 고종을 대신해 국정을 주도하기도 했습니다. 어떻게 이런 일이 가능했을까요?

1863
흥선 대원군 →

-비변사 X
-경복궁 중건
 (당백전, 원납전)
-서원 정리
-호포제
-척화비

1866
① 병인박해
② 제너럴셔먼호
③ 병인양요(프)
 - 외규장각 도서

1868
④ 남연군묘 도굴
 - 오페르트(독)

1871
⑤ 신미양요(미)
 - 어재연
⑥ 척화비

고종의 즉위, 그리고 흥선 대원군의 10년간의 집권

고종이 즉위한 19세기 중반은 안동 김씨, 풍양 조씨 등 힘 있는 몇몇 가문이 권력을 독점하고 있던 세도 정치기였습니다. 이 시기에는 나이가 어린 왕들이 즉위하여 별로 힘을 쓰지 못하고 있었죠. 마침 조선 25대 왕인 철종이 후계자 없이 사망하게 됩니다. 왕실의 큰 어른은 풍양 조씨 가문의 조대비였습니다.

권세에서 밀려난 왕족 흥선 대원군은 왕위를 이을 사람을 결정할 막강한 권한을 가진 왕실의 최고 어른 조대비에게 접근하여 다음 왕을 자기 아들로 삼아 달라고 설득합니다. 흥선 대원군의 노력은 마침내 결실을 보게 되어 그의 아들이 조선 26대 왕으로 지명을 받습니다. 그가 바로 격동기에 재위한 고종입니다. 하지만 이때 고종의 나이는 겨우 10살이었어요. 지금으로 치면 초등학교 3학년에 해당하는 나이입니다. 그래서 약 10년 동안 아버지인 흥선 대원군이 조선이라는 배의 키를 잡게 되었습니다.

흥선 대원군의 국내 개혁

흥선 대원군은 세도 가문을 견제하기 위해 이들이 장악하고 있던 비변사라는 정치 기구의 힘을 대폭 약화하는 대신 원래 조선의 중앙 정치 기구였던 의정부의 기능을 부활시킵니다. 또 이들 가문 출신 외의 인재를 골고루 등용합니다.

한편, 왕실의 권위를 높이기 위해 임진왜란 때 불타버린 경복궁 중건을 지시합니다. 임진왜란 이후 왕들은 불탄 경복궁에서 생활할 수 없어 동쪽 궁궐인 창덕궁에서 생활하고 있었습니다. 그런데 경복궁을 다시 지으려니 돈이 필요했습니다. 아주 많이요. 그래서 홍선 대원군은 당시 유통되던 상평통보의 약 100배 가치를 가진 당백전이라는 고액 화폐를 찍어 냈습니다. 그뿐 아니라 일종의 성금을 걷었는데, 이를 원납전이라고 합니다. 성금은 자발적으로 내는 것인데, 홍선 대원군은 거의 세금처럼 반강제적으로 걷어서 원성을 듣기도 했습니다.

성리학자들이 선배 유학자들의 제사와 제자 교육을 위해 지방에 세운 학교를 서원이라고 합니다. 조선은 성리학을 바탕으로 세워진 나라입니다. 지방 곳곳에 서원이 아주 많았죠. 그런데 이 서원은 세금을 면제받았을 뿐만 아니라 백성들을 강제로 동원하여 일을 시키는 등 폐단이 많았습니다. 그래서 홍선 대원군은 전국에 47개소만 남겨두고 나머지 서원을 모두 없애 버립니다. 이 정책으로 성리학을 공부하던 유생들이 홍선 대원군에게 등을 돌리게 됩니다.

조선 후기 성인 남성은 군역으로 군포를 세금으로 내고 있었습니다. 그런데 지배층 양반은 면제받았습니다. 문제는 조선 후기가 되면 각종 방법으로 양반이 되는 상민이 많아졌다는 점입니다. 즉 세금을 낼 상민이 줄어들고, 세금을 면제받는 양반이 늘어난 것입니다. 당연히 남아 있는 상민들이 부담해야 할 세금은 더 늘어났습니다. 홍선 대원군은 이런 문제를 개선하기 위해 양반들에게도 군포를 내게 하는 호포제를 실시했습니다.

19세기 전반의 국제 정세

이 시기 국제 정세는 어떠했을까요? 고종이 집권할 당시 정세를 세 가지 측면에서 살펴보겠습니다.

첫째, 19세기 초부터 '모양이 이상한' 서양배들이 한반도 앞바다에 나타나 통상을 요구합니다. 이런 배들을 이양선이라고 합니다. 사실 이 배들은 증기선으로 현재 우리 눈에는 이상해 보이지 않습니다. 하지만 나룻배 정도만 접해 보았던 당시 사람들 눈에는 이상하게 보였을 것입니다. 게다가 그 배에 탄 사람들은 피부색이 밝은 서양인들이었습니다. 처음 보는 배와 처음 보는 낯선 사람들이 알아듣지 못할 말을 하니 얼마나 불안했겠습니까?

둘째, 18세기 말부터 청을 통해 서양 선교사들이 들어와서 활동했습니다. 우리나라에도 이 시기 천주교가 전래되었습니다. 그런데 천주교에서 조상에 대한 제사를 거부하고 인간 평등을 강조하자 당시 성리학을 공부했던 지배층 양반들은 천주교에 불만을 품게 됩니다. 이에 따라 고종 이전에도 국가 차원에서 천주교를 금지하고 몇 차례 신자들을 탄압하기도 했습니다.

셋째, 1860년에 제2차 아편전쟁을 중재해 준 대가로 러시아가 연해주 지역을 청으로부터 얻어 냅니다. 이로써 조선은 처음으로 서양 국가 러시아와 국경을 마주하게 되었습니다. 연해주 지역은 한반도 동북쪽 끝자락에 맞닿아 있는 러시아 지역을 의미합니다. 유명한 도시로 블라디보스토크가 있습니다.

흥선 대원군의 통상 수교 거부 정책

조선은 서양 열강 중 특히 러시아를 견제했습니다. 연해주 지역을 경계로 처음 국경을 마주한 러시아가 꾸준히 남하 정책을 추진했기 때문입니다. 흥선 대원군은 러시아를 견제하기 위해 조선에 들어와 있던 프랑스 선교사들을 이용하려고 했습니다. 그런데 프랑스 선교사들은 정치와 종교는 별개의 문제라고 하면서 협조를 거부합니다. 이런 상황에서 양반 유생들이 국내의 천주교 확산을 막으라며 홍선 대원군을 압박합니다. 애초의 계획이 틀어진 데다가 국내 여론을 무시할 수 없었던 홍선 대원군은 1866년(병인년) 대대적인 천주교 탄압을 단행합니다(병인박해).

같은 해 평양 앞바다에는 미국 상선 제너럴셔먼호가 와서 통상을 요구합니다. 조선 관리가 이를 거부하자 대포를 쏘아 댔습니다. 이에 평안감사 박규수의 지휘로 평양 군민이 협동하여 제너럴셔먼호를 불태워 가라앉혀 버립니다(제너럴셔먼호 사건).

병인박해 소식을 전해 들은 프랑스가 가만히 있었을 리 없겠지요? 같은 해 프랑스 함대가 병인박해를 빌미로 강화도로 침략해 옵니다(병인양요). 프랑스의 침입에 맞서 강화도 정족산성에서는 양헌수가, 김포 문수산성에서는 한성근이 활약합니다. 결국 프랑스군은 물러갔습니다. 하지만 퇴각하면서 강화도 외규장각에 보관되어 있던 책들을 약탈해 갔습니다. 외규장각은 왕실 도서관의 별관으로 이곳에는 의궤를 비롯한 귀한 책들이 많이 보관되어 있었습니다. 그러고 보니 1866년 병인년에는 정말 많은 일들이 있었네요.

그로부터 2년 뒤인 1868년에는 독일 상인 오페르트가 통상교섭을 유리하게 이끌기 위해 남연군묘를 도굴하려다가 적발되는 사건이 일어납니다. 남연군은 홍선 대원군의 아버지입니다. 즉, 고종의 할아버지죠. 오페르트는 왕의 할아버지 무덤을 파헤쳐 보물을 훔친 뒤 이를 빌미로 통상을 요구하면 홍선 대원군이 들어줄 것으로 판단했던 모양입니다. 하지만 이 사건으로 홍선 대원군의 서양에 대한 반감은 더 커졌고, 통상 수교 거부 정책은 더욱더 강화됩니다.

1871년 신미년에는 제너럴셔먼호 사건을 빌미로 미국 함대가 침략해 왔습니다(신미양요). 이때 강화도 광성보에서 어재연을 비롯한 조선군이 열심히 싸웠으나 결국 화력에 밀려 전멸하고 맙니다. 미군은 '帥'(장수 수) 자가 새겨진 어재연의 장군 깃발을 약탈해 갔습니다. 미군은 강화도를 뚫고 한강을 타고 한양까지 왔지만, 협상은 불가능할 것으로 판단하고 스스로 물러납니다.

흥선 대원군은 두 차례의 양요를 겪고 난 이후에 전국 교통 요지에 척화비를 세웠습니다. 척화비에는 다음과 같이 쓰여 있었습니다.

"서양 오랑캐가 침입하는데, 싸우지 않으면 화친하자는 것이요, 화친을 주장하는 것은 곧 나라를 팔아먹는 것이다."

흥선 대원군의 통상 수교 거부 정책은 서양 세력의 침략으로부터 나라를 지켰다는 긍정적인 평가와 더불어 시대의 흐름을 읽지 못하고 근대 개혁을 늦췄다는 부정적인 평가를 함께 받습니다. 여러분의 생각은 어떤가요?

긍정적이든 부정적이든 조선에 큰 영향을 끼쳤던 흥선 대원군이 집권했던 시기도 이제 슬슬 저물어 갑니다. 시간이 가면서 어린 고종도 나이를 먹고 서서히 성인이 되고 있었으니까요.

권포인트
레슨

① 흥선 대원군의 국내 개혁 내용을 키워드 중심으로 정리해 두세요.

② 병인박해부터 척화비 건립까지 흥선 대원군 집권 시기 통상 수교 거부 정책과 관련하여 발생한 사건들을 순서대로 정리해 두세요.

③ 병인양요와 신미양요의 발생 배경과 결과를 구분하여 알아 두세요.

037 (가) 인물에 대한 설명으로 옳은 것은?

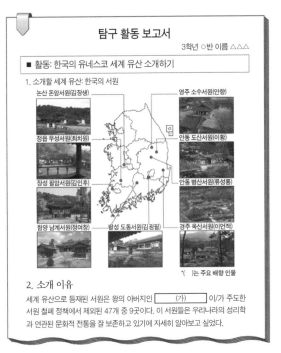

탐구 활동 보고서

3학년 ○반 이름 △△△

■ 활동: 한국의 유네스코 세계 유산 소개하기

1. 소개할 세계 유산: 한국의 서원

논산 돈암서원(김장생)
영주 소수서원(안향)
정읍 무성서원(최치원)
안동 도산서원(이황)
장성 필암서원(김인후)
안동 병산서원(류성룡)
함양 남계서원(정여창)
달성 도동서원(김굉필)
경주 옥산서원(이언적)

*( )는 주요 배향 인물

2. 소개 이유

세계 유산으로 등재된 서원은 왕의 아버지인 [(가)]이/가 주도한 서원 철폐 정책에서 제외된 47개 중 9곳이다. 이 서원들은 우리나라의 성리학과 연관된 문화적 전통을 잘 보존하고 있기에 자세히 알아보고 싶었다.

① 삼국사기를 저술하였다.

② 시무 28조를 건의하였다.

③ 경복궁 중건을 추진하였다.

④ 한인 애국단을 조직하였다.

⑤ 귀주에서 거란군을 격파하였다.

[정답 ③] 흥선 대원군에 대한 전형적인 문항입니다. 자료에서 '서원 철폐' '왕의 아버지'를 통해 (가) 인물이 흥선 대원군임을 알 수 있습니다. 흥선 대원군은 왕실의 권위를 높이기 위해 경복궁을 중건하였습니다 (③).

자료의 많은 부분을 차지하고 있는 서원에 현혹될 필요 없습니다. 출제자들은 텍스트로 키워드를 제시합니다. 따라서 모르는 자료가 나왔다고 하더라도 당황하지 말고 내가 알고 있는 키워드를 찾는 데 집중해야 합니다.

038 밑줄 친 '이 사건'의 배경으로 가장 적절한 것은?

○○신문　　　　△△△△년 △월 △일

다시 찾은 우리 문화유산, 1500여 년 만에 귀환하다

▲ 문조비 신정왕후 왕세자빈 책봉 국학

신정왕후가 왕세자빈으로 책봉될 당시 하사받은 죽책이 150여 년 만에 프랑스에서 돌아왔다. 이 죽책은 강화도 외규장각에 보관되어 있었으나 프랑스군이 강화도에 침입하여 일어난 이 사건으로 인해 불타 없어진 것으로 알려져 왔다. 그러나 2017년에 그 실재가 확인되었고, 이후 여러 단체의 노력에 의해 국내로 환수되었다.

① 단발령이 시행되었다.

② 병인박해가 일어났다.

③ 임오군란이 발생하였다.

④ 조선책략이 유포되었다.

⑤ 아관 파천이 단행되었다.

[정답 ②] 흥선 대원군의 통상 수교 거부 정책과 관련하여 병인양요의 배경을 물어본 문항입니다. 자료에서 '프랑스' '외규장각' '강화도 침입' 등을 통해 밑줄 친 '이 사건'은 1866년에 일어난 병인양요라는 사실을 알 수 있습니다.

병인양요는 1866년 같은 해 일어났던 병인박해(②)를 구실로 프랑스군이 침략한 사건입니다. 이때 프랑스군은 퇴각하며 강화도 외규장각 도서를 약탈해 갔습니다. 병인양요-병인박해-프랑스-외규장각, 신미양요-제너럴 셔먼호 사건-미국-'수' 자가 적힌 기로 묶어서 두 사건을 정리해 두세요.

(가) 인물이 집권했던 시기에 볼 수 있었던 모습으로 옳은 것은?

> 재정이 메말라 일을 할 수 없게 되자 [(가)] 은/는 8도의 부자 명단을 뽑아서 돈을 거두어들였다. 그리하여 파산자가 잇달았다. 이때 거두어들인 돈을 원납전이라 하였는데, 백성들은 입을 비쭉 거리면서 "원납전(願納錢)이 아니라 원납전(怨納錢)이다."라고 말하였다.

① 전차를 타고 출근하는 인부

② 육영공원에서 공부하는 학생

③ 서원 철폐에 반대하는 유생들

④ 독립 신문을 읽고 있는 지식인

⑤ 우정총국 개국 축하연을 준비하는 관료

[정답 ③] 흥선 대원군의 정책을 물어본 문항입니다. 자료에서 '원납전' 등을 통해 (가) 인물이 흥선 대원군임을 알 수 있습니다. 흥선 대원군은 비리의 온상이었던 서원을 47개소만 남기고 통폐합했습니다. 유생들은 이런 흥선 대원군의 정책에 크게 반발했습니다(③).

흥선 대원군은 관련 키워드와 사건이 많아 다양하게 출제될 수 있습니다. 그동안 출제 빈도가 높지 않아 앞으로는 자주 출제될 가능성이 있습니다. 국내 개혁 정책과 통상 수교 거부 정책 모두 키워드 중심으로 정리해 두세요.

개항과 개화,
이에 대한 반발

여러분이 편의점에서 아르바이트를 하고 있습니다. 한 달이 지나고 월급날이 되었는데, 사장이 가게 사정이 어려우니 조금만 기다려 달라고 합니다. 다음 달 월급날에도 똑같이 이야기합니다. 그렇게 13개월 동안 월급이 밀렸습니다. 마침내 사장이 13개월 치 월급을 준다고 합니다. 기쁜 마음으로 출근했더니 정말로 두툼한 돈 봉투를 건네줍니다.

너무나도 신난 나머지 친구들을 다 불러 놀이공원으로 향했습니다. 그곳에서 자유이용권을 끊고 계산하려고 돈 봉투를 연 순간, 너무나 어이가 없어 그만 입이 딱 벌어지고 말았습니다. 봉투 안에 들어 있던 것은 현금이 아니라 보드게임용 모형 지폐였습니다.

이런 상황이라면 여러분은 어떻게 할 것 같아요? 당장 편의점에 쫓아가서 사장을 응징하지 않았을까요? 누구라도 이런 상황에서는 큰 분노를 느낄 것입니다.

믿기 어렵겠지만, 지금부터 140여 년쯤 전 이와 비슷한 일이 일어났답니다.

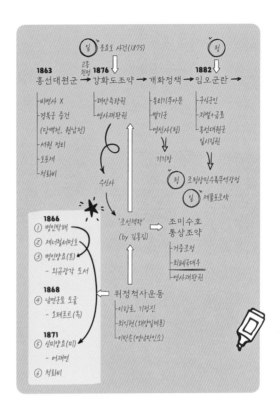

최초의 근대적 조약, 강화도 조약(조·일 수호 조규)

1863년 10살의 나이로 왕위에 오른 고종, 어느덧 세월이 흘러 성년이 되었습니다. 왕이 성인인데 여전히 아버지 흥선 대원군이 정치를 하니 부자 사이에 불편한 상황이 펼쳐졌습니다. 그때 유학자 최익현이 상소문을 올립니다. 고종이 이미 성년인데도 여전히 흥선 대원군이 아직도 정치를 대신하니 혹시 딴마음을 품고 있는 것 아니냐며 흥선 대원군을 비판한 것이지요. 권력 유지의 명분이 없어진 흥선 대원군은 결국 10년 만에 물러갑니다. 바야흐로 고종이 친히 정치를 하는 시기가 온 것입니다.

흥선 대원군 시절의 통상 수교 거부 정책을 유지해야 하느냐에 대해서도 여론이 분분했습니다. 통상을 통해 적극적으로 개화 정책을 추진하자는 **통상 개화론**도 등장했습니다. 그러던 중 1875년 일본 배 운요호가 현재 인천 국제 공항이 있는 영종도 앞바다에 와서 대포를 쏘며 통상 수교를 요구하는 일이 벌어집니다(**운요호 사건**). 20여 년 전에 일본도 미국으로부터 이와 비슷한 일을 당했거든요. 자기들이 당한 그대로 조선에 한 것입니다.

이 사건을 계기로 조선은 일본과 **강화도 조약**(조·일 수호 조규)을 체결하게 됩니다(1876). 최초의 근대적 조약이자 불평등 조약인 강화도 조약에는 인천, 부산, 원산의 3개 항구 개항, **해안 측량권 허용, 영사 재판권 허용** 등이 명시되었습니다. 영사 재판권은 개항장 안에서 일본인이 죄를 지었을 때 이것을 조선법이 아닌 일본법에 따라 처벌할 수 있는 권리를 말합니다. 즉, 조선 땅 안에 있는 개항장이라 할지라도 일본인의 죄는 조선이 물을 수 없다는 뜻입니다.

최혜국 대우를 인정한 미국과의 수교

개항한 조선은 일본에 **수신사**라는 이름의 외교관을 파견하게 되었습니다. 2차 수신사로 일본에 갔던 김홍집은 그곳에 와 있던 청 관리 황쭌셴과 나눈 대화를 적은 《조선책략》이라는 작은 문서를 들고 들어옵니다. 《**조선책략**》에는 러시아를 막기 위해서 중국과 친하게 지내고, 일본과 조약을 체결하고, 미국과 연합해야 한다는 내용이 적혀 있었습니다. 이미 중국과는 친하고 일본과 조약을 맺었으니 남은 것은 미국과 연합하는 일뿐입니다.

《조선책략》에 나온 대로 조선 정부는 미국과의 조약 체결을 준비하게 됩니다. 이 소식이 전해지자 영남 지역의 유생들이 이만손을 중심으로 《조선책략》에 반대하는 내용으로 상소문을 올립니다(**영남 만인소**).

유생들의 반발이 심해지는 가운데 결국 조선 정부는 청의 주선으로 미국과 조·미 수호 통상 조약을 체결하게 됩니다(1882). 이 조약은 최초로 서양 국가와 체결한 근대적 조약입니다. 여기에는 거중 조정, 최혜국 대우, 영사 재판권, 협정 관세 등이 포함되었습니다. 거중 조정이란 조선이나 미국이 제 3국과 분쟁이 생겼을 시 분쟁을 원만하게 해결하기 위해 조약 당사국이 적극적으로 나선다는 조항입니다. 즉, 우리나라가 곤경에 처하면 미국이 나서서 해결에 힘써 준다는 것이지요. 나중에 일본의 국권 침탈이 심해지자 고종이 이 조항을 들어 미국에 중재를 요청합니다만, 미국은 계속 모른 척합니다.

최혜국 대우는 '최고의 혜택을 받는 국가로 대우한다.'라는 조항입니다. 일명 자동 업그레이드 조항인데요. 나중에 조선이 다른 나라와 지금보다 더 좋은 조건으로 조약을 맺었을 때, 미국에도 그와 같은 좋은 조건을 자동으로 적용해 준다는 뜻입니다.

외국 상품에 붙는 세금을 관세라고 합니다. 강화도 조약에는 없던 관세 조항이 조미 수호 통상 조약에는 들어갑니다. 이는 우리 산업을 보호하기 위한 조치였습니다.

조미 수호 통상 조약 체결 후 조선 정부는 미국에 보빙사를 파견하였는데, 이들은 미국 대통령에게 큰절을 올려 서양 사람들의 호기심을 자극했습니다.

개화 정책의 추진과 임오군란

좋든 싫든 간에 개항하면서 조선은 세상에 나오게 되었습니다. 변화의 물결 속에 올라타 여러 개혁을 추진할 수밖에 없는 상황을 맞은 거죠. 항구를 여는 것을 '개항', 여러 근대 개혁을 '개화'라고 합니다.

조선은 개화 정책을 총괄하기 위한 기구로 통리기무아문을 설치합니다. 또, 청에 영선사를, 일본에 조사 시찰단을 각각 파견하여 개혁을 어떻게 하는지 보고 배워오게 합니다. 영선사의 영향으로 조선에는 최초의 근대 무기 공장인 기기창이 설립됩니다.

조선은 국방력 강화를 위해 군대 개혁도 추진했습니다. 기존의 5군영을 2영으로 통폐합하고, 새롭게 신식 군대인 별기군을 창설했습니다. 별기군은 구식 군인보다 좋은 대우를 받았고, 일본인 교관에게서 훈련받았습니다.

문제는 개화 정책을 추진하는 과정에서 구식 군인들의 불만이 높아졌다는 점입니다. 별기군에 비해 처지가 열악했고 차별을 받는 것도 억울한 노릇인데, 월급도 제때 받지 못했습니다. 그러다가 드디어 13개월 만에 밀린 월급을 받게 되었습니다. 그런데 이게 무슨 일인가요? 당시에는 쌀로 월급을 받았는데, 이들이 받은 쌀에는 모래와 쌀겨가 뒤섞여 있는 거예요. 쌀의 양을 줄이고 모래와 쌀겨를 섞어 부피와 무게를 맞춘 것입니다. 마침내 구식 군인들의 불만이 폭발합니다.

이렇게 1882년 구식 군인들의 반란, 즉 임오군란이 일어났습니다. 개항으로 인해 일본으로 과도하게 쌀을 수출하면서 먹고살기가 힘들어진 빈민들까지 합세하여 임오군란은 규모가 확대되었습니다. 이들은 일본인 교관을 살해하고 일본 공사관을 불태워 버리면서 분노를 표출했습니다. 그리고 개화 정책을 추진하고 있던 외척 민씨 세력을 처단하기 시작했습니다. 민비 명성황후는 친정으로 도망갔고, 고종은 혼란을 어떻게 수습할지 몰라 아버지 흥선 대원군에게 전권을 위임해 버립니다. 다시 돌아온 흥선 대원군은 모든 개화 정책을 무효로 돌려 버려요.

하지만 얼마 지나지 않아 청나라 군대가 들어와서 반란에 가담한 주모자들을 체포하고 난을 진압합니다. 그리고 군란을 수습하던 흥선 대원군을 청으로 강제로 데려가요. 그뿐 아니라 조청 상민 수륙 무역 장정을 체결하여 청 상인이 개항장을 벗어나 내륙까지 들어와 장사할 수 있는 길을 열었습니다. 군란 진압 후에도 군대를 남겨 놓고 마젠창, 묄렌도르프 등을 파견하여 내정과 외교에 간섭을 강화했습니다.

한편, 일본은 조선에 사과와 배상을 요구했습니다. 그 결과 조선은 일본과 제물포 조약을 체결하여 배상금을 물고, 일본 공사관을 지키기 위한 일본군 주둔을 허용하게 되었습니다.

이로써 조선에는 청나라 군대와 일본 군대가 모두 주둔하게 되었습니다.

성리학 질서를 지켜라, 위정척사 운동

서양 열강들의 통상 요구와 개항, 그리고 개화 정책을 추진하기까지 조선은 짧은 시기에 아주 많은 일을 겪었습니다. 이 과정에서 기존의 성리학적 질서를 지키고자 했던 양반 유생들은 상소를 올리며 반대 운동을 전개해 나가기도 했는데요, 이러한 운동을 위정척사 운동이라고 합니다.

1860년대 이양선이 나타나 통상을 요구할 때 이항로, 기정진 등은 통상에 반대하는 상소를 올렸습니다. 1870년대 일본과 강화도 조약을 체결할 즈음에는 최익현이 '일본과 서양은 한통속이다.'라는 왜양일체론을 내세워 반대했습니다. 1880년대 개화 정책이 추진되고 《조선책략》이 국내에 유포되던 시기에는 이만손을 중심으로 영남 유생들이 영남 만인소를 올려 반대했습니다.

지금까지의 이야기를 잘 떠올려 보세요. 이들의 요구는 어느 것도 수용되지 않았음을 알 수 있습니다. 1890년대 들어서면서 양반 유생들은 붓을 내려놓고 무기를 들고 항일 의병 활동에 직접 뛰어들게 됩니다.

위정척사 운동은 양반 중심의 기존 질서를 지키고자 했다는 한계가 있지만, 다른 한편으로는 외세의 침략을 저지하고자 했다는 점에서 의의를 지닙니다. 지금 우리의 시각으로 보면 조금 시대착오적으로 보이지만 당시 이들은 절박한 심정으로 목숨 잃을 각오까지 하면서 저항했답니다.

원포인트
레슨

① 강화도 조약과 조·미 수호 통상 조약의 체결 배경과 내용(공통점과 차이점)을 정리해 두세요.

② 임오군란의 배경과 전개, 결과를 알아 두세요.

③ 위정척사 운동의 주도 계층, 사례, 목표를 정리해 두세요.

2024-대학수학능력시험

039 (가)에 들어갈 내용으로 가장 적절한 것은? [3점]

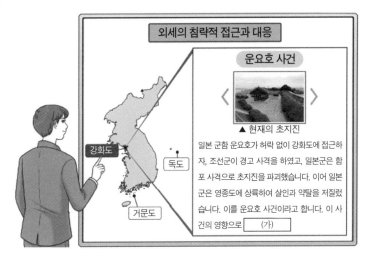

외세의 침략적 접근과 대응

운요호 사건

▲ 현재의 초지진

일본 군함 운요호가 허락 없이 강화도에 접근하자, 조선군이 경고 사격을 하였고, 일본군은 함포 사격으로 초지진을 파괴했습니다. 이어 일본군은 영종도에 상륙하여 살인과 약탈을 저질렀습니다. 이를 운요호 사건이라고 합니다. 이 사건의 영향으로 (가)

① 제너럴 셔먼호 사건이 발생하였습니다.

② 정동행성 이문소가 폐지되었습니다.

③ 조·일 수호 조규가 체결되었습니다.

④ 병인양요가 발발하였습니다.

⑤ 인조반정이 일어났습니다.

[정답 ③] 운요호 사건을 자료로 제시하고 강화도 조약(조·일 수호 조규)을 물어본 문항입니다. 자료에 나타난 운요호 사건을 빌미로 일본은 조선에 개항을 강요합니다. 그 결과 1876년 최초의 근대 조약이자 불평등 조약인 강화도 조약(조·일 수호 조규)이 체결되었습니다(③).
'강화도 조약'이라고 나왔다면 난이도가 평범한 문항이었을 텐데, 조약의 공식 명칭인 '조·일 수호 조규'가 제시되면서 수험생들의 체감 난이도가 올라갔습니다. 지금까지는 '강화도 조약'으로 제시되다가 이번에 처음으로 '조·일 수호 조규'가 제시된 만큼 앞으로 공부할 때는 함께 알아 두는 게 좋겠습니다.

2023-대학수학능력시험

040 (가)에 들어갈 내용으로 가장 적절한 것은? [3점]

학습 주제: ⎣ (가) ⎦

이항로 등은 열강의 통상 요구를 거부하고 침략에 맞서 싸우자고 주장했어.

최익현은 왜양일체론을 내세우며 개항에 반대했어.

이만손 등 영남의 유생들은 만인소를 올려 서양 열강과의 수교를 반대했지.

① 새마을 운동의 목적

② 위정척사 운동의 전개

③ 물산 장려 운동의 영향

④ 6·10 만세 운동의 결과

⑤ 애국 계몽 운동의 내용

[정답 ②] 위정척사 운동에 대한 문항입니다. 자료에서 '이항로' '통상 요구 거부' '왜양일체론' '수교 반대' 등을 통해 위정척사 운동에 관해 대화를 나누고 있음을 알 수 있습니다(②).
위정척사 운동은 각각의 사례를 물어보기보다 각 사례를 자료로 제시하고 주제(위정척사 운동)를 찾아보게 하는 형태로 자주 출제됩니다. 또는 위정척사 운동의 주도 세력이나 목적을 물어보기도 합니다. 모두 다 난이도는 낮은 편입니다.

041 다음 자료를 활용한 탐구 주제로 가장 적절한 것은?

> 어윤중이 청의 마건충과 필담을 나누며 이르기를, "우리나라는 근래에 재정이 고갈되어 구식 군인들에게 몇 달째 급료도 지불하지 못하였습니다. 월초에 급료를 줄 때에 창고지기가 썩은 것을 나누어 주었고 또 용량도 지키지 않아서, 군인들이 창고지기와 크게 다투었습니다. 창고의 책임자가 군인들을 잡아 법으로 다스리려 하자 군인들이 궁궐에 들어가 고관들을 살해하였습니다."라고 하였다.

① 임오군란의 전개

② 북벌 운동의 배경

③ 조선 혁명군의 활동

④ 브나로드 운동의 결과

⑤ 물산 장려 운동의 영향

[정답 ①] 임오군란에 대해 물어본 문항입니다. 자료에 '구식 군인들' '급료' 등이 제시된 것을 통해 1882년에 발생한 임오군란의 배경을 설명하고 있음을 알 수 있습니다(①).
구식 군인들에 대한 차별과 밀린 급료 문제로 시작된 임오군란은 청군에 의해 진압되었습니다. 임오군란의 경우 배경이나 결과를 많이 물어봅니다. 핵심 키워드는 '구식 군인'입니다. 난이도는 보통입니다. 다만, 제물포 조약이 갑신정변의 결과 체결한 한성 조약과 헷갈릴 수 있으니 확실히 정리해 두세요.

자료의 상황이 전개된 시기를 연표에서 옳게 고른 것은?

> 구식 군인들이 봉기를 일으켜 민씨 일족들의 집을 습격하고 왕궁
> 및 일본 공사관 등을 공격하였다. 이 와중에 별기군을 가르치던
> 호리모토가 죽임을 당하였다. 공사를 비롯한 공사관의 인원들은
> 봉기를 피해 인천으로 퇴각한 후 나가사키로 귀환하였다.

	(가)	(나)	(다)	(라)	(마)	
강화도조약 체결		통리기무아문 설치	청·일 전쟁 발발	대한제국 수립	러·일 전쟁 발발	한일병합조약 체결

① (가) 　　② (나) 　　③ (다) 　　④ (라) 　　⑤ (마)

[정답 ②] 임오군란이 일어난 시기를 물어본 연표형 문항입니다. 자료의 '구식 군인' 등을 통해 자료는 임오군란 당시의 상황이라는 것을 알 수 있습니다. 임오군란은 통리기무아문이 설치되고 난 다음 개화 정책이 추진되는 과정에서 일어났습니다. 이때는 1882년으로 청·일 전쟁(1894)이 일어나기 전입니다. 따라서 정답은 ②입니다.

근현대사는 사건이 촘촘하게 일어나서 어려움을 겪을 수 있습니다. 연도까지 알면 완벽하겠지만 현실적으로 모든 사건의 연도를 암기할 수 없으므로 사건의 순서라도 잘 알아 두도록 합니다.

갑신정변

대기업의 재벌 3세들이 모여 '대기업 해체' '경제적 평등'을 외치며 청와대를 점령하는 시위를 벌인다면 어떨까요? 이런 일이 현실에서 일어날까요?

믿기 어렵겠지만, 지금으로부터 약 140년쯤 전에 이와 비슷한 일이 있었습니다. '3일 천하'라는 별칭으로도 불리는 갑신정변입니다. 이번 장에서는 갑신정변의 발생과 전개, 영향까지 정리해 보겠습니다.

개화파의 분화와 정변의 준비

임오군란 이후 청의 간섭이 심해졌습니다. 개화사상을 가지고 있던 개화파는 청에 대한 태도와 개혁의 속도를 놓고 두 개의 세력으로 나뉩니다. 먼저, 청에 대해 우호적인 태도를 보였던 김홍집 등의 온건 개화파가 있습니다. 이들은 청을 개혁의 모델로 삼고 동도서기론을 바탕으로 개혁을 추진하

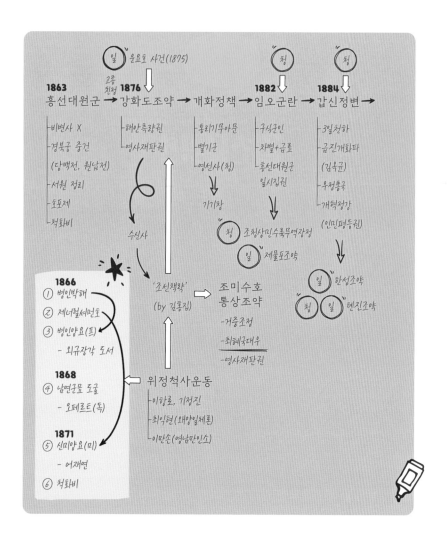

려고 했습니다. 동도서기론이란 '도는 동양의 것으로 삼고, 서양의 기술만 배우자.'는 주장입니다. 즉, 정치 체제는 그대로 두고 기술적인 것 위주로 받아들이자는 것입니다. 청에서도 이런 방향으로 개혁을 추진했는데 이를 양무운동이라고 합니다. 온건 개화파는 청의 양무운동처럼 조선을 개혁하려고 했습니다.

한편, 김옥균 등 급진 개화파는 청보다는 일본의 메이지 유신을 모델로 삼고, 문명 개화론을 토대로 급진적인 개혁을 추구했습니다. 일본의 메이지 유신은 정치 체제와 제도 개혁까지 포함한 매우 급진적인 개혁이었습니다. 급진 개화파는 조선도 이와 같이 정치 체제까지 포함하여 개혁해야 한다고 생각했습니다.

하지만 정권을 잡고 개혁을 추진하던 세력은 온건 개화파였습니다. 이에 김옥균, 박영효, 홍영식, 서광범, 서재필 등은 정변을 통해 집권파를 제거하고 정권을 장악하기 위해 모의를 하게 됩니다. 마침 베트남을 두고 청·프 전쟁이 일어나자 임오군란 이후 조선에 주둔하던 청의 군대 중 상당수가 빠져나간 상황이었습니다. 김옥균은 일본 공사의 지원을 약속받고 거사 날짜를 정했습니다. 거사 일은 지금의 우체국이라고 할 수 있는 우정총국 개국 축하연이 있던 1884년 12월 4일로 정해졌습니다. 우정총국 개국 축하연에는 각국 공사 및 정부 고위 관리들이 다 참여하기 때문에 일시에 권력을 장악하는 것이 가능할 것이라고 판단했던 것이지요.

갑신정변의 전개

거사 일이 되었습니다. 김옥균을 비롯한 급진 개화파는 우정총국 개국 축하연에서 정변을 일으킵니다. 급진 개화파는 정치적 주도권을 잡고 새 정부 구성을 선포했습니다. 그리고 14개 조항으로 이루어진 개혁 정강을 발표합니다. 주요 내용은 다음과 같습니다.

1. 대원군을 가까운 시일 내에 모셔 올 것
2. 문벌을 폐지하여 인민 평등의 권리를 제정할 것

3. 전국적으로 지조법을 개혁할 것

4. 재정은 모두 호조에서 담당할 것

5. 대신과 참찬은 매일 회의하여 정사를 결정한 뒤에 왕에게 아뢴 다음 시행할 것

이중 '대원군 귀국'은 임오군란의 책임자로 청이 강제로 데려간 것을 떠올리면 됩니다. 갑신정변이 1884년, 임오군란이 1882년이니 그때까지 흥선대원군은 청에 억류되어 있었던 것이지요.

문벌 폐지를 눈여겨볼 필요가 있습니다. 갑신정변을 일으킨 주역들의 신분이 어땠을지 생각해 보세요. 평등을 강조했으니 왠지 신분이 낮았을 것 같지요? 하지만 이들은 대체로 명문 가문 출신의 자제들로 조선의 지배층에 속했습니다. 김옥균은 당시 세도 가문 중 안동 김씨의 자손이었고, 박영효는 철종의 사위였습니다. 가만히 숨만 쉬고 살아도 평생 먹고사는 데 지장이 없을 '금수저'였던 셈입니다. 그런데도 문벌 폐지와 인민 평등을 주장했다는 것은 자신들이 가진 기득권을 내려놓겠다는 뜻이었습니다.

재정을 모두 호조에서 관할하라는 것은 재정 일원화를 하라는 뜻입니다. 당시에는 관청마다 따로따로 세금을 걷고 자금을 사용했습니다. 그러다 보니 나라 전체의 재정 규모가 어느 정도 되는지 파악하기도 힘들었을 뿐 아니라 백성들은 이중 삼중으로 세금을 내는 일이 자주 있었습니다. 그래서 나라의 돈과 관련된 모든 일은 호조라는 기구에서만 관리하라는 것입니다.

3일 천하로 끝난 갑신정변이 남긴 것

갑신정변은 3일 만에 진압당했기 때문에 '3일 천하'라고도 부릅니다. 누가

진압했을까요? 이번에도 청입니다. 청의 군대가 급진 개화파의 예상보다 빨리 개입하면서 정변은 실패로 돌아가고 맙니다. 홍영식은 그 자리에서 사망하고 김옥균을 비롯한 나머지 인물들은 일본으로 몸을 피했습니다.

갑신정변 이후 조선은 일본과 한성 조약을 체결하여 배상금을 다시 한번 물어줍니다. 한편, 청과 일본은 1885년 톈진 조약을 체결하여 조선에 다시 출병할 일이 생기면 서로 연락하기로 약속하고 군대를 함께 철수시킵니다.

임오군란과 갑신정변을 모두 진압한 청이 조선에 행사하는 영향력은 더욱 커져 갔습니다. 이런 상황이 불편해진 조선은 러시아에 접근해 청을 견제하고자 했습니다. 그런데 엉뚱하게도 이 소식을 전해 들은 영국이 남해의 섬 거문도를 불법 점령해 버립니다(거문도 사건). 영국은 유럽과 서아시아에서 계속해서 러시아와 대립하고 있었거든요. 그래서 동아시아에서 러시아의 동태를 살피고 견제한다는 명분으로 허락도 없이 거문도를 점령했습니다.

갑신정변 이후 청과 일본, 러시아와 영국 등 한반도를 놓고 점점 더 많은 제국주의 열강이 얽히게 되자 독일 영사 부들러와 유길준 등은 유럽 스위스처럼 한반도를 중립국화하자는 조선 중립화론을 제기했습니다. 하지만 주변국들이 인정해 주지 않아 이 주장이 실제 이루어지지는 못했습니다.

일본으로 피신한 갑신정변의 주역들은 어떻게 되었을까요? 김옥균은 '역적 우두머리'로 찍혀 고종이 보낸 자객에 의해 청에서 암살당합니다. 김옥균의 머리는 한동안 저잣거리에 걸려 있었습니다. 원래 반란을 일으킨 죄인은 처형한 후 머리를 사람이 많이 다니는 거리에 전시해 두었는데, 이는 본보기를 보여 주기 위한 것이었습니다.

박영효는 약 10년 뒤 귀국하여 김홍집과 함께 갑오개혁을 이끌어 가다가 일제 강점기에는 작위를 받고 잘 먹고 잘삽니다. 서광범도 10년 뒤 귀국하여 김홍집 내각에서 활약합니다. 이후 미국으로 건너가 병으로 생을 마칩니다.

서재필 역시 10여 년 뒤 귀국하여 정부의 지원으로 《독립신문》을 발간하고 독립 협회를 조직해 활동합니다. 이후 미국으로 건너가 의사로 생활하다가 해방 후 1951년에 나이 들어 사망합니다.

3일 만에 실패한 갑신정변을 왜 우리는 중요하게 다룰까요? 그것은 앞에서 살펴본 바와 같이 기득권층이 희생을 무릅쓰고 일으킨 최초의 정치 개혁 운동이었기 때문입니다. 이들의 주장 중 인민 평등권, 재정 일원화 등은 10년 뒤 갑오개혁에서 실현되었습니다. 하지만 민중들을 설득하여 지지 기반을 넓히기보다 지나치게 일본에 기대어 정변을 일으켰다는 한계가 있습니다.

원포인트 레슨

① 갑신정변의 주도 세력과 전개 과정을 키워드로 정리해 두세요.

② 갑신정변 때 발표된 개혁 정강의 주요 내용을 정리해 두세요.

③ 갑신정변 이후 체결된 조약들과 사건을 알아 두세요.

042 밑줄 친 '변란'의 영향으로 가장 적절한 것은?

> 우정총국 개국 축하연에서 <u>변란</u>이 일어나자 김옥균과 박영효 두 사람은 왕궁으로 달려갔다. 그리고 침전에 있던 왕에게 난이 일어났으니 거처를 옮기자고 건의하였다. …(중략)… 왕은 경우궁으로 피신하면서 김옥균의 의견에 따라 일본 공사관에 사람을 보냈다. 경우궁에 도착하였을 때 다케조에 공사가 일본군을 거느리고 왔다.

① 삼청 교육대가 운영되었다.

② 자유시 참변이 발생하였다.

③ 한성 조약이 체결되었다.

④ 삼별초가 조직되었다.

⑤ 녹읍이 폐지되었다.

[정답 ③] 갑신정변의 영향을 물어본 문항입니다. 자료의 '우정총국 개국 축하연' '김옥균과 박영효' 등을 통해 밑줄 친 '변란'은 1884년의 갑신정변이라는 것을 알 수 있습니다. 갑신정변의 결과 조선은 일본과 한성 조약을 체결했습니다(③). 또, 청과 일본은 1885년에 톈진 조약을 체결하여 군대를 철수시켰고, 영국은 러시아를 견제한다는 구실로 거문도를 점령(거문도 사건)하면서 열강들의 각축이 심해졌습니다. 이에 부들러, 유길준 등은 조선 중립화론을 제기하기도 했습니다.
갑신정변의 경우 김옥균, 우정총국이 키워드로 자주 제시됩니다. 핵심 키워드 중심으로 정리하되 최근에는 난이도를 높이기 위해 결과(영향)를 물어보기도 합니다. 꼼꼼하게 정리해 둬서 놓치는 일이 없어야겠습니다.

043 밑줄 친 '사건'에 대한 설명으로 옳은 것은?

교외 체험 학습 결과 보고서

3학년 ○반 이름: ○○○

1. 체험 학습 1일차 (2023. □. □.)

가. 방문 장소: 우정총국

사진	방문 경로
	안국역, 운현궁, 3호선 안국역 하차 후 도보로 이동, 우정총국

내용

사진 속 건물은 복원된 것으로 서울특별시 종로구에 위치해 있다. 우정총국은 근대 우편 업무를 위해 설치되었다. 그러나 김옥균 등 급진 개화파가 우정총국 개국 축하연에서 반대파 인사들을 제거하고 정권을 장악하는 사건이 벌어졌고, 이를 계기로 우정총국은 폐쇄되었다. 나는 이곳에서 급진 개화파가 꿈꾸었던 새로운 사회가 무엇이었는지 생각해 보게 되었다.

① 청군의 개입으로 실패하였다.

② 공인이 성장하는 배경이 되었다.

③ 수선사 결사가 제창되는 원인이 되었다.

④ 5·10 총선거가 실시되는 결과를 가져왔다.

⑤ 국가 재건 최고 회의가 설치되는 계기가 되었다.

[정답 ①] 갑신정변의 전개를 물어본 문항입니다. 자료에서 '우정총국' '김옥균' '급진 개화파' 등을 통해 밑줄 친 '사건'이 1884년 급진 개화파가 일으킨 갑신정변임을 알 수 있습니다. 갑신정변 전개 과정에서 급진 개화파는 문벌 폐지를 통한 인민 평등권 확립을 담은 개혁 정강을 발표했습니다. 하지만 3일 만에 청군의 개입으로 실패하고 말았습니다(①).

청군의 개입으로 진압되었다는 점에서 갑신정변은 임오군란과 공통점을 가지고 있습니다. 이 문항은 평이한 난이도의 문항입니다.

갑신정변 중에 발표된 개혁 정강의 내용을 물어보면 수험생들의 체감 난이도가 높아집니다. 하지만 출제될 만한 내용이 뻔합니다. 흥선 대원군 귀국, 문벌 폐지, 재정 일원화 정도이니 이번 기회에 정리해 두세요.

다음 역할극에서 볼 수 있는 장면으로 가장 적절한 것은?

우리는 이제 새 정부를 수립하고, 조선의 자주독립, 문벌 폐지, 대원군 귀국, 재정의 일원화 등을 담은 개혁 정강을 발표할 예정입니다.

동의합니다.

〈역할극 수업〉

3일 천하로 끝난 ○○○○

① 홍경래의 궐기 호소를 듣는 군중들

② 집강소에서 폐정개혁을 실천하는 농민군

③ 105인 사건으로 체포되어 이송되는 사람들

④ 군국기무처에서 개혁 법안을 처리하는 대신들

⑤ 우정총국 개국 축하연에서 정변을 일으키는 급진 개화파

[정답 ⑤] 갑신정변 당시 있었던 사실을 물어본 문항입니다. 자료의 '개혁 정강'을 통해 이 사건이 갑신정변임을 알 수 있습니다. 갑신정변은 급진 개화파가 우정총국 개국 축하연에서 정변을 일으킴으로써 시작되었습니다(⑤).

갑신정변 관련 키워드로는 급진 개화파, 우정총국, 개혁 정강(문벌 폐지), 한성 조약 정도입니다. 몇 개 되지 않으니 잘 기억해 두세요.

동학 농민 운동

천주교가 처음 조선에 들어왔을 때 선교사들은 사람들의 관심을 끌고 경계심을 낮추려고 서양의 과학 기술을 먼저 선보였습니다. 그래서 당시 조선의 일부 지식인들은 천주교를 '서양의 학문'이라는 뜻으로 서학이라고 불렀습니다. 초기의 천주교는 이처럼 학문으로서 이 땅에 발을 들여놓았습니다. 천주교는 평등을 강조했습니다.

그런데 우리나라에서도 19세기에 인간 평등을 강조한 종교가 생겨났습니다. 경주 출신의 몰락 양반 최제우가 만든 동학입니다. 서학과 동학 모두 평등을 강조했습니다. 따라서 기득권층에게 이 두 종교는 아주 불편한 존재였습니다. 조선 정부는 서학과 동학의 평등사상이 기존의 성리학적 질서를 어지럽힌다고 여겨 종교 활동 및 포교 활동을 모두 금지하고 신자들을 탄압하기에 이릅니다. 동학을 창시한 최제우는 "백성들을 현혹하고 세상을 어지럽힌다."라는 죄목으로 1864년 처형당합니다. 2년 뒤인 1866년에는 대대적으

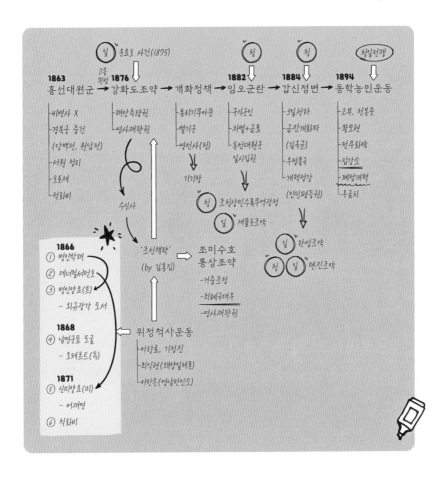

로 천주교 신자들을 탄압합니다(병인박해). 두 사건 모두 고종 즉위 직후, 흥
선 대원군이 집권하던 시기에 일어난 일이었습니다.

이후 동학교도들은 어떻게 했을까요? 이번 장에서는 동학과 농민이 결합
하여 일어난 동학 농민 운동에 대해서 알아보겠습니다.

교조 신원 운동의 전개

최제우가 처형당한 뒤 동학의 지도자들은 공주, 삼례, 서울 등지에서 줄기차게 교조 신원 운동을 전개했습니다. 교조 신원 운동이란 "처형당한 동학의 창시자 최제우의 억울한 누명을 벗겨달라."고 하는 운동입니다. 하지만, 조선 정부는 이들의 요구를 무시했습니다. 합법적인 방법으로는 목적을 달성하기 어렵다고 판단한 지도부는 충북 보은에서 대중들을 동원해 대규모 집회를 엽니다. 여기에서 교조 신원뿐 아니라 일본과 서양 세력의 축출, 탐관오리 숙청 등 정치적 구호가 등장합니다. 깜짝 놀란 조선 정부는 이들의 마음을 달래 주었고, 동학 지도부는 이를 받아들여 해산합니다.

작은 불씨 타오르다, 고부 봉기

불씨는 엉뚱한 곳에서 불타올랐습니다. 1894년 전라도 고부에서 군수 조병갑이 만석보라는 저수지를 새로 만든다는 명목으로 과도하게 농민들을 수탈하는 일이 벌어집니다. 개항 이후 삶이 더욱 어려워진 농민들은 전봉준을 중심으로 들고 일어납니다. 이를 고부 봉기라고 부릅니다.

이때 전봉준 등 농민군의 지도자들은 주동자를 알아볼 수 없게 격문에 사발을 엎어놓고 빙 둘러서 각자의 이름을 썼습니다(사발통문). 보통 책임자나 지위가 높은 사람이 맨 위나 맨 앞에 이름을 쓰기 때문에 이렇게 동그랗게 이름을 써놓으면 누가 주동자인지 알아보기 힘들겠지요?

고부의 농민들은 관아를 습격하고 만석보를 헐어 버리며 분노를 표출했습니다. 조선 정부는 조병갑을 파면하였고, 농민들은 관아의 쌀을 농민들에게 나눠 준 다음 10일 만에 해산하였습니다.

농민군의 승리로 끝난 제1차 농민 봉기

그런데 사건의 진상을 조사하는 안핵사의 직책으로 이곳에 내려온 이용태는 모든 책임을 농민들에게 돌리고 동학교도로 몰아 가혹하게 탄압하기 시작했습니다.

그래서 농민들은 전라도 무장에서 대규모로 봉기하였습니다. 이를 제1차 농민 봉기라고 합니다. 이들은 급히 파견된 조선 정부군과 싸워 황토현과 황룡촌에서 승리를 거둡니다. 그리고 전주성마저 점령해 버립니다. 깜짝 놀란 조선 정부는 청에 지원을 요청하였고, 청의 군대가 조선에 상륙하기에 이릅니다. 그런데 그로부터 1주일 뒤 우리가 부르지도 않은 일본군이 인천으로 상륙합니다. 1895년에 청과 일본 사이에 맺은 톈진 조약에 근거하여 청이 조선에 출병하면서 이를 일본에 알렸고, 일본군은 조선에 있는 일본 공사관과 일본인들을 보호한다는 구실로 군대를 파견한 것입니다.

청과 일본 두 나라의 군대가 조선에 상륙하자 겁이 났던 조선 정부는 서둘러 농민군과 전주 화약을 맺고 개혁을 약속합니다. 그리고 개혁 약속을 실행하기 위한 기구로 교정청을 설치합니다. 이후 농민군도 자진 해산하여 각자 고향에 가서 집강소라는 자치 기구를 세우고 탐관오리를 처단하고 노비 문서를 불태우는 등 폐정 개혁을 실행합니다.

일본군을 몰아내자, 제2차 농민 봉기

어느 정도 상황이 정리되고 군대 주둔의 명분이 사라지자 조선 정부는 청과 일본 양측에 군대를 철수할 것을 요구합니다. 그런데 일본은 오히려 경복궁을 침범하였고, 정부를 압박하여 개혁을 추진하게 했습니다. 이 개혁이 바로 갑오개혁입니다. 그뿐 아니라 조선에 주둔한 청의 군대를 기습 공격하면서 청·일 전쟁을 일으킵니다.

이 소식이 집강소에서 폐정 개혁을 실천하던 농민들 귀에도 들어갑니다. 농민들은 서울로 진격하여 일본군을 몰아내고 임금을 구하자며 다시 한번 봉기합니다(제2차 농민 봉기).

서울로 향하던 농민군은 공주 우금치에서 미리 준비하고 있던 조선 관군과 일본군을 맞이하게 됩니다. 이곳에서 큰 화력 차이로 농민군은 크게 패하였고 수많은 사상자가 나왔습니다.

전봉준을 비롯한 동학 농민 운동의 지도자들은 모두 체포되어 처형당했습니다. 살아남은 동학 농민군은 이후 항일 의병 운동에 적극적으로 가담하였습니다. 비록 동학 농민 운동은 진압당했지만, 이들의 요구사항은 갑오개혁에 일부 반영되기도 하였습니다.

동학 농민 운동, 청·일 전쟁, 갑오개혁은 모두 같은 해인 1894년에 일어났습니다. 노비 문서를 불태우며 낡은 질서를 바꾸려던 동학 농민군들의 소원은 불과 몇 달 뒤 갑오개혁에서 신분제가 폐지되면서 현실이 되었습니다. 혼자 꾸는 꿈은 그저 꿈일 뿐이지만 다 같이 꾸는 꿈은 현실이 됩니다. 여러분은 어떤 세상을 꿈꾸고 있나요?

① 동학 농민 운동의 주요 키워드를 알아 두세요.

② 교조 신원 운동-고부 봉기-제1차 농민 봉기-제2차 농민 봉기 순으로 주요 사건의 순서를 정리해 두세요.

③ 제1차 농민 봉기와 제2차 농민 봉기의 배경을 구분해서 정리해 두세요.

044 (가) 운동에 대한 설명으로 옳은 것은? [3점]

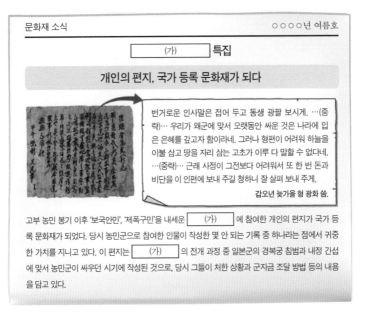

문화재 소식   ○○○○년 여름호

(가) 특집

개인의 편지, 국가 등록 문화재가 되다

번거로운 인사말은 접어 두고 동생 광팔 보시게. …(중략)… 우리가 왜군에 맞서 오랫동안 싸운 것은 나라에 입은 은혜를 갚고자 함이라네. 그러나 형편이 어려워 하늘을 이불 삼고 땅을 자리 삼는 고초가 이루 다 말할 수 없다네. …(중략)… 근래 사정이 그전보다 어려워서 또 한 번 돈과 비단을 이 인편에 보내 주길 청하니 잘 살펴 보내 주게.

갑오년 늦가을 형 광화 씀.

고부 농민 봉기 이후 '보국안민', '제폭구민'을 내세운 ___(가)___ 에 참여한 개인의 편지가 국가 등록 문화재가 되었다. 당시 농민군으로 참여한 인물이 작성한 몇 안 되는 기록 중 하나라는 점에서 귀중한 가치를 지니고 있다. 이 편지는 ___(가)___ 의 전개 과정 중 일본군의 경복궁 침범과 내정 간섭에 맞서 농민군이 싸우던 시기에 작성된 것으로, 당시 그들이 처한 상황과 군자금 조달 방법 등의 내용을 담고 있다.

① 보안회를 중심으로 전개되었다.

② 순종의 장례일을 기해 일어났다.

③ 집강소를 통해 개혁을 추진하였다.

④ 조사 시찰단을 파견하는 계기가 되었다.

⑤ 원산 총파업이 일어나는 원인이 되었다.

[정답 ③] 동학 농민 운동을 다룬 대표적인 유형의 문항입니다. 자료에서 '갑오년'(1894) '고부 농민 봉기' '농민군' '경복궁 침범' 등을 통해 (가) 운동이 동학 농민 운동이라는 것을 알 수 있습니다. 1894년에 일어난 동학 농민 운동은 전주 화약이 체결된 이후 국면이 전환됩니다. 농민군은 자진 해산하여 집강소에서 폐정 개혁을 실행했습니다(③).

동학 농민 운동 관련 키워드는 많은 편입니다. 대체로 '농민'이 들어가는데, 자료에 텍스트가 많아도 당황하지 말고 천천히 살펴보면 특징적인 키워드가 보일 것입니다. 정답으로는 집강소, 폐정 개혁 등이 자주 등장했습니다.

045 (가) 운동에 대한 설명으로 옳은 것은?

○○신문 　　　　　　　　　　　　　　　　　　　2023년 △월 △△일

　[(가)]　기록물, 세계 기록 유산 등재 확정

프랑스 파리에서 열린 제216차 유네스코 집행 이사회는 [(가)] 기록물의 세계 기록 유산 등재를 최종 결정하였다. 총 185점으로 이뤄진 이 기록물은 1894~1895년 당시 농민군의 각종 문서와 개인 기록, 지도자 전봉준에 대한 심문 기록 등을 아우른다. 이 기록물은 조선 백성이 주체가 되어 자유·평등·인권의 보편적 가치를 지향했던 내용을 담고 있다는 점에서 세계사적 중요성을 인정받았다.

▲ 대접주 임명장

▲ 농민군의 편지

① YH 무역 사건이 계기가 되었다.

② 집강소를 통해 개혁을 추진하였다.

③ 원산 총파업이 일어나는 원인이 되었다.

④ 신간회가 조사단을 파견하여 지원하였다.

⑤ 2·8 독립 선언에 영향을 받아 발생하였다.

[정답 ②] 동학 농민 운동을 다룬 대표적인 유형의 또 다른 문항입니다. 자료의 '농민군' '전봉준' 등을 통해 (가) 운동은 동학 농민 운동이라는 것을 알 수 있습니다. 이들은 전주 화약 이후 자진 해산하여 집강소를 통해 폐정 개혁을 실천해 나갔습니다(②).

난이도가 낮은 문항으로 동학 농민 운동 관련 키워드를 알고 있으면 쉽게 정답을 찾을 수 있습니다. 난이도가 평이할 경우 이처럼 동학 농민 운동의 키워드를 중심으로 출제되고, 난이도가 올라갈 경우 순서를 물어봅니다. 키워드와 순서를 함께 정리해서 대비하세요.

(가), (나) 시기 사이에 있었던 사실로 옳은 것만을 <보기>에서 고른 것은?

> (가) 안핵사로 파견된 이용태는 농민들에게만 책임을 묻고 봉기
> 참가자들을 동학교도로 몰아 처벌하였다. 이에 농민들의 분
> 노가 다시 폭발하였다.
>
> (나) 전봉준이 이끄는 전라도의 농민군이 삼례에 모여 북상하자
> 충청도의 농민군도 봉기하여 함께 논산에 집결하였다. 농민
> 군은 공주 우금치에서 일본군과 관군을 상대로 치열하게 싸
> 웠지만 패하였다.

보기

> ㄱ. 일본군이 경복궁을 침범하였다.
> ㄴ. 대한 제국의 군대가 해산되었다.
> ㄷ. 농민군과 정부가 전주 화약을 체결하였다.
> ㄹ. 공주와 삼례 등에서 교조 신원 운동이 전개되었다.

① ㄱ, ㄴ　　② ㄱ, ㄷ　　③ ㄴ, ㄷ　　④ ㄴ, ㄹ　　⑤ ㄷ, ㄹ

[정답 ②] 동학 농민 운동의 전개를 물어본 문항입니다. '이용태'를 통해 (가)는 제1차 농민 봉기 배경, '우금
치'를 통해 (나)는 제2차 농민 봉기의 우금치 전투의 상황이라고 알 수 있습니다.
제1차 농민 봉기는 농민군이 정부와 전주 화약을 체결함(ㄷ)으로써 막을 내립니다. 이후 일본군이 경복궁
을 침범하자(ㄱ) 제2차 농민 봉기가 일어나게 됩니다. 따라서 정답은 ②입니다.
동학 농민 운동은 개략적인 내용만 알아도 정답 찾기가 어렵지 않습니다. 하지만 출제할 소재가 많아 이처럼
전개 과정 전반을 자세하게 물어볼 수도 있습니다. 고부 봉기부터 우금치 전투까지 주요 사건들을 일어난 순서
대로 정리해 두세요.

갑오·을미개혁

현재 우리가 사는 사회에 신분제가 존재한다면 어떨 것 같나요? 말도 안 되지요? 그런데 말이에요, 실은 신분제가 폐지된 지 130년 정도밖에 되지 않았습니다. 인류가 지구상에 모습을 드러내고 문명을 일구던 시기부터 최소 2000년 이상 신분제가 존속되었는데요. 어느 날 외계인이 지구인을 조사한다면 신분제가 지구인들의 자연스러운 제도라고 여길지도 모릅니다.

지금 우리에게 신분제는 말도 안 되는 제도로 보이지만, 몇백 년 전만 해도 신분제는 너무나도 자연스럽고 당연한 제도였습니다. 이처럼 오랜 기간 존재했던 신분제가 1894년 갑오개혁으로 하루아침에 법적으로 폐지되고 맙니다. 이번 장에서는 갑오개혁과 을미개혁을 국제 정세와 함께 정리해 보겠습니다.

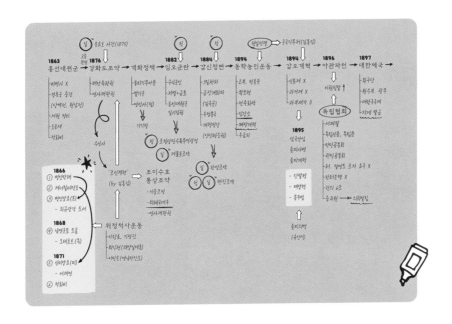

군국기무처 중심으로 진행된 제1차 갑오개혁

지난 장에서 동학 농민 운동에 대해 알아보았습니다. 농민군이 전주성을 점령하자 조선 정부는 청에 도움을 요청했는데 청의 군대가 조선에 들어온 것을 본 일본도 곧바로 군대를 파견합니다. 일본은 조선 정부의 철수 요청을 거부하고 경복궁을 침범하였고, 정부를 압박하여 근대적 개혁을 종용합니다. 일본군은 조선 정부가 농민군과의 개혁 약속을 지키기 위해 세웠던 교정청을 폐지하고 새롭게 군국기무처를 세웁니다. 그리고 김홍집을 중심으로 내각을 꾸리고 개혁하도록 압력을 넣었습니다. 곧이어 일본군의 기습 공격으로 청·일 전쟁이 시작됩니다. 일본으로서는 조선에서 청을 완전히 몰아내고 자신들의 영향력을 굳히기 위한 승부수를 던진 셈이었지요.

군국기무처에서 김홍집 내각은 여러 가지 근대적 개혁 법안들을 처리합니다. 이때는 청·일 전쟁 초기라 일본의 간섭이 상대적으로 약했습니다. 김홍집 내각은 그동안 갑신정변이나 동학 농민 운동 등에서 요구했던 내용들을 일부 반영하였습니다. 대표적인 것이 신분제 폐지, 재정 일원화, 과부 재가(재혼) 허용입니다. 그 외에도 궁내부를 설치하여 정부 사무와 왕실 사무를 분리해 버립니다. 정부 사무는 의정부에서, 왕실 사무를 궁내부에서 각각 담당하도록 한 것입니다. 또, 세도 가문의 권력 독점과 매관매직의 도구로 악용되는 폐단이 심했던 과거제를 폐지하였습니다.

일본의 입김이 강해진 제2차 갑오개혁

청·일 전쟁에서 어느 정도 승기를 잡자 일본은 갑신정변 실패 이후 일본에 머물던 박영효를 귀국시켜 김홍집과 연립 내각을 구성합니다. 그리고 군국기무처를 폐지하고 개혁에 더 적극적으로 개입합니다. 제2차 갑오개혁의 시작입니다.

중앙정치 기구가 내각 7부 체제로 바뀌었고, 지방행정 체제 또한 8도에서 23부로 바뀌었습니다. 또, 재판소가 설치되어 수령들은 기존에 가지고 있었던 재판권을 박탈당했습니다. 이 시기 고종은 지금까지의 개혁의 성과와 앞으로 진행될 개혁의 목표를 담아 〈홍범 14조〉를 발표했습니다. 이어 교육 입국 조서를 발표하여 근대 교육의 목표를 선언하고 근대 학제를 마련하였습니다.

삼국 간섭과 그에 따른 나비 효과, 을미사변

결국 청·일 전쟁은 일본의 승리로 끝났습니다. 전쟁 후 체결된 시모노세키 조약에 따라 일본은 청으로부터 랴오둥반도를 얻어 냅니다. 그런데, 이 지역은 남하 정책을 추진하던 러시아가 노리고 있던 지역이기도 했습니다. 그래서 1895년 러시아는 독일과 프랑스까지 끌어들여 랴오둥반도를 반환하라며 일본에 압력을 가했습니다(삼국 간섭). 이제 막 전쟁을 끝낸 일본이 다시 세 나라를 상대로 싸울 수는 없었겠지요? 그래서 일본은 랴오둥반도를 다시 청에 반환하고 말았습니다. 그리고 이 모든 일을 꾸민 러시아에 깊은 원한을 품게 되었습니다.

삼국 간섭으로 일본이 다시 랴오둥반도를 반환했다는 소식은 조선에도 전해졌습니다. '큰형님'으로 모셔 왔던 청을 일본이 누르더니, 이제는 그 일본을 러시아가 굴복시켰다는 거예요. 조선 정부는 러시아야말로 진정한 강자라고 생각하고 일본을 견제하기 위해 러시아에 접근합니다.

그러자 일본은 조선이 러시아와 가까워지는 것을 막는다며 을미사변을 일으켰습니다. 을미사변은 일본 사무라이들이 한밤중에 왕이 살고 있던 경복궁을 침입하여 이 움직임의 배후라 여겨지는 왕비 명성황후를 살해한 사건입니다. 한 나라의 왕비가 자기 집에서 다른 나라 깡패들에게 살해당한 것입니다.

'매운맛' 개혁, 을미개혁

을미사변 직후 일본은 조선 정부를 압박하여 세 번째 개혁을 단행합니다. 이때는 갑오년(1894)에서 을미년(1895)으로 해가 바뀌었기 때문에 이 개혁을 을미개혁이라고 부릅니다.

을미개혁의 주요 내용은 단발령, 태양력 사용, 종두법 시행이었습니다. 단발은 지금 여성들의 짧은 머리 스타일을 의미하는 것이 아니라 '상투를 자르는 것'을 말합니다. 태양력은 태양열 발전을 가리키는 것이 아니라 '양력 달력'을 뜻하는데, 이는 기존의 음력 대신 양력을 사용하기 시작했다는 뜻입니다. 종두법은 '천연두 예방 접종'입니다.

이 중에서 특히 단발령은 엄청난 반대에 부딪힙니다. 부모님으로부터 물려받은 것은 털 하나도 함부로 하면 안 된다며 많은 이들이 분노했습니다. 여기에 을미사변으로 인한 분노까지 더해져 전국적으로 항일 의병이 일어납니다(을미의병).

야반도주한 고종, 아관 파천과 개혁의 중단

을미사변 이후 신변의 위협을 느낀 고종은 경복궁에 머물고 싶지 않았습니다. 그래서 1896년 어느 밤을 틈타 러시아 공사관으로 거처를 옮겨 버립니다(아관 파천). 러시아 공사관에서 고종은 단발령을 비롯한 모든 개혁의 중단을 선언합니다. 세 차례의 개혁이 추진될 때 앞장섰던 김홍집은 이제 끈 떨어진 신세가 되었습니다. 어느 날 퇴근하던 길에 군중에 의해 무참히 살해되고 말아요.

청·일 전쟁으로 한반도에서 청의 영향력은 거의 사라졌습니다. 그리고 삼국 간섭과 아관 파천으로 영향력이 커진 러시아가 일본의 새로운 경쟁 상대가 되었습니다. 이런 상황 속에서 조선은 독립 국가의 지위를 유지하면서 근대 국가를 세우기 위해 무엇을 했을까요?

원포인트 레슨

① 갑오개혁과 을미개혁의 주요 내용을 키워드 중심으로 알아 두세요.

② 갑오개혁과 을미개혁 사이에 있었던 삼국 간섭-을미사변의 흐름을 알아 두세요.

③ 을미개혁의 내용과 결과를 정리해 두세요.

2022-6월 모의평가

046 (가)에 들어갈 내용으로 가장 적절한 것은?

① 장용영을 창설하였습니다.

② 영정법을 시행하였습니다.

③ 금융 실명제를 도입하였습니다.

④ 과부의 재가를 허용하였습니다.

⑤ 사사오입 개헌안을 통과시켰습니다.

[정답 ④] 갑오개혁의 내용을 물어본 문항입니다. 자료에서 '군국기무처' '궁내부 설치' '신분제 폐지' 등을 통해 이 개혁이 갑오개혁이라는 것을 알 수 있습니다. 갑오개혁의 또 다른 내용 하나를 찾으면 됩니다. 정답은 과부의 재가 허용(④)입니다.
갑오개혁의 내용을 물어보는 문항은 단순해 보이지만 광무개혁과 혼합해서 나오면 난이도가 높아집니다. 다른 개혁들과 구분하여 잘 정리해 두세요.

2024-6월 모의평가

047 (가), (나) 시기 사이에 있었던 사실로 옳은 것은? [3점]

> (가) 임금께서 말씀하시기를, "군국기무처 회의 총재는 영의정 김
> 홍집이 맡고, …(중략)… 날마다 와서 모여 크고 작은 사무를
> 협의하여 아뢰고 난 후 거행하도록 하라."라고 하였다.
>
> (나) 임금이 모든 관원을 이끌고 엄숙한 차림새를 갖추고 환구단
> 에 이르러 친히 하늘과 땅에 제사를 지낸 후 황제에 즉위하였
> 다. …(중략)… 국호를 대한으로 정하고, 올해를 광무 원년으
> 로 하였다.

① 아관 파천이 단행되었다.

② 무신 정변이 발발하였다.

③ 홍경래의 난이 발생하였다.

④ 조선 형평사가 조직되었다.

⑤ 인천 상륙 작전이 전개되었다.

[정답 ①] 갑오개혁과 대한 제국 선포 사이에 있었던 사실을 물어본 문항입니다. (가)의 '군국기무처'를 통해
(가)는 제1차 갑오개혁 시기임을, (나)의 '환구단' '대한' '광무'를 통해 (나)는 대한 제국의 선포 시기임을 알
수 있습니다. 제1차 갑오개혁은 1894년, 대한 제국 선포는 1897년입니다. 따라서 이 두 시기 사이에 있었던
일은 1896년의 아관 파천(①)입니다.
'시기 사이' 문항은 난이도가 높고 수험생들을 어려움에 빠뜨리는 유형입니다. 구체적인 연도를 외우지 않아도
사건의 전후 관계만 크게 알아 두면 정답을 찾을 수 있습니다.
갑오개혁과 을미개혁 사이에 삼국 간섭-을미사변이 있었고, 을미개혁은 아관 파천으로 중단되었습니다. 이처럼
사건의 흐름을 크게 정리해 보세요.

밑줄 친 '행위'가 있었던 시기를 연표에서 옳게 고른 것은?

> 나는 결코 민비(명성 황후)의 집권을 지지하는 사람이 아니다. 오히려 민비의 음모와 사악한 간신배들을 응징하기 위해 폐위도 주장하였을 것이다. 그러나 일본인 암살자가 우리의 왕후를 잔혹하게 시해한 <u>행위</u>는 결코 용납할 수 없다.
>
> - 윤치호, 《윤치호 일기》

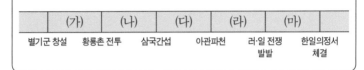

	(가)	(나)	(다)	(라)	(마)	
별기군 창설		황룡촌 전투	삼국간섭	아관파천	러·일 전쟁 발발	한일의정서 체결

① (가)   ② (나)   ③ (다)   ④ (라)   ⑤ (마)

[정답 ③] 을미사변이 일어난 시기를 물어본 연표형 문항입니다. 자료에서 '일본인 암살자가 우리의 왕후를 잔혹하게 시해한'을 통해 밑줄 친 '행위'가 을미사변임을 알 수 있습니다. 을미사변은 1895년에 일어난 사건입니다. 삼국간섭으로 러시아의 강성함을 목격한 조선 정부는 러시아에 접근하게 되는데, 이에 불만을 품은 일본이 그 배후로 여겨지는 명성황후를 시해한 사건입니다. 이후 고종은 신변의 위협을 느끼고 러시아 공사관으로 거처를 옮기는 아관 파천을 단행합니다. 을미사변은 삼국간섭과 아관파천 사이에 일어났습니다(③). 삼국간섭-을미사변-아관파천까지 이어지는 흐름을 순서대로 잘 알아 두세요.

독립 협회와 대한 제국

서울 지하철 3호선 역 중에 독립문역이 있습니다. 서울 서대문구에 있는 기념건축물이지요. 독립문은 독립 협회가 세운 문입니다. 그렇다면 독립문과 독립 협회에 들어간 '독립'이란 누구로부터의 독립을 가리키는 것일까요? 일본이라고요? 아닙니다. 독립문이 세워지던 시기는 아직 일제 강점기 전입니다. 이때의 '독립'은 바로 청·일 전쟁에서 패배하고 영향력이 약해진 청으로부터 벗어나겠다는 의지의 표현이었습니다.

진정한 독립 국가라면 왕이 다른 나라 공사관에 머물면 안 되겠지요? 그래서 아관 파천 이후 1년 만에 고종은 다시 나오게 됩니다. 이번 장에서는 독립문을 세운 독립 협회와 아관 파천에서 돌아온 고종이 선포한 대한 제국에 대해 정리해 보겠습니다.

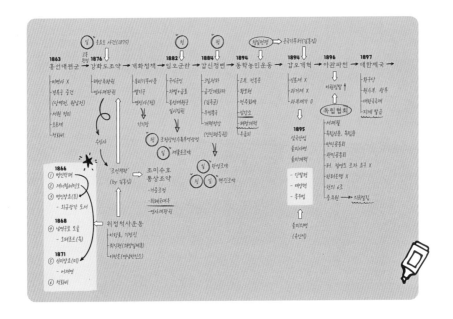

근대 국민 국가를 세우기 위한 노력, 독립 협회

아관 파천으로 고종이 러시아 공사관에 머물게 되자 '숙식을 제공해 준 대가'로 러시아는 산에서 벌목할 수 있는 권한, 금광에서 금을 캘 수 있는 권한 등 여러 이권을 가져갑니다. 그런데 러시아에 하나를 주니, 미국, 영국, 일본 등도 다 하나씩 가져가는 겁니다. 어째서 이런 일이 일어났을까요? 맞습니다. 바로 최혜국 대우 때문입니다. 고종이 러시아 공사관에 머물던 시기는 이권 침탈이 절정에 달했던 시기였습니다.

이때를 전후해서 갑신정변 실패 후 일본을 거쳐 미국으로 망명했던 서재필이 귀국했고 정부의 지원을 받아 최초의 민간 신문인 《독립신문》을 발간했습니다. 나아가 청으로부터의 독립을 선언하기 위해 청 사신을 맞이하던 영은문을 헐고 그 자리에 독립문을 세우려고 했습니다. 그리고 공사를 위한 자금을 모금하기 위해 1896년 독립 협회를 조직하였습니다.

독립 협회는 독립문을 세우는 한편 러시아 공사관에 머물던 고종에게 다시 돌아올 것을 요청했습니다. 마침내 1897년 2월 고종은 러시아 공사관에서 돌아왔습니다.

독립 협회는 세상 소식을 전하고 민중들을 계몽하기 위한 각종 강연회와 집회를 열었습니다. 또, 만민 공동회를 열어 열강들의 이권 침탈을 비판하였습니다. 만민 공동회에서는 누구나 발언을 할 수 있었는데, 이는 몇 해 전 갑오개혁으로 신분제가 폐지된 덕분입니다. 백정 출신 박성춘의 연설은 이런 새로운 현실을 상징적으로 보여 주는 사례입니다.

독립 협회는 특히 조선에서 영향력을 강화하고 있던 러시아의 이권 침탈을 강력히 규탄하였습니다. 러시아의 절영도 조차 요구를 철회시키고 한·러 은행을 폐쇄하는 등의 성과를 거두기도 했습니다.

우리도 서양처럼, 독립 협회의 의회 설립 운동

이후 독립 협회는 국내 문제로 관심을 돌리고 정부 관리들까지 참여한 관민 공동회를 개최하였습니다. 독립 협회는 관민 공동회에서 고종에게 바칠 건의 사항 6가지를 결의했는데, 이 건의문을 헌의 6조라고 합니다.

독립 협회는 헌의 6조에서 황제의 권위를 인정하면서도 황제나 정부의 독재를 막을 수 있는 장치를 마련하고자 했습니다. 그래서 당시 자문 기구였던 중추원을 서양식 의회로 개편할 것을 요구했습니다. 고종은 독립 협회의 요구를 받아들여 중추원을 개편하기 위한 중추원 관제를 반포하였습니다.

그런데 보수 세력은 개편된 중추원을 바탕으로 독립 협회가 영향력을 강화하면 권력을 잃을까 봐 두려웠습니다. 그래서 고종에게 "독립 협회가 왕정을 폐지하고 공화정을 수립하려 한다."고 모함했습니다. 깜짝 놀란 고종은 독립 협회 해산 명령을 내렸고, 독립 협회가 이를 거부하자 군대와 보부상 조직을 동원하여 강제 해산시켰습니다.

독립 협회는 갑신정변, 갑오개혁에 이어 근대적 제도 개혁을 시도하였다는 점에서 의의가 있습니다. 특히, 열강들의 이권 침탈이 심화되는 상황 속에서 자주권을 지키고 한편으로는 백성들의 참정권 보장을 위해 노력하였습니다. 갑신정변, 갑오개혁이 대중들의 설득 없이 위에서부터 일방적으로 전개되었던 반면, 독립 협회는 민중들을 계몽하고 정부 관리들을 설득하는 활동을 전개했다는 점에서 의미가 있습니다.

그런데 처음에 독립 협회와 협력 관계에 있던 고종은 왜 한순간 보수 세력의 음모론에 넘어가 독립 협회를 강제 해산까지 하게 되었을까요?

고종의 승부수, 대한 제국의 수립

1896년 러시아 공사관으로 거처를 옮긴 고종은 1년 뒤인 1897년 덕수궁으로 돌아옵니다. 원래 머물던 궁궐인 경복궁은 일본의 감시가 심했습니다. 그래서 러시아 공사관에서 가깝고 일본의 영향력이 약한 덕수궁을 택한 것입니다. 돌아온 고종이 가장 먼저 한 일은 환구단에서 황제에 즉위하고 대한 제국을 선포한 일입니다.

정치 체제는 크게 3가지로 분류할 수 있습니다. 왕이 존재하고 그 왕이 정치까지 하면 왕정(황제일 경우 제정), 왕이 있지만 정치에는 참여하지 않으면 입헌군주정(영국, 일본 등), 왕이 없으면 공화정(한국, 중국, 미국 등)이라고 분류합니다.

대한 제국은 황제가 직접 정치하는 제정 국가였습니다. 독립 협회는 이 시기에 활발하게 활동하고 있었죠. 황제에 스스로 즉위한 고종은 처음에 독립 협회와 좋은 관계를 유지했습니다. 그러다가 독립 협회가 중추원을 개편하여 서양식 의회의 기능을 도입하자고 주장하자 자신의 권한이 축소될까 봐 조금씩 걱정하기 시작했습니다. 그러던 중 보수 세력이 독립 협회가 공화정을 추진한다는 음모론을 제기하였고, 이를 계기로 1898년 독립 협회를 강제로 해산시켜 버립니다.

고종은 그로부터 1년 뒤인 1899년 대한 제국의 헌법이라 할 수 있는 대한국 국제를 반포하였습니다. 대한국 국제에는 국내외의 모든 권한은 황제에게 있다고 명시되어 있었습니다. 이처럼 고종은 황제권 강화에 힘썼습니다.

구본신참의 원리로 추진된 광무개혁

황제국은 연호를 제정할 수 있습니다. 대한 제국 황제에 오른 고종은 연호를 광무라고 정했습니다. 그리고 '옛것을 근본으로 삼고 새로운 것을 참고한다.'는 구본신참(舊本新參)의 원리로 개혁을 추진했습니다. 이 개혁을 광무개혁이라고 합니다.

고종은 황제 직속의 원수부를 설치하여 군권을 장악하였고, 양전 사업(토지를 조사하는 사업)을 진행하고 근대적 땅문서인 지계를 발급하였습니다. 또, 각종 실업 학교를 세워 실업 교육을 강화하였습니다. 그 외에도 도로망, 전기, 전차, 전신, 전화, 철도 등 근대 시설을 적극적으로 설치하였습니다.

광무개혁은 부국강병을 목표로 진행되었지만, 재정 부족과 외세의 간섭 등으로 큰 성과를 보지는 못했습니다. 다만 이 시기는 한반도에서 러시아와 일본이 세력 균형을 이루었기 때문에 비교적 자주적으로 개혁을 추진할 수 있었습니다. 그러던 중 1904년, 세력 균형이 깨지는 사건이 일어납니다. 그 사건이 바로 러·일 전쟁이었습니다.

지금까지 살펴본 바와 같이 독립 협회와 대한 제국은 같은 시기에 존재했으나 서로 꿈꾸던 나라는 달랐습니다. 독립 협회는 황제가 대신들과 함께 정치권을 나눠 가지는 나라를, 대한 제국은 황제가 절대 권한을 가지는 나라를 지향했습니다.

외세가 우리나라를 호시탐탐 노리던 이 시기, 어떤 형태의 나라가 더 국권을 빼앗기 어려울까요?

포인트
레슨

① 독립 협회의 활동을 키워드 중심으로 정리해 두세요.

② 광무개혁의 주요 내용을 갑오개혁과 구분하여 알아 두세요.

③ 독립 협회와 대한 제국이 각각 지향했던 정치 체제를 구분하여 정리해 두세요.

2024-6월 모의평가

048 (가)에 들어갈 내용으로 가장 적절한 것은?

학습 주제: ○○○○의 활동

모금 운동을 벌여 독립문을 건립하였어.

(가)

러시아의 이권 침탈을 규탄하였어.

① 광주 학생 항일 운동을 지원하였어.

② 한글 맞춤법 통일안을 마련하였어.

③ 서울 진공 작전을 추진하였어.

④ 만민 공동회를 개최하였어.

⑤ 어린이날을 제정하였어.

[정답 ④] 독립 협회의 활동에 관해 물어본 문항입니다. 대화 내용 중 '독립문' '러시아의 이권 침탈 규탄' 등을 통해 ○○○○는 독립 협회라는 것을 알 수 있습니다. 독립 협회는 만민 공동회(④)와 관민 공동회를 개최하는 한편, 서양식 의회를 개설하려고 했습니다.

독립 협회에서 자주 등장하는 키워드는 독립문, 서재필, 만민 공동회, 서양식 의회 정도입니다. 이 키워드들이 출제되면 난이도는 그리 높지 않습니다.

049 밑줄 친 '황제국'에 대한 설명으로 옳은 것은?

> 광무 원년 10월 12일은 우리 역사에서 제일 빛나고 영화로운 날
> 이 되었다. 폐하께서 조선 역사상 처음으로 황제의 자리에 오르시
> 어 조선이 자주독립한 황제국이 되었으니 백성으로서 어찌 감격
> 한 생각이 아니 나겠는가. …(중략)… 이날 오전 환구단에 가서 하
> 늘에 제사하고 황제의 자리에 올랐음을 고하였다. 정오에 만조백
> 관이 예복을 갖추고 경운궁에 나아가 황제 폐하께 크게 하례를 올
> 렸다.

① 지계를 발급하였다.

② 골품제를 운영하였다.

③ 개경을 수도로 삼았다.

④ 인조반정으로 성립되었다.

⑤ 국민 대표 회의를 소집하였다.

[정답 ①] 대한 제국의 광무개혁을 물어본 문항입니다. 자료에서 '광무' '황제' 등을 통해 밑줄 친 '황제국'은 1897년에 수립된 대한 제국이라는 것을 알 수 있습니다. 한국사에서 '황제국'은 대한 제국이 유일합니다. 대한 제국과 관련해서는 광무개혁이 주로 출제됩니다. 그리고 광무개혁에서 주로 출제되었던 내용은 지계 발급(①)입니다. 어느 정도 공식화되어 있는 주제이니, 깊이 들어가기보다 대한 제국-광무개혁-양전 사업-지계 발급 정도로 묶어서 알아 두세요.

(가) 정부에 대한 설명으로 옳은 것은?

여긴 어때! - 환구단

이번에 소개할 문화유산은 환구단과 황궁우입니다. 고종은 1897년 이곳에서 (가) 수립을 선포하고 황제 즉위식을 거행하였습니다. 지금은 황궁우만 남아 있습니다.

① 지계를 발급하였다.

② 호포제를 실시하였다.

③ 간도협약을 체결하였다.

④ 홍범 14조를 발표하였다.

⑤ 삼정이정청을 설치하였다.

[정답 ①] 대한 제국의 광무개혁에 대해 물어본 문항입니다. 제국의 개혁에 대해 물어본 문항입니다. 자료의 '환구단' '황제 즉위식' 등을 통해 (가)는 대한 제국임을 알 수 있습니다. 대한 제국은 양전 사업을 실시하고 지계를 발급하였습니다(①).

대한 제국은 환구단, 지계 발급이 가장 빈번하게 출제됩니다. 키워드만 잘 정리해 두면 어렵지 않게 해결할 수 있습니다.

을사늑약과 헤이그 특사

영화를 보면 다음과 같은 장면이 종종 나옵니다. 어떤 사람이 으슥한 골목 길을 걸어가고 있습니다. 그리고 그 뒤를 쫓는 범죄자의 그림자가 보입니다. 그림자는 점점 그 사람을 향해 다가가고 마침내 범죄자가 선량한 시민을 덮칩니다. 잠깐 정지! 이때 시민을 덮친 범죄자가 가장 먼저 하는 행동은 무엇인가요? 떠올려 보세요.

바로 시민의 입을 막는 것입니다. 만약 시민이 "도와주세

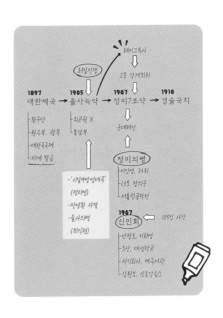

요!" 하고 소리를 지르면 들킬 염려가 있으니까요. 그다음에는 허우적대는 시민의 팔과 다리를 묶거나 힘으로 제압합니다.

나라가 사람이라면 입에 해당하는 것은 무엇일까요? 바로 외교권입니다. 우리가 어려운 일을 당했을 때 "도와주세요!"라고 외치며 다른 사람들에게 도움을 요청하는 것처럼 나라로 치면 외교를 통해 SOS 신호를 보낼 수 있습니다. 그렇다면 저항할 수 있는 팔과 다리는 나라로 치면 무엇일까요? 바로 군대입니다.

이번 장에서는 러·일 전쟁에서 승리한 일본에 의해 외교권이 빼앗기고 군대까지 해산되는 과정을 알아보겠습니다.

우리의 입을 틀어막은 을사늑약

1904년 일본의 기습으로 러·일 전쟁이 시작됩니다. 전쟁 발발 직전 대한 제국은 국외중립을 선언했지만, 일본은 이를 무시하고 전쟁 직후 한·일 의정서를 강제로 체결하였습니다. 한·일 의정서로 일본은 전쟁에 필요한 우리나라 땅을 마음대로 사용할 수 있게 되었습니다. 러·일 전쟁 중 일본은 이를 근거로 울릉도와 독도를 강탈합니다.

러·일 전쟁은 결국 일본의 승리로 끝나게 됩니다. 일본은 삼국 간섭의 악몽이 떠올라 영국, 미국과 각각 제2차 영일동맹, 가쓰라-태프트 밀약을 체결함으로써 한반도 지배를 먼저 승인받습니다. 그리고 러·일 전쟁의 당사국이었던 러시아와 포츠머스 강화조약을 체결하면서 러시아로부터 한반도의 지배권을 인정받습니다.

강대국들의 승인을 받은 일본은 1905년 대한 제국을 압박하여 제2차 한일 협약, 일명 을사늑약을 체결합니다. 이로써 대한 제국은 외교권을 빼앗겼고, 일본은 내정 간섭을 위해 통감부를 설치했습니다. 제1대 통감으로 부임한 사람이 바로 을사늑약 체결을 주도했던 이토 히로부미입니다. 이토 히로부미는 1909년 하얼빈역에서 안중근에 의해 사살됩니다.

을사늑약 체결 소식이 알려지자, 민영환은 항의의 뜻으로 자결합니다. 장지연은 《황성신문》에 을사늑약 체결에 찬성한 다섯 대신(을사오적)을 비판하는 〈시일야방성대곡〉이라는 사설을 썼습니다. 전국적으로 의병(을사의병)이 일어나 저항하였으며, 상가는 철시하고, 학생들은 동맹휴업으로 저항했습니다.

고종마저 퇴위당하고 나라를 빼앗기다

그렇다면 고종은 이런 위기 속에서 어떻게 대응했을까요? 헤이그에 특사를 파견했습니다. 공식적인 외교권을 빼앗긴 상황에서 고종은 1907년 이준, 이상설, 이위종을 특사로 임명하여 만국 평화 회의가 열리는 네덜란드 헤이그로 파견합니다(헤이그 특사). 이곳에서 을사늑약의 부당성을 알리고자 했던 것입니다.

하지만 영국 등 강대국들의 저지로 특사는 발걸음을 돌릴 수밖에 없었습니다. 이미 강대국들은 일본의 한반도 지배를 인정한 상태였습니다. 일본은 헤이그 특사 파견을 빌미로 고종을 강제 퇴위시켜 버립니다. 그리고 순종을 대한 제국 황제로 앉힙니다. 이어 한·일 신협약(정미 7조약)과 그 부속 조약으로 정부 각 부서에 일본인 차관을 임명하고 대한 제국의 군대를 해산시켜 버립니다. 이때 해산된 군인 중 일부는 항일 의병(정미의병)에 가담하기도 했습니다.

결국 1910년 한국 병합 조약이 강제로 체결되면서 대한 제국의 국권이 완전히 일본에 넘어가고 맙니다.

그런데, 청·일 전쟁과 러·일 전쟁으로 두 라이벌 청과 러시아를 굴복시키고 미국, 영국 등 강대국들로부터도 한반도 지배를 인정받은 일본은 왜 바로 우리나라를 식민지로 병합하지 않고 러·일 전쟁이 끝나고 5년이나 더 시간을 끌다가 1910년에야 병합했을까요?

원포인트 레슨

① 을사늑약의 내용과 우리의 저항을 함께 정리해 두세요.

② 을사늑약-헤이그 특사는 세트입니다. 한 묶음으로 알아 두세요.

③ 러·일 전쟁~국권 피탈의 주요 조약과 사건의 순서를 정리해 두세요.

050 밑줄 친 '이 조약'의 결과로 옳은 것만을 <보기>에서 고른 것은? [3점]

이것은 민영환이 자신의 명함에 남긴 유서의 일부이다. 그는 강제로 체결된 <u>이 조약</u>을 파기할 것과 체결에 앞장선 오적을 처단하라는 상소를 올렸다가 감옥에 갇히기도 하였다. 감옥에서 풀려난 그는 유서에 2천만 동포 형제에게 사죄한다는 말을 남기고 <u>이 조약</u>에 대한 항의의 표시로 자결하였다.

보기

ㄱ. 통감부가 설치되었다.

ㄴ. 부산, 원산, 인천이 개항되었다.

ㄷ. 대한 제국의 외교권이 박탈되었다.

ㄹ. 청과 일본의 군대가 동시에 철수하였다.

① ㄱ, ㄴ　　② ㄱ, ㄷ　　③ ㄴ, ㄷ　　④ ㄴ, ㄹ　　⑤ ㄷ, ㄹ

[정답 ②] 을사늑약의 결과를 물어본 문항입니다. 자료의 '민영환' '오적' 등을 통해 밑줄 친 '이 조약'은 1905년에 체결된 을사늑약이라는 것을 알 수 있습니다. 을사늑약으로 대한 제국은 외교권을 빼앗겼고 (ㄷ), 일제는 통감부를 설치(ㄱ)하여 내정 간섭을 강화했습니다. 따라서 정답은 ②입니다.
을사늑약의 경우 내용을 물어보거나 그에 따른 저항을 물어봅니다. 내용은 외교권 박탈, 통감부 설치가 전부입니다. 생소하다면 반드시 정리하고 넘어가세요.

2024-대학수학능력시험

051 (가)에 대한 설명으로 옳은 것은? [3점]

해외 잡지를 통해 본 한국사

| 일본 | 중국 | 러시아 | **미국** |

VOLUME XXXIV   NUMBER 4

TWICE-A-MONTH
The Popular Magazine
CONTENTS

THE GREAT CARDINAL SEAL

THE GREAT CARDINAL SEAL . A Novelette . . . . . . Robert Welles Ritchie 81

1914년 11월, 미국에서 발행된 《포퓰러 매거진》에는 대한 제국을 배경으로 한 소설 〈황제의 옥새(원제: THE GREAT CARDINAL SEAL)〉가 실렸다. 미국의 한 언론인이 쓴 이 작품의 주인공은 우리에게 《대한매일신보》 창간으로 익숙한 영국 출신 언론인 베델로, 그는 대한 제국의 주권이 위협받는 상황에서 한국인들을 위해 기꺼이 모험에 나서는 인물로 묘사되었다. 이 작품은 일본 정부가 대한 제국의 외교권을 박탈하는 (가) 의 체결을 강요하는 등 긴박하게 전개되었던 당시 한반도 상황을 역동적으로 보여준다.

① 독립문 건립에 영향을 주었다.

② 삼별초가 항쟁하는 배경이 되었다.

③ 비변사가 설치되는 결과를 가져왔다.

④ 헤이그 특사가 파견되는 원인이 되었다.

⑤ 임술 농민 봉기가 일어나는 계기가 되었다.

[정답 ④] 을사늑약-헤이그 특사 세트 문항입니다. 자료에서 '일본 정부가 대한 제국의 외교권을 박탈'한다는 내용을 통해 (가) 조약은 을사늑약이라는 것을 알 수 있습니다. 고종은 을사늑약의 부당성을 국제 사회에 알리기 위해 1907년 헤이그 특사를 파견(④)했습니다.

자료로 을사늑약이 제시되고 정답으로 헤이그 특사 파견이 제시되었습니다. 반대의 경우로 나올 때도 있습니다. 즉, 자료로 헤이그 특사가 나오고 파견의 배경을 물어보는 경우이지요. 이 경우 정답은 을사늑약 체결이 제시됩니다.

다음 조약에 대한 반발로 일어난 사건으로 옳지 <u>않은</u> 것은?

> 제2조 일본국 정부는 한국과 타국 사이에 현존하는 조약의 실행
> 을 완수할 임무가 있으며, 한국 정부는 금후 일본국 정부의
> 중개를 거치지 않고는 어떤 국제적 조약이나 약속도 하지
> 않기로 상약한다.

① 민영환이 자결하였다.

② 최익현이 의병을 일으켰다.

③ 고종이 헤이그 특사를 파견하였다.

④ 한성근 부대가 문수산성에서 항쟁하였다.

⑤ 장지연이 〈시일야방성대곡〉을 발표하였다.

[정답 ④] 을사늑약을 자료로 주고 반발을 물어본 문항입니다. '한국 정부는 금후 일본국 정부의 중개를 거치지 않고는 어떤 국제적 조약이나 약속도 하지 않기로 상의한다.'를 통해 자료가 을사늑약임을 알 수 있습니다. 이에 대해 민영환은 자결로 항거하였고, 최익현 등은 의병을 일으켰습니다. 장지연은 〈시일야방성대곡〉을 발표하여 을사오적을 비판하였고, 고종은 헤이그에 특사를 파견합니다. 한성근 부대가 문수산성에서 항쟁한 것은 병인양요 때입니다(④).

의병과 애국계몽운동

러·일 전쟁이 끝난 1905년, 이미 라이벌을 제거한 상황에서 일본은 왜 5년이나 더 지난 1910년에야 비로소 대한 제국을 병합했을까요?

그것은 우리가 나라를 지켜내기 위한 활동을 끊임없이 이어갔기 때문입니다.

학교폭력으로 고통받는 불쌍한 학생이 있습니다. 이 학생이 학교폭력에서 벗어나는 방법으로 어떤 것들이 있을까요? 일단 신고부터 해야겠지요. 그런데 신고를 해도 어른들이 도와주지 않았습니다. 그다음 이 학생이 할 수 있는 일은 무엇일까요? 눈 딱 감고 맞서 싸우는 것입니다. 그런데 이 방법의 최대 단점은 질 가능성이 매우 높다는 것입니다. 그 이후에는 보복을 감당해야 할 수도 있습니다. 어쨌거나 이렇게 한 번 맞서게 되면 괴롭히는 가해자를 움찔하게 하는 효과를 거둘 수는 있습니다.

또 한 가지 방법은 헬스장이나 도장에 등록해서 몸을 단련하는 것입니다.

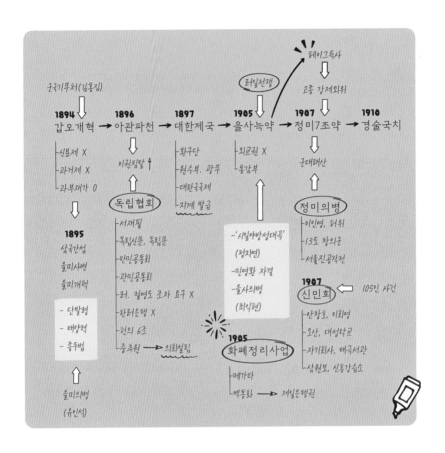

운동을 열심히 해서 힘을 기른 다음 싸우면 이길 가능성이 커지겠지요. 그런데 이 방법의 최대 단점은 그렇게 되기까지 시간이 오래 걸린다는 것입니다.

이 시기 우리의 저항도 두 가지 방향으로 나타났습니다. 총과 칼 등 무력을 이용하여 일본을 몰아내자는 항일 의병 운동과 실력을 키워 일본을 몰아내자는 애국 계몽 운동이 바로 그것입니다.

이번 장에서는 국권 피탈 직전에 일어났던 항일 의병 운동과 애국 계몽 운동을 정리해 보겠습니다.

총과 칼로 맞선 항일 의병 운동

항일 의병 운동은 크게 세 번 일어났습니다. 첫 번째 대규모 의병이 바로 1895년에 일어난 을미의병입니다. 을미년인 1895년에 무슨 일이 있었나요? 일본 낭인들에 의해 명성황후가 무참히 살해된 을미사변이 일어났고 을미개혁으로 단발령이 시행되었습니다. 이 두 가지 사건은 특히 성리학적 질서를 중요한 가치로 여기던 양반 유생들의 분노를 불러왔습니다.

그래서 이 시기 의병장은 양반 출신이 많습니다. 성리학에서는 임금에 대한 충성을 중시하니까요. 이런 사상은 의병을 일으키는 데도 영향을 미쳤지만, 해산하는 데도 영향을 끼칩니다. 아관 파천 이후 고종이 단발령을 취소하고 해산 권고 조칙을 내리자 양반 출신 의병장들은 대부분 해산하고 말았습니다.

두 번째 의병은 을사늑약이 체결된 1905년에 일어난 을사의병입니다. 이때는 최익현 등 양반 출신의 의병장뿐 아니라 신돌석 등과 같은 평민 의병장의 활약도 두드러졌습니다.

세 번째 의병은 고종 강제 퇴위와 대한 제국의 군대 해산에 반발하여 1907년에 일어난 정미의병입니다. 이때는 해산된 군인들이 의병에 많이 참여하였습니다. 전국의 의병은 이인영을 총대장으로, 허위를 군사장으로 추대하여 13도 창의군이라는 연합부대를 결성했습니다.

13도 창의군은 서울에 있는 각국 대사관에 격문을 보내 의병을 합법적인 교전 단체로 여기고 교전권을 인정해 줄 것을 요청하는 한편, 일본을 몰아내고 서울을 탈환하기 위한 서울 진공 작전을 전개했습니다. 결전을 앞둔 순간 부친상으로 고향으로 돌아간 이인영 대신 허위의 지휘로 시작된 전투는 일본의 앞선 화력으로 실패하고 말았습니다. 하지만 이때 허위가 이끄는 의병은 동대문 근처까지 진격했습니다. 그래서 허위의 호 '왕산'을 따서 동대문부터 신설동까지의 도로를 왕산로라고 부릅니다.

이후에도 전국에서 끈질기게 의병 운동이 전개됩니다. 의병을 그대로 두고서는 우리나라를 식민지로 삼기는 어렵겠다고 판단한 일본은 1909년 '남한' 대토벌 작전을 전개했습니다. 동학 농민 운동이 일어났던 전라도 지역에서 특히 의병 운동이 활발히 일어났는데, 일본은 이 지역을 대규모 군대를 동원해 초토화했습니다.

이 시기 항일 의병 운동은 일제 강점기 항일 무장 투쟁으로 계승되었습니다.

교육과 산업 육성에 힘쓴 애국 계몽 운동

독립 협회를 계승하여 민중 계몽과 교육, 산업 육성 등으로 힘을 먼저 기르자는 애국 계몽 운동도 전개되었습니다. 1904년 조직된 보안회는 일제의 황무지 개간권 요구를 철회시켰습니다. 이후 헌정 연구회, 대한 자강회 등이 활동하였습니다.

1907년에는 안창호, 양기탁, 이회영 등이 중심이 되어 비밀 결사 신민회가 조직되었습니다. 신민회는 대성 학교와 오산 학교를 세워 교육에 힘썼고, 자기 회사와 태극 서관을 세워 산업 육성에도 힘썼습니다.

신민회는 기본적으로 애국 계몽 운동의 노선을 따랐습니다만, 무장 투쟁까지 염두에 두고 이를 준비하기 위한 독립운동 기지를 해외에 건설합니다. 조선에서 손꼽히는 부자였던 이회영 가문은 전 재산을 정리하여 서간도 지역으로 이주합니다. 그리고 이곳에서 삼원보라는 마을을 세우고 신흥 강습소(후에 신흥 무관 학교)를 열었습니다. 이들의 노력 덕분에 일제 강점기 이 지역을 중심으로 독립군이 양성될 수 있었습니다.

일제 강점기 초기인 1911년 총독 암살 미수 사건이 일어납니다. 일본이 조작했다고 알려진 이 사건으로 신민회 간부 105명이 유죄 선고를 받습니다. 이 사건이 바로 105인 사건입니다. 신민회는 이후 큰 타격을 받고 해체되었습니다.

교육과 산업 육성으로 민족의 실력을 키운 다음 독립을 달성하자는 애국 계몽 운동은 일제 강점기 실력 양성 운동으로 계승되었습니다.

원포인트 레슨

① 시기별 의병 운동의 배경과 특징을 구분해서 알아 두세요.

② 신민회의 활동을 키워드 중심으로 정리해 두세요.

2023-4월 학력평가

052 밑줄 친 '의병 부대'에 대한 설명으로 옳은 것은? [3점]

한국사 인물 카드

● 성명: 허위

● 생몰 연도: 1855년~1908년

● 주요 활동

허위는 한·일 의정서 체결에 반발하여 일본의 침략을 규탄하는 격문을 배포하였으며, 대한 제국의 군대가 해산되자 연천 등지에서 의병 투쟁을 이끌었다. 또한 이인영을 총대장으로 하는 <u>의병 부대</u>의 군사장에 추대되어 일본군과 전투를 벌였다.

① 갑신정변을 일으켰다.

② 동북 9성을 축조하였다.

③ 봉오동 전투에서 승리하였다.

④ 서울 진공 작전을 전개하였다.

⑤ 조선 혁명 선언을 활동 지침으로 삼았다.

[정답 ④] 정미의병에 대한 문항입니다. 자료에서 '대한 제국 군대 해산' '이인영' 등을 통해 밑줄 친 '의병 부대'는 정미의병임을 알 수 있습니다. 1907년의 정미 7조약과 그 부속 조약으로 대한 제국의 군대가 해산되었습니다. 이때 해산된 군인들 일부는 의병(정미의병)에 가담했습니다. 허위를 중심으로 한 의병 연합 부대는 서울 진공 작전을 전개(④)하여 동대문 인근까지 진출했습니다.

고종 강제 퇴위 반대, 군대 해산, 서울 진공 작전, 13도 창의군은 정미의병의 대표 키워드입니다. 시기별 의병 운동의 배경과 특징을 정리하세요.

2024-9월 모의평가

053 (가) 단체에 대한 탐구 활동으로 가장 적절한 것은? [3점]

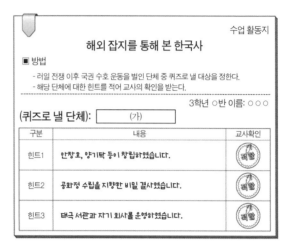

수업 활동지

해외 잡지를 통해 본 한국사

■ 방법
- 러일 전쟁 이후 국권 수호 운동을 벌인 단체 중 퀴즈로 낼 대상을 정한다.
- 해당 단체에 대한 힌트를 적어 교사의 확인을 받는다.

3학년 ○반 이름: ○○○

(퀴즈로 낼 단체): (가)

구분	내용	교사확인
힌트1	안창호, 양기탁 등이 창립하였습니다.	제합
힌트2	공화정 수립을 지향한 비밀 결사였습니다.	제합
힌트3	태극 서관과 자기 회사를 운영하였습니다.	제합

① 도병마사의 기능을 찾아본다.

② 제가 회의의 구성원을 분석한다.

③ 대성 학교의 설립 목적을 조사한다.

④ 탕평 정치의 추진 배경을 살펴본다.

⑤ 조사 시찰단의 파견 이유를 알아본다.

[정답 ③] 신민회의 활동에 관해 물어본 문항입니다. 자료에서 '안창호, 양기탁' '공화정 수립' '태극 서관과 자기 회사' 등을 통해 (가) 단체는 1907년에 결성된 비밀 결사 단체인 신민회라는 사실을 알 수 있습니다. 신민회는 대성 학교와 오산 학교를 세워 교육에 힘썼습니다(③). 신민회는 실력양성과 무장 투쟁을 함께 준비했다는 점에서 다른 애국 계몽 단체와 차별점을 보입니다.

신민회도 자주 출제되었던 주제입니다. 난이도는 중간입니다. 자주 등장하는 키워드는 대성 학교와 오산 학교, 삼원보, 신흥 강습소, 105인 사건 정도입니다.

(가)에 들어갈 내용으로 가장 적절한 것은?

3단계 힌트까지 나왔습니다.
이 단체는 어떤 단체일까요?

한국사 퀴즈 대회

1단계 안창호, 양기탁 등이 조직

2단계 신흥 강습소 설립

3단계 (가)

① 헌의 6조 결의

② 입헌 군주정 지향

③ 만민 공동회 개최

④ 105인 사건으로 해산

⑤ 고종의 강제 퇴위 반대

[정답 ④] 신민회의 특징을 물어본 문항입니다. 삽화에서 '안창호, 양기탁 등이 조직' '신흥 강습소 설립' 등을 통해 '이 단체'는 신민회라는 것을 알 수 있습니다. 신민회는 105인 사건으로 해산되었습니다(④).

이 외에도 대성 학교, 오산 학교, 태극 서관, 자기 회사 등이 신민회 관련 키워드로 출제되니 함께 잘 저장해 두세요.

화폐 정리 사업과
국채 보상 운동

외환위기로 우리나라가 어려움을 겪고 있던 1998년, 시민들이 자발적으로 집에 있던 금을 내놓았던 적이 있습니다. 바로 금 모으기 운동이지요. 이 금 모으기 운동과 비슷한 운동이 지금으로부터 120여 년쯤 전에도 있었습니다. 지금부터 그 이야기를 해 보려고 합니다.

메가타의 화폐 정리 사업

러·일 전쟁이 한창이던 1904년, 일본은 제1차 한·일 협약을 강제로 체결해 내정 간섭을 강화합니다. 제1차 한·일 협약에 따라 외교 고문으로 미국인 스티븐스가, 재정 고문으로 일본인 메가타가 파견됩니다. 이때 재정 고문으로 파견된 메가타는 1905년 화폐 정리 사업을 진행합니다.

화폐 정리 사업은 그때까지 사용되던 백동화를 새 화폐인 제일은행권으로

바꾸게 한 것입니다. 그런데 백동
화를 무조건 새 화폐로 바꿔 주지는
않았습니다. 백동화를 상태에 따라
갑종, 을종, 병종으로 나눈 다음, 갑
종은 제값을 인정해 주었지만, 을종
은 40%만 교환해 주었습니다. 심
지어 병종은 교환해 주지 않았습니
다.

이로 인해 주로 을종과 병종 백
동화를 가지고 있던 우리나라 상인
들이 큰 타격을 입었습니다. 또 금
융권이 일본에 넘어가게 되었으며,
사업을 추진하는 과정에서 나라의
빚, 국채가 1,300만 원이나 발생했
습니다.

한 마음 한 뜻으로! 국채 보상 운동

이런 상황에서 1907년 대구에서 서상돈, 김광제 등이 중심이 되어 국채
보상 운동이 시작됩니다. 전 국민이 금연, 금주를 통해 성금을 모아 나랏빚
을 갚고 일본의 지배에서 벗어나자는 운동이었지요. 대구에서 시작된 이 운
동은 전국으로 퍼졌습니다. 인터넷이나 SNS도 없던 이 시기에 어떻게 전국
으로 확산될 수 있었을까요?

답은 바로 신문입니다. 국채 보상 운동이 확산된 데는 《대한매일신보》 등

신문의 역할이 컸습니다. 특히 《대한매일신보》는 영국인 베델이 사장으로 있었기 때문에 일본의 탄압을 피할 수 있었습니다. 당시에 영국은 일본과 동맹 관계였기 때문에 일본이 함부로 할 수 없었거든요.

하지만 일본의 공작으로 결국 베델이 추방되었고, 이후에도 일본의 끊임없는 탄압으로 국채 보상 운동은 흐지부지 끝나고 말았습니다. 국채 보상 운동이 시작된 대구에는 지금도 '국채보상로'라는 길이 도로명 주소로 남아 있고 국채 보상 운동 기념 공원이 조성되어 있습니다. 국채 보상 운동 기록물은 2017년 유네스코 기록유산으로 등재되기도 하였습니다.

방곡령 사건

시간을 조금 거슬러 올라가서 방곡령 사건을 정리하고 마치겠습니다.

1876년 최초로 근대적 조약인 강화도 조약이 체결됩니다. 이때 조선은 근대 조약에 대한 지식이 없어서 일본이 제시한 불평등 조항들을 대부분 수용했습니다.

이후 불평등 조항들을 개선하기 위한 노력을 꾸준히 하여 1883년에는 조·일 통상 장정을 체결하여 관세권과 방곡령을 내릴 수 있는 권한을 얻어 냅니다. 물론 그 대가로 최혜국 대우를 인정해 주었지만요. 방곡령이란 '곡식 수출을 방지할 수 있는 명령'이라는 뜻으로, 흉년이 들어서 쌀 생산량이 줄었을 때 지방관이 일시적으로 쌀 수출을 금지할 수 있는 권한을 가리킵니다.

이후 지방관들이 여러 차례 방곡령을 내리기도 했지만 대부분은 일본 상인들의 항의로 금방 해제되었습니다. 이 중 1889년의 함경도 방곡령 사건과 1890년 황해도 방곡령 사건은 외교적 문제로 확대되었습니다. 흉년이 들자 지방관이 절차에 따라 방곡령을 내렸으나 일본 상인들은 미리 통지받지 못했다고 우기며 항의하였습니다. 일본 정부까지 나서서 결국 조선은 방곡령을 철회하고 배상금까지 물었습니다.

우리는 개화기를 떠올리면 무능한 정부, 무기력한 지배층과 백성들을 떠올리기 쉽습니다. 얼마나 무능했으면 일본에 나라를 빼앗겼을까 하는 생각이 드는 것이지요. 하지만 우리가 그리 호락호락하지는 않았습니다. 결과적으로는 힘에 밀려 실패했지만, 지금까지 살펴본 것처럼 나라를 지키기 위한 노력이 정부 차원과 민간 차원에서 다양하게 전개되었다는 것을 기억하면 좋겠습니다.

> **원포인트 레슨**
>
> ① 화폐 정리 사업의 키워드를 알아 두세요.
>
> ② 화폐 정리 사업-국채 보상 운동은 세트입니다. 한 묶음으로 정리해 두세요.
>
> ③ 국채 보상 운동-《대한매일신보》는 세트입니다. 한 묶음으로 정리해 두세요.

2023-9월 모의평가

054 (가)에 대한 설명으로 옳은 것은? [3점]

대한 제국 시기 일본의 경제 침탈

1. 차관 제공: 개혁과 시설 개선을 명목으로 제공 → 대한 제국 재정이 일본에 예속

2. ___(가)___ : 백동화를 포함한 구화폐를 일본 제일 은행권으로 교환 → 한국인 상공업자에게 타격

3. 토지 약탈: 철도 부지와 군용지 확보를 구실로 대규모 토지 차지

---

① 녹읍 폐지의 배경이 되었다.

② 전민변정도감이 담당하였다.

③ 재정 고문 메가타가 주도하였다.

④ YH 무역 사건의 계기가 되었다.

⑤ 임술 농민 봉기의 원인이 되었다.

[정답 ③] 화폐 정리 사업에 관한 문항입니다. 자료에서 '백동화를 포함한 구화폐를 일본 제일은행권으로 교환'이 나온 것으로 보아 (가)에는 화폐 정리 사업이 들어가야 한다는 것을 알 수 있습니다. 화폐 정리 사업은 1904년에 체결된 제1차 한·일 협약으로 우리나라에 파견된 재정 고문 메가타가 주도했습니다(③). 화폐 정리 사업은 난이도가 낮은 축에 속합니다. 나올 수 있는 키워드가 메가타, 백동화, 국채 정도이기 때문입니다. 한 번 정리해 두고 안심해도 좋습니다.

055 (가) 운동에 대한 설명으로 옳은 것은?

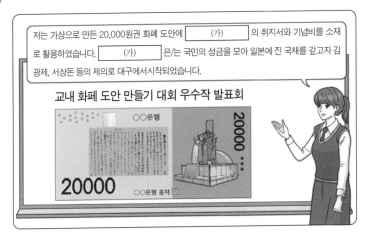

저는 가상으로 만든 20,000원권 화폐 도안에 [(가)]의 취지서와 기념비를 소재로 활용하였습니다. [(가)]은/는 국민의 성금을 모아 일본에 진 국채를 갚고자 김광제, 서상돈 등의 제의로 대구에서 시작되었습니다.

교내 화폐 도안 만들기 대회 우수작 발표회

○○은행

20000

○○은행 총재 ㉑

20000

① 집강소를 설치하였다.

② 서경 천도를 주장하였다.

③ YH 무역 사건의 계기가 되었다.

④ 《대한매일신보》 등 언론의 지원을 받았다.

⑤ 미소 공동 위원회가 개최되는 결과를 가져왔다.

[정답 ④] 국채 보상 운동-《대한매일신보》 세트 문항입니다. 자료에서 '국채' '김광제, 서상돈' 등을 통해 (가) 운동이 1907년에 전개된 국채 보상 운동이라는 것을 알 수 있습니다.

《대한매일신보》는 국채 보상 운동 확산에 이바지했습니다(④). 국채 보상 운동이 자료로 제시되면 《대한매일신보》가 정답으로, 《대한매일신보》가 자료로 나오면 국채 보상 운동이 정답으로 출제됩니다. 거의 공식화되어 있는 주제인 만큼 놓치면 안 되겠습니다.

 (가) 운동에 대한 설명으로 옳은 것은?

유네스코 세계 기록 유산

（가） 기록물

○국가 : 대한민국

○등재 연도 : 2017년

○본문 : 이 기록물은 대한 제국 시기 일본에 진 빚을 갚기 위해 전
개된 운동의 전 과정을 보여준다. …(중략)… 남성은 술과 담배
를 끊고, 여성은 반지와 비녀를 내어놓았으며, 기생과 걸인, 심
지어 도적까지도 의연금을 내는 등 전 국민의 약 25%가 이 운
동에 자발적으로 참여하였다.

① 《대한매일신보》가 적극적으로 호응하였다.

② 평양에서 시작되어 전국으로 확산되었다.

③ 황국 중앙 총상회를 중심으로 전개되었다.

④ 일제가 '남한 대토벌' 작전으로 진압하였다.

⑤ 조·미 수호 통상 조약이 체결되는 결과를 가져왔다.

 [정답 ①] 국채 보상 운동-《대한매일신보》 세트 문항입니다. 국채 보상 운동에 관한 문항입니다. '대한 제
국 시기 일본에 진 빚을 갚기 위해 전개된 운동'을 통해 (가)에는 국채 보상 운동이 들어가야 한다는 것을
알 수 있습니다. 국채 보상 운동은 《대한매일신보》 등 언론의 적극적인 호응으로 전국적으로 확산될 수 있
었습니다(①).

국채 보상 운동은 《대한매일신보》와 짝꿍입니다. 함께 저장해 두세요.

〈미스터 션샤인〉(2018)은 대한 제국의 국운이 기울던 1900년부터 1907년까지를 다룬 드라마입니다. 이 시기는 전통과 신문물이 공존하였고, 신분제가 폐지되었지만 여전히 사회적으로는 신분에 대한 인식이 남아 있었으며, 강대국에 빌붙는 사람이 있는가 하면 국권 회복을 위해 희생을 무릅쓰는 사람이 뒤섞여 있었습니다.

이 드라마는 미국의 이권을 위해 파견된 검은 머리 미 해병대 장교 유진초이와 조선의 명문 가문 출신의 애신의 쓸쓸하면서도 장엄한 연애 이야기입니다. 또 역사가 기록하지 않은 수많은 무명 의병의 항일 투쟁의 이야기가 담겨 있습니다.

방영 당시 굉장히 높은 시청률을 기록하였고 이후에도 지금까지 두고두고 회자되는 잘 만들어진 작품입니다. 무엇보다 격동의 시기를 살았던 다양한 인물들의 내적 갈등과 심리 묘사가 탁월하여 이입이 잘 된다는 평가를 받고 있습니다. 다만, 드라마 속 허구를 역사적 사실로 오해하는 일이 없도록 주의해야겠습니다. 개화기를 공부하고 드라마 속 허구를 하나씩 발견해 가며 보면 더 재미있을 것입니다.

미스터 션샤인을 꿰뚫는 질문이 하나 있습니다. "나에게 고통을 준 사회를, 내가 나서서 지켜야 하는가?"라는 것입니다. 여러분은 어떻게 생각하나요?

조

선

사

진왜란
혼일강리역
영국대전완성
7년
명량대첩 조명연합군 탕평
광해군 노
4군6진 위화
공인 곽재우 사병혁파
대동법 선대제수공업
호민정

빈출 키워드

조선에서 가장 많이 나오는 인물은 이순신과 세종입니다. 초기 왕들과 관련해서는 세종 관련 키워드

가 많이 나왔습니다. 가장 많이 출제되었던 주제는 임진왜란입니다. 주로 이순신이 제시되어 오다가

최근에는 그 외에 활약했던 의병장들이 보이기 시작했습니다. 조선 후기 세금 제도 변화와 관련하여

대동법-공인으로 이어지는 부분도 자주 출제되었습니다.

조선사

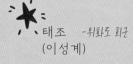
태조 -위화도 회군
(이성계)

태종 : ┌왕자의 난
      ├사병 X
      ├호패법
      └6조직계제

세종 : ┌집현전
      ├훈민정음
      ├삼강행실도
      ├의정부서사제
      ├농사직설, 칠정산
      ├앙부일구, 자격루
      └4군6진, 쓰시마섬 X

세조 : ┌단종 X
      ├6조직계제
      └경국대전 편찬시작

성종 : ┌홍문관
      ├경국대전 완성
      └사림↑ ⟹ 서원, 향약, 3사

ⓘ 사화 훈구
        VS

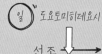
일 도요토미히데요시

선조 ⟹ 광해군 →반정 인조 ─

└봉당정치 시작   ├중립외교   └친명배금
 (동인 VS 서인)   │(강롱립)
                   └대동법   1636
   임진왜란   병자호란

   -7년간(1592~1598)   -남한산성
   -의주 피난   -삼전도 굴욕
   -조명연합군
   -이순신(한산, 명량 등)   ⟱
   -권율, 신립
   -곽재우, 조헌, 고경명   군신관계

   ⟱

일 문화↑, 에도 막부 성립

중 명↓, 후금↑ ⟹ 청

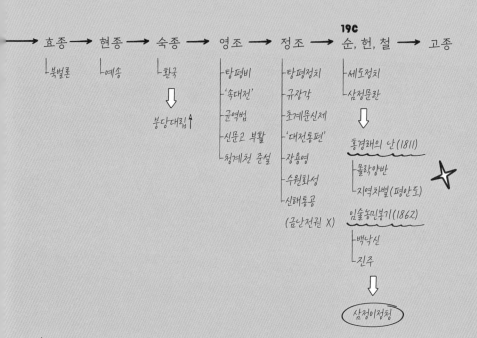

→ 효종 → 현종 → 숙종 → 영조 → 정조 → **19C** 순, 헌, 철 → 고종

└ 북벌론

└ 예송

└ 환국

⬇

붕당대립↑

영조
├ 탕평비
├ '속대전'
├ 균역법
├ 신문고 부활
└ 청계천 준설

정조
├ 탕평정치
├ 규장각
├ 초계문신제
├ '대전통편'
├ 장용영
├ 수원화성
└ 신해통공

(금난전권 X)

순, 헌, 철
├ 세도정치
└ 삼정문란

⬇

홍경래의 난 (1811)
├ 몰락양반
└ 지역차별(평안도)

임술농민봉기 (1862)
├ 백낙신
└ 진주

⬇

삼정이정청

수취체제 변화

- 공납: 대동법 ⇨ 특산물 → 돈, 쌀 ⇨ 공인↑

  ↑
  방납의 폐단

- 군역: 균역법 ⇨ 군포 2필 → 1필

후기 경제 사회 문화

- 경제 (동) 모내기, 광작, 상품작물
  (상) 상평통보, 공인, 사상

- 신분제: 양반↑ 상민↓ 노비↓
  by 공명첩, 납속, 노비종모법, 공노비해방

- 실학: 이익, 정약용, 박제가, 박지원...

- 서민문화: 풍속화, 민화, 한글소설, 판소리, 탈춤

- 진경산수화(인왕제색도)

서울에 있는 경복궁에 가 보았나요? 서울 지하철 3호선 역 중에 경복궁역이 있습니다. 5호선 역 중에는 광화문역이 있고요. 광화문은 경복궁의 정문입니다. 창덕궁, 덕수궁… 익숙한 이름이죠? 경복궁, 창덕궁, 덕수궁, 창경궁, 경희궁은 모두 같은 시대에 만들어졌습니다. 바로 조선입니다.

세종대왕, 광해군, 영조, 정조… 귀에 익은 이름입니다. 어느 시대 왕일까요? 조선입니다. 이순신, 장영실, 정약용은 어느 시대 인물들일까요? 맞습니다. 역시 조선입니다. 임진왜란, 병자호란은 어느 시대에 일어난 전쟁일까요? 네, 그것도 조선입니다. 이처럼 조선은 우리에게 매우 친숙한 나라입니다.

위에 언급한 궁궐들뿐 아니라 종묘, 사직단, 동대문, 남대문 등 아직도 서울에는 조선의 유적이 많이 남아 있습니다. 그 이유는 서울이 바로 조선의 수도, 한양이었기 때문입니다.

1392년 조선이 세워지기 전에는 고려라는 나라가 있었습니다. 그리고 조선은 고종 대에 이르러서 잠깐 대한제국으로 이름이 바뀌었다가 1910년에는 일본에 국권을 빼앗기고 역사 속으로 사라집니다. 이처럼 1392년부터 1910년까지 500여 년 동안 존재했던 나라가 조선입니다.

500년 역사 중 중간쯤 해당하는 1592년과 1636년에 각각 임진왜란과 병자호란이 일어났습니다. 이 두 '란'을 양 난이라고 합니다. 왼손과 오른손을 합해서 양손이라고 부르듯 말입니다. 양 난을 기준으로 조선 전기와 후기로 나누어집니다.

이 정도면 조선을 정리할 뼈대가 다 완성된 것 같습니다.

횟수	조선전기						양난		
	태조	태종	세종	세조	성종	사림/붕당정치	임진왜란	병자호란	양난사이
	2	3	8	0	4	2	14	6	2
24-수					✔				
23-10							✔		
24-9	✔								
23-7						✔	✔		
24-6								✔	
23-4								✔	
23-3							✔		
23-수									
22-10							✔		
23-9					✔				
22-7									✔
23-6							✔		
22-4								✔	
22-3									✔
22-수					✔		✔		
21-10			✔				✔		
22-9			✔				✔		
21-7			✔					✔	
22-6						✔		✔	
21-4			✔				✔		
21-3		✔					✔		
21-수			✔						
20-10			✔				✔		
21-9	✔	✔							
20-7			✔				✔		
21-6			✔					✔	
20-4					✔		✔		
20-3		✔					✔		

조선은 그동안 4문제씩 고정으로 출제되었습니다. 하지만 교육과정이 개정되면서 출제 비중이 2문제로 축소되었습니다. 50%나 감소한 것입니다. 그러다 보니 그동안 단골로 돌아가면서 출제되었던 조선 초기 왕들의 출제 빈도가 줄었습니다. 또 다른 특징은 그동안 임진왜란이 상대적으로 많이 출제되었는데, 최근에는 병자호란도 출제되고 있다는 점입니다. 조선 후기의 세금 제도 변화나 경제 변동, 사회 변동은 예나 지금이나 늘 출제되는 주제인 만큼 잘 정리해 두어야겠습니다.

조선후기					경제사회문화			
수취체제변화	후기정치	영조	정조	19세기민란	후기경제	신분제변동	실학	서민문화
8	2	1	8	3	12	4	3	2
			✔					
					✔			
					✔			
					✔			
✔								
			✔					
✔	✔							
					✔			
						✔		
					✔			
					✔			
✔								
			✔					
					✔		✔	
✔			✔					
	✔			✔				
			✔			✔		
✔		✔						
					✔			✔
					✔		✔	
✔				✔				✔
✔							✔	
			✔			✔		
			✔					
✔				✔				
					✔	✔		
			✔		✔			

초기 왕들

나라를 세운 왕을 태조라고 부릅니다. 그러니까 고려에도 태조가 있고, 조선에도 태조가 있습니다. 조선 태조의 본명은 이성계입니다. 많이 들어 봤지요?

이번 장에서는 조선을 세운 태조 이성계부터 조선의 9대 왕인 성종까지 조선 초기의 왕들을 정리해 보겠습니다.

조선을 세운 태조 이성계

이성계는 고려 말 신흥 무인 세력이었습니다. 왜구와 홍건적을 무찌르면서 인기몰이하던 이성계에게 선배 최영이 명령을 내립니다. 원나라의 뒤를 이은 명나라를 치라고 말이죠.

이성계는 고민합니다. 아무리 생각해도 작은 나라 조선이 큰 나라 명을 치

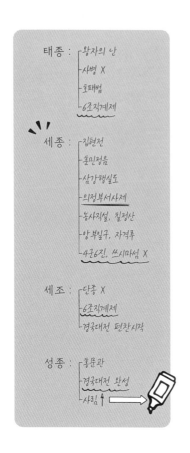

태종 : 왕자의 난
　　　 사병 X
　　　 호패법
　　　 6조직계제

세종 : 집현전
　　　 훈민정음
　　　 삼강행실도
　　　 의정부서사제
　　　 농사직설, 칠정산
　　　 앙부일구, 자격루
　　　 4군6진, 쓰시마섬 X

세조 : 단종 X
　　　 6조직계제
　　　 경국대전 편찬시작

성종 : 홍문관
　　　 경국대전 완성
　　　 사림↑

는 것은 승산 없는 게임이었으니까요. 하지만 군인인 이상 명령을 거부할 수 없어 대군을 이끌고 명나라 국경인 압록강으로 향합니다. 압록강 하류의 위화도라는 섬에 도착한 이성계는 깊은 고민 끝에 다시 군대를 돌립니다(위화도 회군).

　군인이 명령을 어기고 군대를 되돌리는 것은 반역 행위입니다. 군대를 돌리기로 한 이상 이성계는 반역자가 될 운명이었죠. 이미 엎질러진 물. 개경으로 돌아온 이성계는 최영을 제거하고 권력을 장악합니다. 이를 두고 당시 성리학을 바탕으로 개혁을 추진하고 있던 신진 사대부가 두 세력으로 갈라집니다. 위화도 회군을 반대하고 고려 왕조의 유지를 주장했던 온건파 사대부, 위화도 회군을 지지하고 새 왕조 세우기에 동조했던 급진파 사대부로 말이죠.

　결국 1392년 정도전을 비롯한 급진파 사대부가 이성계를 추대하면서 조선이 세워집니다.

두 차례의 왕자의 난으로 즉위한 태종

그런데 조선 건국을 설계하고 주도했던 정도전과 이성계의 다섯째 아들이방원 사이에 묘한 갈등이 생깁니다. 두 사람은 정치적 견해가 달랐을 뿐 아니라 후계자 문제까지 얽혀 있었기 때문입니다. 결국 이방원은 두 차례 왕자의 난을 통해 정도전을 제거하고 왕위에 올라 태종이 됩니다.

태종은 즉위 이후 공신과 왕족이 거느리던 군인들, 즉 사병을 다 해산시켜 버립니다. 언제든 왕권에 도전할 수 있으리라 판단하여 미리 위험 요소를 제거해 버린 것이지요. 또 6조 직계제를 실시하여 왕권을 강화합니다. 조선의 중앙 정치 기구는 의정부 6조 체제였습니다. 영의정, 좌의정, 우의정의 세 정승이 모여 회의하는 곳이 의정부인데, 이곳에서 합의된 내용을 왕에게 보고하고, 왕이 내린 명령을 검토하여 업무 성격에 따라 6조에 내려보내 시행하게 한 것이지요. 그런데 태종은 의정부를 거치지 않고 6조에 명령을 직접 내리고 직접 보고를 받았는데 이런 시스템을 6조 직계제라고 합니다.

세금을 잘 걷으려면 인구 조사를 정확하게 해야겠지요? 태종은 오늘날 주민등록증을 발급해 주듯 인구 조사를 한 후에 호패를 발급해 주는 호패법을 시행했습니다. 또 백성들이 억울한 일을 당했을 때 이를 호소할 수 있게 신문고를 설치했습니다.

학문 연구와 영토 확장을 함께한 세종

태종의 뒤를 이어 즉위한 사람이 조선의 제4대 왕 세종입니다. 세종은 정책을 시행하거나 결과를 보고 받을 때 반드시 의정부를 거치게 하는 의정부 서사제를 실시하여 왕권과 신권의 조화를 꾀하였습니다. 또, 학술 연구 기관으로 집현전을 설치하여 이곳에서 훈민정음을 창제하였습니다. 성리학 질서를 보급하기 위해서 그림과 훈민정음을 이용해 《삼강행실도》를 발간하기도 하였습니다. 또, 우리나라의 실정에 맞는 농업 서적인 《농사직설》을 발간하여 농업을 진흥하고, 한양을 기준으로 만든 역법서인 《칠정산》을 발간했습니다. 노비 출신 장영실과 함께 각종 발명품을 발명하기도 했습니다. 해시계 앙부일구, 물시계 자격루, 빗물의 양을 재는 측우기가 대표적입니다.

세종 하면 책과 공부를 좋아한 모범생이라는 이미지가 강합니다. 그런데 세종은 영토를 확장하고 왜구를 소탕하는 등 국방 문제에서도 뛰어난 역량을 발휘하였습니다. 북쪽으로는 4군 6진을 개척하여 오늘날과 거의 비슷하게 국경선을 확정했습니다. 또 고려 말부터 기승을 부리던 왜구의 본거지인 대마도(쓰시마섬)를 토벌하기도 했습니다.

《경국대전》 편찬을 시작한 세조와 사림을 등용한 성종

조선의 제7대 왕 세조는 어린 조카 단종을 쫓아내고 왕위에 올랐습니다. 태종과 마찬가지로 6조 직계제를 시행하여 왕권을 강화하는 한편 집현전을 폐지해 버렸습니다. 조선의 법전인 《경국대전》 편찬을 시작했고요. 그런데 시작은 세조가 했지만, 《경국대전》이 완성된 것은 성종 대입니다.

조선 9대 왕 성종은 《경국대전》을 완성하여 반포하였습니다. 또 폐지되었던 집현전을 계승하여 학술기관으로 홍문관을 설치했습니다. 이 시기에는 세조의 즉위를 도와 공신이 된 훈구 세력이 권력을 휘둘렀는데, 성종은 이들을 견제하기 위해 사림 세력을 등용하기 시작합니다. 사림은 조선 건국을 지지하지 않았던 고려 말 온건파 사대부의 제자들을 말합니다. 온건파 사대부는 조선이 건국되자 다 고향으로 내려가 학문 연구와 제자 양성에 힘썼습니다.

성종 때 관직에 오른 사림들은 주로 언론기관인 3사에 등용되었습니다. 3사의 관리는 높은 관직은 아니었지만, 왕이나 신하의 잘못을 비판하거나 탄핵하는 역할을 했습니다. 사림 세력은 훈구 세력의 비리를 지적하고 비판했습니다. 그러던 중 네 차례에 걸쳐 사화가 일어나면서 사림은 큰 타격을 받습니다.

하지만 서원과 향약으로 세력을 키운 사림은 마침내 제14대 왕 선조 대에 이르러 훈구 세력을 몰아내고 중앙 정치의 주인공이 되었습니다. 서원은 사림들이 지방에 세운 사립학교인데, 이곳을 통해 많은 제자를 양성했습니다. 향약이란 지방에서 지켜야 할 규칙(약속)을 말합니다. 향약을 통해 사림은 지방에서 농민들에게 영향력을 행사할 수 있었습니다.

원포인트
레슨

① 태종, 세종, 세조, 성종의 업적을 잘 구분해 두세요.

② 세종의 경우 키워드가 많으니 학문과 영토 확장을 아울러 잘 정리해 두세요.

③ 성종의 경우 사림 등용과 연결하여 출제되는 경우가 있으니 잘 알아 두세요.

2024-대학수학능력시험

056 (가)에 들어갈 내용으로 가장 적절한 것은?

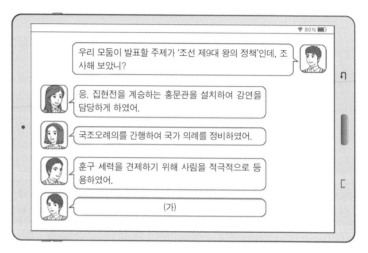

우리 모둠이 발표할 주제가 '조선 제9대 왕의 정책'인데, 조사해 보았니?

응. 집현전을 계승하는 홍문관을 설치하여 강연을 담당하게 하였어.

국조오례의를 간행하여 국가 의례를 정비하였어.

훈구 세력을 견제하기 위해 사림을 적극적으로 등용하였어.

(가)

① 대가야를 정복하였어.

②《경국대전》을 반포하였어.

③ 노비안검법을 실시하였어.

④ 전국에 척화비를 건립하였어.

⑤ 한성 사범 학교를 설립하였어.

[정답 ②] 성종의 업적을 묻는 문항입니다. 자료의 '제9대 왕' '홍문관' '사림 등용' 등을 통해 조선 성종에 관해 대화를 나누고 있음을 알 수 있습니다. 성종은 세조 대부터 편찬이 시작된 경국대전을 완성하고 반포하였습니다(②).

기존에는 조선 초기 왕들의 업적을 묻는 문항이 꼭 한 문항씩 출제되곤 했습니다. 하지만 교육과정이 바뀌고 조선의 출제 비중이 축소되면서 최근에는 이 부분이 덜 나오고 있습니다. 너무 많은 에너지를 쓰지는 말고, 간단하게 정리만 해두세요.

057 (가) 왕의 정책으로 옳은 것만을 <보기>에서 고른 것은?

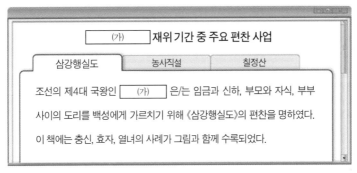

(가) 재위 기간 중 주요 편찬 사업

삼강행실도	농사직설	칠정산

조선의 제4대 국왕인 ___(가)___ 은/는 임금과 신하, 부모와 자식, 부부 사이의 도리를 백성에게 가르치기 위해 《삼강행실도》의 편찬을 명하였다. 이 책에는 충신, 효자, 열녀의 사례가 그림과 함께 수록되었다.

보기

ㄱ. 우산국을 정복하였다.

ㄴ. 훈민정음을 반포하였다.

ㄷ. 대한국 국제를 제정하였다.

ㄹ. 의정부 서사제를 실시하였다.

① ㄱ, ㄴ   ② ㄱ, ㄷ   ③ ㄴ, ㄷ   ④ ㄴ, ㄹ   ⑤ ㄷ, ㄹ

[정답 ④] 세종의 업적을 물어본 문항입니다. 자료에서 '삼강행실도' '조선 제4대 국왕'을 통해 (가) 왕은 세종임을 알 수 있습니다. 세종은 훈민정음을 반포하였고(ㄴ), 의정부 서사제를 실시(ㄹ)하였습니다.

교육과정이 개정되기 전까지 세종은 조선 초기 왕 중 가장 많이 출제된 인물입니다. 4개 중 2개를 고르는 합답형 문항으로 난이도가 다소 높은 유형입니다. 특히 세종은 업적이 많으므로 한 번 정리하고 가면 좋습니다.

 밑줄 친 '왕'이 실시한 정책으로 옳은 것은?

① 신문고를 설치하였다.

② 집현전을 폐지하였다.

③ 홍문관을 설치하였다.

④ 호패법을 시행하였다.

⑤ 훈민정음을 창제하였다.

[정답 ②] 세조의 정책을 물어본 문항입니다. 자료에서 '조선 제7대 왕' '경국대전 편찬 시작' 등을 통해 밑줄 친 '왕'은 세조임을 알 수 있습니다. 세조는 집현전을 폐지하였습니다(②).

조선 초기 왕들의 업적을 구분하기가 쉽지 않죠? 고려 초기에는 태조, 광종, 성종을 잘 구분해야 하고, 조선 초기에서는 태종, 세종, 세조, 성종을 잘 구분해야 합니다. 표로 정리해 두세요.

임진왜란과 병자호란

조선은 1392년에 건국되었습니다. 그런데 건국 200주년에 그만 엄청난 전쟁에 휘말리게 됩니다. 임진왜란이 터진 것입니다. 임진왜란은 '임진년에 왜에 의해 일어난 난'이라는 뜻입니다.

1636년에는 병자호란이 일어납니다. '병자년에 오랑캐에 의해 일어난 난'이라는 뜻이지요. 임진왜란과 병자호란을 묶어 '양 난'이라고 부릅니다. 양 난을 기점으로 조선에는 큰 변화가 생깁니다. 이번 장에서는 조선에 변화를 불러온 양 난을 정리해 보겠습니다.

7년간의 전쟁, 임진왜란과 정유재란

임진왜란과 병자호란을 이해하려면 당시 주변 국가들의 상황을 먼저 이해해야 합니다. 일본에서는 도요토미 히데요시가 140여 년간의 전국 시대를

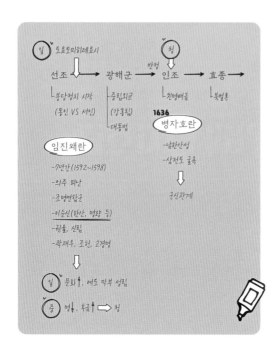

통일하고 권력을 장악합니다. 그런데 도요토미 히데요시는 하급 무사 출신으로 단숨에 무사들의 대장이 된 터였어요. 당연히 분위기가 좋지 않았습니다. 여기저기서 무사들의 불만이 튀어나왔죠. 도요토미 히데요시는 이들의 불만을 무마하고자 머리를 굴립니다. 그리고 무사들에게 함께 바다 건너 조선과 명을 치자고 설득합니다. 거기서 얻은 땅을 각자 가지라고 하면서요. 그러고 나서 도요토미 히데요시는 조선에 편지를 씁니다. "명을 치러 갈 텐데, 길 좀 빌려줘."라는 내용으로 말입니다.

조선은 당시에 명을 큰형님으로 모시고 있었으므로 일본의 요구를 받아들일 수 없었습니다. 도요토미 히데요시는 이를 트집 잡아 1592년 조선을 공격합니다.

전쟁이 시작되자 당시 왕이었던 선조는 서둘러 의주로 피난을 갑니다. 의주는 압록강 하류 중국과의 국경 지역에 위치합니다. 선조는 이곳에 가서 명에게 도움을 요청하겠다는 생각이었습니다. 그사이 조선의 동남부 해안은 초토화되고 왜군은 육로를 통해 수도 한양으로 진격했습니다.

그때 우리가 잘 알고 있는 이순신의 수군이 전라도 해안을 방어합니다. 애초에 일본군의 전략은 육지로 신속하게 이동하여 서해를 통해 식량과 물자를 보급한다는 것이었습니다. 그런데 이순신에 의해 바닷길을 통한 보급로가 완전히 막혀 버린 것입니다.

전쟁 소식을 들은 명은, 조선이 무너지면 다음 차례가 자신들이 될 것임을 예상하고 서둘러 지원군을 파견합니다. 그렇게 해서 임진왜란은 조·명 연합군 대 일본군이라는 동아시아 국제전으로 확대되었습니다. 이후 명과 도요토미 히데요시는 강화 협상을 진행하는데 협의가 잘되지 않자 1597년 다시 전쟁이 시작되었습니다(정유재란). 하지만 도요토미 히데요시가 병으로 사망하자 일본군은 철수하였습니다.

정유재란을 포함하여 임진왜란 당시에 이순신을 비롯하여 신립, 권율 등이 이끄는 관군뿐 아니라 곽재우, 조헌, 고경명과 같은 의병도 활약했습니다.

임진왜란과 병자호란 사이 시기

1592년부터 1598년까지 진행된 약 7년간의 전쟁으로 조선의 국토는 황폐화되었습니다. 이때 일본에 포로로 붙잡혀 간 많은 학자와 기술자들은 일본의 성리학과 도자기 기술이 발전하는 데 이바지하였습니다.

일본에서는 도요토미 히데요시의 부하였던 도쿠가와 이에야스가 새롭게 에도 막부 정권을 세웁니다. 중국에서는 명이 쇠퇴하고 북방 민족 중 하나인 여진족이 성장하여 후금을 세웁니다.

선조 다음 왕이 광해군입니다. 광해군은 그동안 조선이 큰형님으로 섬기던 명이 쇠퇴하고 오랑캐라고 업신여기던 후금이 성장하던 시기에 왕위에 올랐습니다. 당시 조선은 어느 나라와 가깝게 지내야 할지 선택의 갈림길에서 있었습니다. 왕위에 오른 광해군은 중립 외교 전략을 취합니다.

명이 후금을 공격하면서 조선에 지원병을 요청하였는데, 이때 파견된 강홍립은 후금에 항복하여 광해군의 뜻을 전했습니다. 한편 광해군은 공물을 특산물이 아닌 쌀과 현금으로 걷는 대동법을 처음으로 실시했습니다.

그런데 당시 '야당'이었던 서인 세력은 광해군의 중립 외교가 명에 대한 의리를 저버리는 배은망덕한 행위라고 비난하며 반정[1]을 통해 광해군을 쫓아내고 인조를 새롭게 왕으로 세웁니다(인조반정).

조선을 굴복시킨 정묘호란과 병자호란

인조와 서인 정권은 명에 대한 의리를 끝까지 지키고 오랑캐를 배척한다는 친명 배금 정책을 외교 노선으로 택합니다. 이 정책은 후금을 자극하였고 결국 1627년 정묘호란의 계기가 됩니다. 형제 관계를 맺고 간신히 후금을 물러가게 한 조선은 그 이후에도 후금보다는 명과 가깝게 지내려고 했지만, 국제 정세는 이와 반대로 흘러갔습니다.

후금은 더욱더 성장하여 나라 이름을 중국식 이름인 청으로 바꾸고 조선에 군신 관계를 요구했습니다. 조선이 이를 거부하자 청은 1636년 국경을 넘어 공격해 왔습니다. 바로 병자호란입니다. 인조는 강화도로 피난을 가려했으나 청의 군대가 예상보다 빨리 오는 바람에 서울 남쪽의 남한산성으로 들어가 약 한 달 동안 항전합니다.

더는 방어가 힘들겠다고 판단한 인조는 항복을 결심하고 성 밖으로 나옵니다. 그리고 서울 송파에 있는 삼전도에서 청 황제에게 굴욕적인 항복 의식

---

1 왕 자리가 정상적인 방식으로 후계자에게 이어지는 것이 아니라 신하들이 군사력을 동원하여 강제로 왕을 바꾸는 것을 말합니다.

을 치릅니다(삼전도의 굴욕). 이후 조선은 멸망 직전의 명을 대신하여 새로이 청을 '큰형님'으로 모시게 됩니다. 병자호란이 끝나고 얼마 안 있어 결국 명은 멸망하고 청이 새롭게 중국의 주인이 됩니다.

한편, 삼전도의 굴욕을 겪은 조선은 겉으로는 청을 섬기는 척했지만, 국내에서는 "언젠가 청이 있는 북쪽을 정벌하리라."고 다짐한 북벌론이 등장합니다. 물론 말만 그렇게 했을 뿐 실제로 군대를 일으킨 적은 없습니다.

두 차례의 전쟁을 겪은 조선은 이후 많은 변화를 겪게 됩니다. 지배층 입장에서는 고개를 들 수 없을 정도로 민망한 노릇이었습니다. 큰소리 떵떵 쳤는데, 오랑캐라고 업신여기던 일본과 여진에게 여지없이 굴욕을 당했으니까요. 백성들이 얼마나 깔보았을까요? 그래서인지 간신히 살아남은 조선의 지배층은 자신들의 과오를 덮기 위해 오히려 성리학적 질서를 강화해 나가는 모습을 보입니다.

한편, 인구가 줄어들고 농토가 황폐해져 기존의 방식대로는 세금을 제대로 걷을 수 없었습니다. 그래서 조선 후기에는 세금 제도가 바뀌게 됩니다.

원포인트
레슨

① 임진왜란 관련 키워드를 정리해 두세요. 배경보다는 전쟁 중에 있었던 일 위주로 정리하는 것이 좋습니다.

② 병자호란 관련 키워드를 정리해 두세요. 배경과 전개, 결과까지 함께 정리하는 것이 좋습니다.

③ 임진왜란과 병자호란 사이에 있었던 일들을 나열해 보세요. 연표 문제가 출제될 가능성이 있습니다.

2022-대학수학능력시험

058 (가) 전쟁 중에 있었던 사실로 옳은 것은? [3점]

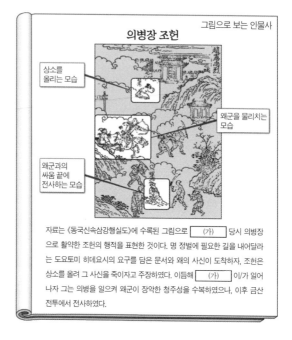

그림으로 보는 인물사

의병장 조헌

상소를 올리는 모습

왜군을 물리치는 모습

왜군과의 싸움 끝에 전사하는 모습

자료는 《동국신속삼강행실도》에 수록된 그림으로 ▢(가)▢ 당시 의병장으로 활약한 조헌의 행적을 표현한 것이다. 명 정벌에 필요한 길을 내어달라는 도요토미 히데요시의 요구를 담은 문서와 왜의 사신이 도착하자, 조헌은 상소를 올려 그 사신을 죽이자고 주장하였다. 이듬해 ▢(가)▢ 이/가 일어나자 그는 의병을 일으켜 왜군이 장악한 청주성을 수복하였으나, 이후 금산 전투에서 전사하였다.

① 어재연이 광성보에서 항전하였다.

② 이순신이 한산도 해전에서 승리하였다.

③ 을지문덕이 살수에서 적군을 격파하였다.

④ 김좌진이 청산리 전투를 승리로 이끌었다.

⑤ 서희가 외교 담판으로 강동 6주 지역을 확보하였다.

[정답 ②] 임진왜란 중 있었던 사실을 물어본 평이한 난이도의 문항입니다. 자료에서 '조헌' '왜군' '도요토미 히데요시' 등을 통해 (가) 전쟁이 임진왜란임을 알 수 있습니다. 임진왜란 중 이순신이 이끄는 수군이 한산도 해전에서 왜군에 승리하였습니다(②).

임진왜란은 조선을 통틀어 가장 출제 빈도가 높은 주제입니다. 다만, 최근에는 임진왜란 대신 병자호란이 보이기도 합니다. 임진왜란의 경우에는 주로 전쟁 중 활약했던 사람들이 정답으로 많이 제시됩니다. 이순신 외에도 권율, 신립, 김시민, 곽재우, 조헌, 고경명 등을 함께 알아 두세요.

059 다음 자료에 나타난 전쟁의 영향으로 가장 적절한 것은?

> **(인조 14년) 12월 1일**
> 청이 조선 침략을 위해 12만여 명의 대군을 선양(심양)에 집결하게 하였다.
>
> **(인조 14년) 12월 14일**
> 임금이 강화도로 가려고 하였으나, 청군이 길을 차단하였다고 하자 남한산성으로 들어갔다.
>
> **(인조 15년) 1월 22일**
> 청군이 강화도를 함락하였고 봉림대군 등이 사로잡혔다.
>
> **(인조 15년) 1월 30일**
> 임금이 삼전도에서 세 번 절하고 아홉 번 머리를 조아리는 예를 행하였다.

① 대가야가 멸망하였다.

② 별무반이 편성되었다.

③ 북벌론이 대두하였다.

④ 삼국 간섭이 발생하였다.

⑤ 쌍성총관부가 설치되었다.

[정답 ③] 병자호란의 영향을 물어본 문항입니다. 자료에 있는 '청' '남한산성' '봉림대군' '삼전도'를 통해 여기서 암시하는 전쟁이 병자호란임을 알 수 있습니다. 조선이 군신 관계 요구를 거부하자 1636년 병자호란이 일어납니다. 당시 인조는 남한산성에서 항전하다가 삼전도에서 항복 의식을 치르게 됩니다. 이후 조선은 청에 사대하게 되었습니다. 한편으로는 청을 쳐서 치욕을 씻자는 북벌론이 대두되기도 하였습니다(③).

한동안 임진왜란이 자주 출제되다가 최근에 병자호란이 출제되기 시작했습니다. 다만, 관련 키워드는 한정적입니다. 친명 배금 정책, 인조, 남한산성, 삼전도, 북벌론 정도이니 한 번 정리해 두면 어렵지 않게 정답을 찾을 수 있습니다.

 (가) 전쟁에 대한 설명으로 옳은 것은?

이 비석은 ☐(가)☐ 당시 조선의 인조가 굴욕적인 항복을 한 삼전도에 청이 세우고 간 승전비입니다. 2007년 다음과 같이 훼손된 사건이 있었습니다. 지금은 석촌 호수에서 복원된 모습을 볼 수 있습니다.

① 명이 참전하였다.

② 곽재우 등의 의병이 활약하였다.

③ 북벌론이 등장하는 결과를 가져왔다.

④ 조선의 도공들이 일본에 포로로 잡혀갔다.

⑤ 팔만대장경판이 만들어지는 계기가 되었다.

 [정답 ③] 병자호란에 관한 문항입니다. 자료의 '인조가 굴욕적인 항복을 한 삼전도'를 통해 (가) 전쟁이 1636년에 일어난 병자호란이라는 것을 알 수 있습니다. 병자호란 이후 조선은 청에 사대하게 되는데, 국내에서는 북벌론이 등장합니다(③).

함정이 있죠? ①, ②, ④는 임진왜란과 관련한 내용입니다. 임진왜란과 병자호란 당시 있었던 일들이 뒤섞이지 않도록 조심하세요.

붕당 정치와 탕평 정치

　이번 장에서는 조선 중기 권력을 잡은 사림 세력에 의한 붕당 정치의 변화를 정리해 보려고 합니다. 사림의 기원은 고려 말 왕조 교체에 반대했던 온건파 신진 사대부입니다. 그런데 시간이 지나 조선 중기에 그들의 제자들이 조선의 핵심 지배층으로 자리매김합니다. 굉장히 아이러니한 일이 벌어진 거죠. 제자들이 스승이 반대했던 나라의 지배층이 되다니요.

　따라서 조선 후기의 정치 흐름을 이해하기 위해서는 이들이 어떤 과정을 거쳐 집권하게 되었고, 집권한 다음에 어떤 정치를 펼쳤는지 알아야 합니다. 이제 한 번 이야기 속으로 떠나 볼까요?

사화를 극복하고 정권을 잡은 사림

　앞서 살펴본 바와 같이 조선은 고려 후기 신진 사대부 중 급진파 사대부들

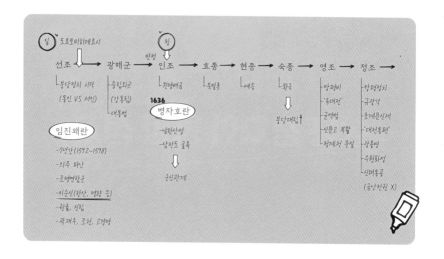

에 의해 건국된 나라입니다. 따라서 조선 전기의 정치를 쥐락펴락하는 것도 이들 급진파였습니다. 그들 가운데 세조의 쿠데타와 즉위를 도운 세력을 훈구파 또는 훈구 세력이라고 부릅니다.

한편, 끝까지 고려에 대한 의리를 지켰던 신진 사대부를 온건파 사대부라고 부릅니다. 이들은 조선이 건국되자 고향에 내려가 학문 연구에 힘씁니다. 그러다 보니 점점 제자들이 늘게 됩니다. 이를 "선비가 숲처럼 많아졌다."라는 뜻으로 '선비 사(士)' 자와 '수풀 림(林)' 자를 써서 사림이라고 부릅니다.

이들은 성종 대에 언론 기구인 3사에 진출하기 시작합니다. 그리고 훈구 세력의 비리를 비판합니다. 이 과정에서 네 차례 사화가 일어나는데요, 사림 세력은 그때마다 세력이 꺾였습니다.

전략 시뮬레이션 게임에는 병력을 생산해 내는 건물이 있습니다. 이런 건물이 많으면 많을수록 병력을 더 많이 뽑아낼 수 있죠. 사림에게는 서원이 그런 역할을 했습니다. 지방 곳곳에 세운 사립학교 서원에서 제자들을 끊임없이 양산한 데다가 **향약**을 통해 농촌에 대한 지배력을 강화한 사람은 마침내 선조 대에 이르러 훈구 세력을 몰아내고 정권을 잡게 됩니다.

붕당 정치의 성립과 예송 논쟁

정권을 잡은 사림 세력은 훈구 세력의 처리 방안에 대한 견해 차이, 학문적 차이, 지역적 차이 등으로 **서인**과 **동인**으로 갈라집니다. 이들은 서로의 존재를 인정하고 상호 견제를 하며 함께 정치를 해 나갔습니다. 이를 **붕당 정치**라고 합니다. 동인은 다시 남인과 북인으로 나뉩니다. 처음 정권을 잡았던 세력은 북인입니다. 이때는 임진왜란 직후인 광해군 시기입니다. 하지만 인조반정으로 정권은 다시 서인으로 넘어갑니다. 그리고 병자호란을 겪습니다.

현종 시기에는 서인과 남인 사이에 두 차례에 걸쳐 **예송 논쟁**이 일어납니다. 병자호란을 겪은 인조에게는 나이 어린 왕비가 있었습니다. 예송 논쟁의 중심에 있었던 자의대비인데요. 얼마나 나이가 어렸냐 하면 인조의 둘째 아들 효종과 효종비보다도 어렸습니다. 당연히 효종이 먼저 죽습니다. 아들이 죽었는데 새어머니가 살아 있는 상황이 펼쳐진 것입니다. 이때 자의대비가 상복을 얼마나 오래 입어야 하는지를 놓고 서인과 남인의 입장이 엇갈립니다. 서인은 효종이 둘째 아들이므로 상복을 짧게 입어야 한다고 주장했고, 남인은 효종이 비록 둘째 아들이기는 하지만 왕이 되었으므로 큰아들의 대우를 해줘야 한다고 주장했습니다. 이것이 **1차 예송**입니다. 즉위한 지 얼마 안 된 현종은 서인의 눈치가 보여 서인의 손을 들어 줍니다.

그런데 얼마 가지 않아 효종비가 사망합니다. 그러자 똑같은 논쟁이 다시 일어납니다. 서인은 효종비가 둘째 며느리이기 때문에 자의대비가 상복을 짧게 입어야 한다고 주장했고, 남인은 둘째 며느리이기는 하지만 왕비이므로 큰 며느리 대우를 해서 길게 입어야 한다고 주장했습니다. 2차 예송입니다. 이때는 현종이 남인의 손을 들어 줍니다.

이때까지만 해도 서로 정치적, 학문적 견해가 달라도 서로의 존재를 인정하고 필요에 따라서는 함께 협력해서 정치를 해 나갔습니다.

붕당 대립을 격화시킨 환국

하지만 숙종 때는 상황이 살벌하게 변합니다. 정치 주도권을 잡고자 했던 숙종은 상황에 따라 서인과 남인의 손을 번갈아 가며 들어 줍니다. 하루아침에 집권당을 바꾸어 버리곤 했죠. 이런 상황을 환국이라고 합니다. 숙종 때 일어난 세 차례의 환국을 거치면서 붕당 서로 간에 적대감이 커졌습니다. 정권을 빼앗기는 순간 정적들로부터 사약을 받아야 하는 상황이 되었기 때문입니다. 그러니 다들 기를 쓰고 정권을 지키려고 했겠지요? 결국 최종 승자는 서인이 됩니다. 서인은 남인의 처리를 놓고 다시 노론과 소론으로 갈라집니다.

중재자 영조의 개혁과 탕평 정치

이처럼 붕당의 대립이 심해지던 시기에 즉위한 왕이 영조입니다. 사도세자의 아버지 영조는 붕당 간의 대립을 완화하기 위해 당파에 상관없이 인재를 쓰고 함께 의논하여 국정을 처리하겠다는 뜻을 분명히 밝히고 탕평 정치를 실시했습니다. 탕평의 뜻을 새긴 탕평비를 조선 최고의 성리학 교육기관인 성균관에 세우기도 했습니다. 또 《경국대전》의 후속법전인 《속대전》을 편찬하여 법전을 정리하였습니다.

영조는 백성들의 삶을 개선하기 위해 많이 노력했습니다. 균역법을 실시해서 군포를 2필에서 50%나 할인한 1필로 줄여줍니다. 또 태종 때 설치되었다가 거의 사용되지 않았던 신문고를 부활하여 백성들이 억울한 일을 호소할 수 있는 길을 열어 주었습니다.

서울 시내 한복판에는 지금도 청계천이 흐릅니다. 조선 시대에는 청계천이 자주 범람하여 홍수 피해가 컸다고 합니다. 영조는 대대적인 청계천 준설 공사를 단행했습니다.

탕평 정치를 이어받은 개혁 군주 정조

영조 다음에 즉위한 왕이 정조입니다. 정조도 영조의 뜻을 이어받아 탕평 정치를 실시했습니다. 정조는 왕실 도서관이자 정책 연구기관인 규장각을 세우고 이곳에서 젊은 관리들과 함께 정책을 연구했습니다. 젊은 관리를 직접 재교육시키기도 했는데, 이 제도를 초계문신제라고 합니다. 또, 다시 한 번 법전을 정리해 《대전통편》을 편찬하고, 친위부대인 장용영을 두어 자신을 호위하게 했습니다.

정조는 자신의 정치적 이상을 실현하기 위해 신도시 수원 화성을 축조하였는데, 이 과정에서 정약용이 발명한 기중기가 활용되기도 했습니다. 또 수원 화성 축조 과정을 세세히 기록으로 남겼는데, 이는 유네스코 세계기록 유산으로 지정되었답니다.

정조 시기 조선에도 상공업이 발달하여 자유로운 상공업 활동에 대한 욕구가 높아졌습니다. 당시 조선에서는 정부의 허가를 받은 시전 상인들에게 허가받지 않은 상인(난전)이 상행위를 금지할 수 있는 권한을 주었습니다. 이를 금난전권이라고 하는데, 이로 인해 자유로운 상행위가 어려운 상황이었습니다. 정조는 통공 정책(신해통공)을 통해 육의전[1]을 제외한 시전 상인들의 금난전권을 폐지하여 자유로운 상행위를 부분적으로 허용했습니다.

영조와 정조 시기 강력한 왕권을 바탕으로 억눌렀던 붕당 간의 대립은 정조가 사망하고 나자 더 큰 폐단으로 돌아오게 되었습니다. 학교에서 무서운 선생님이 자습을 감독하다가 교실을 나가면, 숨죽이고 있던 학생들이 더 소란스러워지는 것처럼 말이죠.

① 붕당 정치의 성립과 전개, 갈등 심화와 탕평 정치까지 이어지는 흐름을 관련 사건들과 함께 정리해 두세요.

② 예송과 환국 관련 키워드와 순서를 알아 두세요.

③ 영조와 정조의 정책을 정리해 두세요. 특히 정조가 자주 출제되었습니다.

---

1 당시 여섯 가지 중요한 물품으로 간주된 명주, 종이, 어물, 모시, 비단, 무명을 팔던 상점을 말합니다. 이들은 정부의 보호를 받았습니다.

060 (가), (나) 시기 사이에 있었던 사실로 옳은 것은?

> (가) 심의겸과 김효원의 대립이 더욱 심해져서 심의겸을 지지하는 무리는 서인이 되고 김효원을 지지하는 무리는 동인이 되었다. 이로써 조정 신하 가운데 주관이 뚜렷하여 독자적으로 행동하는 사람이 아니면 모두 동인이나 서인으로 나눠지게 되었다.
>
> (나) 임금께서 탕평책을 실시하여, "두루 화합하고 편당을 짓지 않는 것은 군자의 공정한 마음이요, 편당만 짓고 두루 화합하지 않는 것은 소인의 사사로운 뜻이다."라는 글을 써서 내리고 이를 새긴 탕평비를 향석교에 세우도록 하였다.

① 환국이 일어났다.

② 무신 정권이 성립되었다.

③ 위화도 회군이 단행되었다.

④ 성왕이 사비로 천도하였다.

⑤ 제너럴 셔먼호 사건이 발생하였다.

[정답] ① 붕당 정치의 흐름을 물어본 문항입니다. '동인이나 서인으로 나눠지게 되었다.'라고 한 것으로 보아 (가) 자료는 붕당 정치가 성립되었던 선조 시기, '탕평비를 세웠다.'라는 것으로 보아 (나) 자료는 탕평 정치가 시작되었던 영조 시기라는 것을 알 수 있습니다. 예송 논쟁과 환국을 거치면서 붕당 대립이 심화된 것이 배경이 되어 붕당 대립을 완화하고자 영조와 정조 시대에 탕평 정치가 실시되었습니다. 따라서, (가), (나) 시기 사이에는 예송 논쟁과 환국(①)이 들어가야 합니다.

시기와 시기 사이에 일어난 일을 묻는 것은 난이도가 높은 문제 유형입니다. 자료를 너무 자세히 독해하기보다 아는 키워드가 있는지를 살핀 다음 흐름을 찾아보아야 합니다. 키워드와 흐름이 모두 중요한 주제입니다.

2024-대학수학능력시험

061 밑줄 친 '이 왕'에 대한 설명으로 옳은 것은? [3점]

자료는 <u>이 왕</u>의 명령으로 펴낸 《무예도보통지》의 일부이다. 이 책은 당시의 무예와 병기에 대해 종합적으로 알 수 있는 귀중한 자료이다. 편찬에 참여한 이덕무와 박제가는 규장각, 백동수는 장용영의 인재들로서, 두 기관은 <u>이 왕</u>이 설치하였다. 이를 통해 《무예도보통지》가 문관과 무관의 공동 작업으로 만든 책이라는 것을 알 수 있다.

① 녹읍을 폐지하였다.

② 탕평책을 추진하였다.

③ 군국기무처를 설치하였다.

④ 삼청 교육대를 운영하였다.

⑤ 교육입국 조서를 반포하였다.

[정답 ②] 정조에 대한 문항입니다. 자료에서 '규장각과 장용영 두 기관을 설치'를 통해 밑줄 친 '이 왕'은 정조라는 사실을 알 수 있습니다. 조선 22대 왕 정조는 수원 화성을 축조했고, 경제적으로는 육의전을 제외한 시전 상인들의 금난전권을 폐지하여 자유로운 상행위를 일부 허용했습니다. 정치적으로는 탕평책을 추진(②)했고, 초계문신제를 시행하였습니다.

지난 교육과정에서는 정조가 꽤 자주 출제되었습니다. 조선 전기 세종과 마찬가지로 관련 키워드가 많기 때문입니다. 하지만 새 교육과정에서는 출제 비중이 다소 낮아졌습니다. 그래도 업적이 많은 만큼 언제든 다시 출제될 수 있는 주제이니 키워드 위주로 잘 정리해 두세요.

다음 대화가 이루어진 시기로 옳은 것을 연표에서 고른 것은?

돌아가신 효종 대왕을 장자의 예로 대우하여 대왕대비의 복상(服喪) 기간을 3년으로 정하는 것이 마땅합니다.

아닙니다. 효종 대왕은 장자가 아니므로 1년으로 해야 합니다.

	(가)	(나)	(다)	(라)	(마)	
기묘사화		붕당의 형성	환국 발생	영조 즉위	홍경래의 난	임술농민봉기

① (가)　　　② (나)　　　③ (다)　　　④ (라)　　　⑤ (마)

[정답 ②] 예송 논쟁의 시기를 찾는 연표형 문항입니다. 자료에서 두 사람이 '대왕대비의 복상 기간'을 놓고 대립하고 있는데, 이를 통해 예송 논쟁 시기라는 것을 알 수 있습니다. 예송은 현종 때 있었던 논쟁입니다. 즉, 선조 때 붕당이 형성되고 난 다음이고, 숙종에 의한 환국 이전입니다. 따라서 정답은 ②입니다.

이야깃거리가 있는 사건의 경우 연표형으로 출제될 가능성이 있습니다. '다음 대화가 이루어진 시기' '다음 자료가 발표된 시기'와 같은 형식으로 말이죠. 늘 말하지만, 연도를 외우면 가장 편합니다. 그런데 불가능합니다. 주요 사건이 일어난 순서만이라도 꼭 기억해 두세요.

세도 정치와 농민 봉기

정조가 사망한 이후 60여 년 동안을 세도 정치 시기라고 합니다. 19세기 초중반에 해당되는 이 시기는 순조, 헌종, 철종이 차례로 즉위하였는데, 외

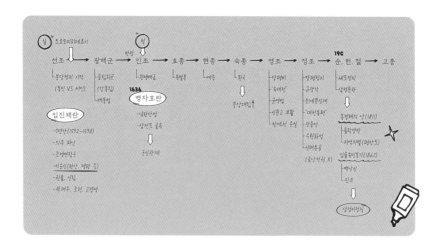

척[1] 가문을 비롯한 일부 세력 있는 가문들이 권력을 독점했습니다. 대표적인 세도 가문으로 안동 김씨와 풍양 조씨가 있습니다.

권력이 소수에게 집중되면 부패하기 시작합니다. 이 피해는 고스란히 힘 없는 백성들에게 돌아가게 됩니다. 이번 장에서는 정조 이후 19세기의 이야기를 정리해 보겠습니다.

세도 정치의 전개와 삼정의 문란

정조가 사망한 후 나이가 어리거나 세상 물정을 잘 모르는 왕들이 차례로 즉위합니다. 그러자 왕과 가까운 외척 세력이 권력을 독차지하게 되었습니다. 특정 가문이 권력을 독점함에 따라 왕권은 약화되었고, 부정부패가 심해졌습니다. 매관매직이 특히 유행합니다. 매관매직이란 돈을 주고 관직을 사고파는 것을 말합니다. 권력이 소수 가문에 집중되었기 때문에 관직을 얻고자 하는 사람은 이들에게 잘 보이기 위해 뇌물을 바치기 시작했습니다. 그러다가 아예 대놓고 관직을 매매하는 현상이 벌어지죠.

여러분이 200만 원을 주고 구청장 자리를 샀다고 칩시다. 구청장에 부임하고 나면 무슨 생각을 제일 먼저 하게 될까요? '어떻게 하면 내가 투자한 200만 원을 빨리 회수하고 더 많은 돈을 모을까?'라고 생각하지 않을까요? 돈을 주고 관직을 산 사람들은 그 지방에 부임하여 자신이 투자한 돈을 회수하고 그 이상으로 돈을 벌기 위해 백성들을 쥐어짜고는 과도하게 세금을 거두었습니다. 탐관오리가 기승을 부리게 된 배경입니다.

매관매직이 성행하고 탐관오리가 많아지면서 이 시기 과도하게 걷힌 세금

---

1 어머니 쪽 집안을 가리킵니다.

으로 인한 문제를 삼정의 문란이라고 합니다. 삼정이란 땅에 매기는 세금인 전정, 군포를 걷는 세금인 군정, 비싼 이자로 쌀을 빌려준 환정(환곡)을 의미합니다. 이 중 환곡은 원래 좋은 취지로 시행되던 복지 제도였습니다. 봄에 쌀이 떨어졌을 때 관청에서 싼 이자로 쌀을 빌려주고 가을에 다시 갚게 했던 제도가 바로 환곡이었거든요. 이처럼 백성들이 굶어 죽지 않도록 정부에서 운영했던 복지 제도가 조선 후기가 되면 악용되기 시작합니다. 필요하지도 않은 사람에게 강제로 빌려주고 비싼 이자를 쳐서 갚게 했는가 하면, 심지어 빌려줄 때는 쌀에 모래를 섞어서 주었다가 받을 때는 온전한 쌀로 갚게 하는 경우도 많았습니다. 이 때문에 많은 백성들이 고통받았습니다.

민란의 시대가 시작되다

19세기는 민란의 시대라고 할 만큼 봉기가 많이 발생했습니다. 수탈에 견디다 못한 백성들이 정부를 향해 들고 일어난 것이지요. 1811년의 홍경래의 난과 1862년의 임술 농민 봉기가 대표적입니다.

평안도는 성리학 보급이 늦어 조선 시대에 업신여김을 받고 차별을 받았던 지역이었습니다. 1811년 이곳에서 몰락 양반 홍경래가 지역 차별에 반대하며 난을 일으킵니다. 삼정의 문란과 사회 변동으로 어려움을 겪던 백성들이 이에 가세하면서 세력도 커졌습니다. 이들은 한때 정주성을 점령하여 5개월 동안 관군을 떨게 했지만 결국 진압되고 말았습니다.

1862년에는 경상남도 단성과 진주에서 백낙신의 수탈에 맞서 농민들이 봉기했습니다. 봉기의 불길은 전라도, 충청도 등 전국으로 확산되었죠. 1862년이 임술년이었기 때문에 이때의 전국적인 농민 봉기를 임술 농민 봉기라고 부릅니다.

이쯤 되자 조선 정부도 더는 모른 척하기 어려운 상황임을 깨닫습니다. 조선 정부는 삼정의 문란을 봉기의 주요 원인으로 보고 이 문제를 개선하기 위해 삼정이정청이라는 관청을 세웁니다. 하지만 세도 가문의 개입으로 이렇다 할 개혁을 이루지는 못했습니다.

이로부터 1년 뒤 1863년 고종이 어린 나이로 즉위하였고, 그의 아버지 흥선대원군이 정치를 대신하면서 삼정의 문란을 해결하기 위해 호포제를 실시하는 등 개혁을 하게 됩니다.

포인트
레슨

① 홍경래의 난과 임술 농민 봉기가 일어난 배경을 알아 두세요.

② 임술 농민 봉기 이후 삼정이정청이 설치되었다는 것을 알아 두세요.

2022-9월 모의평가

062 밑줄 친 '민란'에 대한 정부의 대책으로 옳은 것은? [3점]

> 진주 안핵사 박규수가 상소하기를, "백성들이 민란을 일으킨 데에는 반드시 이유가 있습니다. …(중략)… 진주에서 문서를 거짓으로 꾸며서 환곡을 착복한 사실은 이미 조사하여 보고하였습니다. 단성현도 수천 호에 불과하여 정상적인 방법으로는 수만 석에 달하는 환곡과 향곡*을 부담할 수 없습니다. 결국, 피해를 입는 것은 우리 백성들뿐입니다."라고 하였다.
>
> * 향곡(餉穀): 군량으로 쓰던 곡식

① 녹읍을 폐지하였다.

② 교정도감을 두었다.

③ 전시과를 실시하였다.

④ 홍범 14조를 반포하였다.

⑤ 삼정이정청을 설치하였다.

[정답 ⑤] 1862년에 일어난 임술 농민 봉기에 대한 정부의 대응을 물어본 문항입니다. 자료에서 '진주' '단성' '환곡' 등을 통해 밑줄 친 '민란'이 임술 농민 봉기라는 것을 알 수 있습니다. 정부는 삼정의 문란이 봉기의 주요 원인이라 판단하고 이에 대한 대책으로 삼정이정청을 설치하였습니다(⑤).

19세기 세도 정치 시기를 입체적으로 정리해 두세요. 소수 가문이 권력 독점-매관매직 성행-탐관오리 증가-삼정의 문란-민란 발생의 흐름입니다. 임술 농민 봉기-삼정이정청 설치는 세트입니다. 한 묶음으로 알아 두세요.

063 다음 자료를 활용한 탐구 주제로 가장 적절한 것은?

> • 진주민 수만 명이 무리를 지어 서리들의 가옥을 불사르고 부수
> 자 경상우병사 백낙신이 이들을 해산시키려 하였다. 이때 백성
> 이 그를 둘러싸고 삼정의 문란에 대해 항의하였다.
>
> • 임술년에 경상도 단성, 함양, 개령, 인동 등 여러 고을에서 백성
> 이 소동을 일으켰다. 이들은 수령을 포위하고 조세를 줄여 줄
> 것을 요구하거나 향리들을 쫓아내고 환곡 장부를 빼앗았다.

① 신라 말 지방 호족의 성장

② 고려 전기 문벌 귀족 사회의 동요

③ 고려 후기 삼별초의 항쟁

④ 조선 전기 훈구와 사림의 대립

⑤ 조선 후기 농민 봉기의 발생

[정답 ⑤] 조선 후기 농민 봉기의 발생에 대한 문항입니다. 자료에서 '진주민' '백낙신' '삼정의 문란' '임술년' 등을 통해 자료가 19세기 농민 봉기에 대한 것임을 알 수 있습니다(⑤).
위에서 언급한 관련 키워드를 정리해 두는 것이 필요합니다. 이 주제는 난이도가 평이하게 출제됩니다. 진주, 임술년, 백낙신, 삼정의 문란 등으로 키워드도 한정적입니다. 한 번 정리해 두면 쉽게 정답을 찾을 수 있습니다.

밑줄 친 '이 시기'에 있었던 사실로 옳은 것은?

> 이 시기에는 안동 김씨와 풍양 조씨 등 일부 외척 가문이 정치권
> 력을 독점하였다. 이들은 비변사의 주요 관직을 차지하고 중앙 군
> 영의 지휘권을 장악해 정권 유지의 토대로 삼았다. 그 결과 과거
> 시험에서 부정이 만연하고 매관매직이 성행하는 등 정치 기강이
> 극도로 해이해졌다.

① 독서삼품과가 시행되었다.

② 삼정의 문란이 심화되었다.

③ 네 차례에 걸쳐 사화가 일어났다.

④ 경국대전이 완성되어 반포되었다.

⑤ 자의대비 복상 문제로 서인과 남인이 대립하였다.

[정답 ②] 19세기 세도 정치기에 관한 문항입니다. 자료에서 '안동 김씨와 풍양 조씨' '비변사의 주요 관직을 차지' 등을 통해 밑줄 친 '이 시기'는 19세기 세도 정치기라는 것을 알 수 있습니다. 세도 정치기에는 매관매직이 성행하고 탐관오리에 의한 수탈이 심화되었습니다. 이로 인해 삼정의 문란이 최고조에 이릅니다 (②).
지금까지는 주로 농민 봉기가 출제되었습니다. 세도 정치기를 크게 물어본 적은 없었는데 언제 출제될지 모르니 대비해 놓아야겠죠?

조선 후기의 변동

질문을 하나 던져보겠습니다. 세금을 걷으려고 합니다. 두 가지 방법이 있습니다. 첫째 방법은 집집이 가족 수를 조사해서 인원수만큼 걷는 것입니다. 둘째 방법은 가족 수에 상관없이 재산의 정도에 따라 걷는 것입니다. 여러분은 어떤 방법이 합리적이라고 생각하나요?

양 난을 겪은 조선은 인구 감소와 국토 황폐화 문제로 기존의 방법으로는 세금을 걷지 못하게 됩니다. 그래서 조선 후기에는 세금 걷는 제도가 바뀝니다. 위 질문의 두 가지 방법 중 어떤 방법으로 바뀌게 되었는지 잘 찾아보기 바랍니다. 이번 장에서는 세금 제도를 포함하여 조선 후기에 나타난 여러 가지 변동을 정리해 보겠습니다.

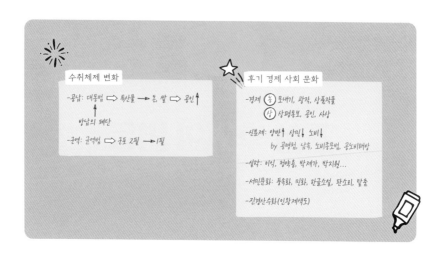

땅 기준으로 세금 제도가 바뀌다

조선에서는 크게 세 가지 항목의 세금을 걷었습니다. 첫째, 땅에 매기는 세금인 전세입니다. 둘째, 지역 특산물을 걷는 공납입니다. 셋째, 군대 가는 대신 군포를 내는 군역입니다.

이 중 특히 공납과 군역이 백성들을 힘들게 했습니다. 공납과 관련해서는 백성과 관청 사이에 방납업자가 개입하여 관리와 결탁해 백성들을 수탈하였습니다. 지역마다 할당된 특산물이 있고, 집집마다 이를 구해서 관청에 내야 했는데요. 방납업자가 중간에서 백성들 대신에 미리 관청에 공납을 납부해 버립니다. 그러고는 백성들에게 "대신 납부했으니 내게 돈을 내라."고 하면서 비싼 값으로 돈을 받았습니다. 일부 백성들은 방납업자를 무시하고 직접 관청에 가서 특산물을 납부하려고 했지만, 관청에서는 이런저런 핑계를 대며 받아주지 않았습니다. 방납업자와 관리가 한통속이었기 때문입니다.

이처럼 **방납의 폐단**이 심해지자 광해군은 경기도 지역에 한하여 처음으로 **대동법**을 실시했습니다. 대동법으로 두 가지 변화가 생겼습니다. 먼저 세금을 매기는 기준입니다. 이전에는 집집마다 매기던 것을 그때부터 토지 소유를 기준으로 하게 됩니다. 예전에는 토지가 하나도 없어도 식구가 많으면 세금을 많이 납부해야 했지만, 이제 식구 수에 상관없이 재산에 따라 세금을 납부하게 되었습니다.

두 번째 변화는 물품입니다. 이전에는 나라에 특산물을 바쳐야 했습니다. 하지만 특산물은 구하기도 힘들뿐더러 방납업자가 개입할 계기가 되어 폐단이 많아졌잖아요? 그래서 특산물 대신에 쌀이나 돈으로 납부하게 한 것입니다.

국가는 그렇게 거둬들인 쌀이나 돈으로 필요한 물건을 직접 사게 되었습니다. 그러려면 누가 있어야 하나요? 네, 국가를 대신해서 대량으로 물건을 사다 주는 '공적인 상인'이 필요합니다. 이런 상인을 공인이라고 합니다. 대동법은 공인이 등장하는 계기가 되었습니다.

대동법 시행은 많은 반대에 부딪힙니다. 누가 반대했을까요? 그렇습니다. 바로 토지를 많이 가진 기득권층이지요. 광해군 대에 경기도 지역에서 처음 시행된 대동법이 전국으로 확대되기까지 무려 100여 년이나 걸렸을 정도입니다. 그만큼 기득권층의 반대와 저항이 심했다는 뜻입니다.

두 번째로 백성들을 힘들게 했던 것은 군역입니다. 당시에는 성인 남성이 군대 가는 대신 군포를 1년에 2필씩 납부했습니다. 영조는 균역법을 실시하여 군포를 50% 할인해서 1필만 납부하게 했습니다. 부족해진 세금을 보충하기 위해서는 토지 소유자들에게 결작이라는 항목으로 세금을 걷고, 그 외에도 다른 곳에서 다른 항목으로 보충합니다.

조선 후기에는 대체로 땅 없는 백성들의 부담을 줄이고 토지 소유자들에게 세금을 더 걷는 방식으로 세금 제도가 바뀌게 되었습니다.

기술의 발전이 가져온 경제의 발달

조선 후기가 되면 경제가 발전하고 신분제가 흔들리기 시작합니다. 농업 분야에서는 모내기법이 전국적으로 확산되어 한 사람이 넓은 면적을 농사짓는 광작이 가능해졌습니다. 그뿐만 아니라 담배, 인삼과 같이 내다 팔기 위한 상품작물 재배가 활발해졌습니다. 그로 인해 '부자 농민'인 부농이 등장하게 되지요.

농업이 발달하면서 자연스럽게 상공업도 발달하였습니다. 상평통보가 화폐로 유통되어 사용되었고, 대동법 시행으로 등장한 공인이 활동하는 한편, 개인 상인인 사상의 활동도 활발했습니다.

경제의 발달이 불러온 신분제 변화

경제가 성장하면서 신분제도 함께 변하기 시작했습니다. 부를 축적한 일부 농민과 상인들은 공명첩을 사거나 납속을 통해 합법적으로 신분 상승을 도모합니다. 공명첩은 임진왜란 이후 정부에서 부족한 재정을 보충하기 위해 판매한 '이름이 빈 임명장'을 말합니다. 공명첩을 사서 빈칸에 자신의 이름을 써넣으면 그것이 곧 자신의 직책이 되었습니다. 물론 여기서의 직책은 실제 관직이라기보다 명예직이었죠. 어쨌든 국가가 나서서 합법적인 신분 상승의 길을 열어놓은 것입니다. 납속은 일정량의 돈이나 쌀을 납부하여 신분을 상승하는 것을 말합니다.

일부는 몰락한 양반의 족보를 사서 위조하는 등 불법적인 방법으로 양반 행세를 하기도 했습니다.

노비도 납속이나 도망 등을 통해 신분 상승을 꾀하였습니다. 머릿속으로 한번 정리해보세요. 양반, 상민(농민과 상인 등 일반백성), 노비 중에서 어느 계층이 줄고 어느 계층이 늘었을까요? 그렇습니다. 조선 후기에는 양반이 늘고 상민이 줄어드는 현상이 나타났습니다. 그런데 문제는 여기에서 끝나지 않습니다. 양반은 세금 면제의 혜택을 누렸다고 했죠? 양반이 많아지고 상민이 줄어든다는 것은 세금 낼 사람이 줄어든다는 뜻입니다. 국가 입장에서는 어떻게든 상민의 수를 늘릴 필요가 있었습니다.

양반을 다시 상민으로 되돌리는 것보다 노비를 상민으로 해방시키는 일이 더 쉬워 보이지요? 조선 정부도 그래서 노비를 해방시키는 쪽으로 정책의 방향을 잡습니다. 영조 때는 노비종모법을 시행하여 노비의 신분을 어머니 쪽을 따르게 했습니다. 즉, 엄마가 노비가 아니라면 그 자식도 노비가 아닌 삶을 살아갈 수 있게 한 거죠. 그전에는 아버지나 어머니 중 한 명이라도 노비 신분이면 그 자식도 노비였습니다. 순조 때는 관청에 소속되어 있던 공노비를 해방시킵니다.

이처럼 조선 후기에는 경제 성장과 더불어 신분제에도 큰 변화가 일어납니다. '절대적 신분'이라는 개념이 사라지게 된 것입니다.

실학과 서민 문화의 발달

조선의 기반 사상인 성리학은 새롭게 나타난 사회 문제를 해결하는 데 별로 도움이 되지 않았습니다. 성리학의 특성상 경직성이 강했거든요. 이때 인기를 얻기 시작한 학문이 실학입니다. 실학은 '사회 문제를 해결하는 실용적인 학문'을 뜻합니다. 이익, 정약용 등은 사회 문제 해결을 위해 토지 문제에 집중했고, 박지원, 박제가 등은 상공업 진흥을 강조하였습니다.

경제가 발달하는 가운데 서민 문화도 함께 부흥했습니다. 한글 소설이 널리 읽혔고, 판소리, 탈춤 등의 공연 문화도 성행했습니다. 일반 백성들의 모습을 그린 풍속화와 서민들의 소망을 담은 민화도 유행했지요. 이와 함께 중국 그림을 따라 그리던 화풍에서 벗어나 실제 우리 강산을 보고 그린 진경산수화가 사랑을 받게 됩니다. 서울의 인왕산을 보고 그린 정선의 인왕제색도가 대표적입니다.

조선 후기에는 참으로 많은 변화가 있었습니다. 그 변화의 속도는 일본에 개항한 후 더욱 빨라집니다. 이제 조선은 자주성을 지켜내면서 근대적 개혁을 감당해야 하는 과제를 안게 되었지요. 하지만 안타깝게도 일본에 국권을 빼앗기고 맙니다.

이성계의 위화도 회군으로부터 시작된 우리의 이야기가 마침내 끝났습니다. 이제 이성계가 위화도 회군을 했던 고려로 떠나보겠습니다.

원포인트 레슨

① 조선 후기 경제적 변화를 키워드 중심으로 알아 두세요.

② 조선 후기 신분제의 변화 양상을 계층별로 정리해 두세요.

③ 조선 후기 서민 문화의 발달 사례를 정리해 두세요.

2024-6월 모의평가

064 (가) 제도에 대한 설명으로 옳은 것은? [3점]

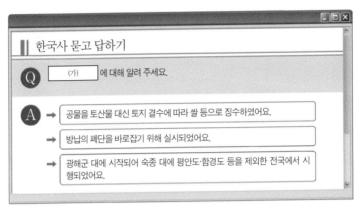

① 공인이 성장하는 계기가 되었다.

② 삼백 산업 발달에 영향을 주었다.

③ 물산 장려 운동의 배경이 되었다.

④ 기기창이 설치되는 결과를 가져왔다.

⑤ 권문세족의 경제적 기반을 약화시켰다.

[정답 ①] 조선 후기 세금 제도 변화 중 대동법에 대한 문항입니다. 자료에서 '공물' '토지 결수에 따라 쌀 등으로 징수' '방납의 폐단' '광해군 대에 시작' 등을 통해 (가) 제도가 대동법이라는 것을 알 수 있습니다. 대동법은 방납의 폐단을 개선하기 위해 광해군 대에 처음으로 실시된 제도로, 공물을 집집마다 토산물로 걷던 방식에서 토지 결수에 따라 쌀, 화폐 등으로 징수했죠. 대동법의 시행으로 국가에서 필요한 물건을 조달하는 공인이 성장하게 됩니다(①).

065 다음 자료에 나타난 시기의 상황으로 가장 적절한 것은? [3점]

> • 한양 안팎과 번화한 큰 도시의 파밭, 마늘밭, 배추밭, 오이밭 등은 10무(畝)의 땅에서 얻은 이익이 수백 냥을 헤아린다. 서도의 담배밭, 북도의 삼밭, 한산의 모시밭, 전주의 생강밭, 강진의 고구마밭, 황주의 지황밭에서 나오는 수확은 가장 좋은 논과 비교해도 그 이익이 열 갑절이나 된다.
>
> • 돈은 천하에 유통되는 재화이므로 허적과 권대운 등의 대신이 돈을 만들자고 하였다. 이에 임금께서 호조 등의 관청으로 하여금 상평통보를 주조하여 돈 4백문을 은 1냥의 가치로 정해 시중에 유통시키도록 하였다.

① 회사령이 폐지되었다.

② 대동법이 운용되었다.

③ 삼백 산업이 발달하였다.

④ 전민변정도감이 설치되었다.

⑤ 산미 증식 계획이 실시되었다.

[정답 ②] 조선 후기 경제 상황을 자료로 제시하고 세금 제도 변화를 물어본 문항입니다. 자료에서 '상품작물 재배' '상평통보의 유통' 등을 통해 배경이 조선 후기임을 알 수 있습니다. 조선 후기에는 세금 제도로 대동법(②), 균역법 등이 시행되었습니다.

간단해 보이지만 수험생들이 까다로워하는 유형입니다. 조선 후기 경제, 사회, 문화는 뒤섞여서 출제되는 경우가 많습니다. 크게 4개 주제인 세금 제도의 변화, 경제 발달, 신분제 변화, 서민 문화 발달을 중심으로 정리하되, 이 모든 것이 조선 후기로 묶인다는 것을 꼭 기억해 두세요.

자료의 상황이 전개된 시기에 있었던 사실로 옳은 것은?

> • 근래에 나라의 재정이 고갈됨에 따라 급한 일이 있으면 그때그때 자금을 마련하여 썼습니다. 각종 건물을 지을 때나 사신을 접대할 때 공명첩에서 나온 자금으로 그 수요를 충당하니 5, 6년 동안 남발된 공명첩이 몇천 장이나 되는지 알 수 없을 정도입니다.
> • 간사한 자들이 돈을 주고서 족보에 슬쩍 이름을 더하여 넣고 관직의 계급까지 뇌물을 주고 빌리는 실정입니다. …(중략)… 군사의 정원이 줄어드는 것은 진실로 작은 일이 아닙니다.

① 양반층이 증가하였다.
② 호족 세력이 성장하였다.
③ 불만을 품은 6두품 세력이 많았다.
④ 동맹이라는 제천 행사가 개최되었다.
⑤ 골품에 따른 관직 승진 제한이 있었다.

[정답 ①] 조선 후기 신분제 변동을 물어본 문항입니다. 자료의 '공명첩' '족보에 슬쩍 이름을 더하여 넣고' 등을 통해 이 시기가 조선 후기라는 것을 알 수 있습니다. 조선 후기에는 농업 기술과 상공업의 발달로 부유한 상민이 많아졌습니다. 이들은 공명첩, 납속, 족보 매입 및 위조 등을 통해 양반이 되는 경우가 많았습니다. 이로 인해 조선 후기에는 양반층이 증가하고(①), 세금 납부층인 상민 계층이 감소하였습니다.
조선 후기 경제와 사회는 함께 알아 두어야 합니다. 경제 발달이 신분제 변동으로 이어진다는 '큰 그림'을 꼭 기억해 두세요.

영화로 보는 조선사

조선은 우리에게 굉장히 친숙한 나라입니다. 수도마저 지금의 서울인 한양이었고 조선이 존재했던 시기가 그리 오래되지 않다 보니 남아 있는 유적지와 유물이 굉장히 많습니다. 조선 시대 지어진 건축물의 이름을 딴 동네 이름이나 지하철역 이름도 많습니다.

그러다 보니 자연스럽게 조선 시대를 배경으로 하는 영화나 드라마도 많이 제작되었습니다. 상당수의 사극 드라마나 영화의 배경이 조선이죠.

조선에서 가장 먼저 떠오르는 왕은 아마도 세종일 것입니다. 세종과 관련된 영화로는 〈천문〉(2019), 〈나랏말싸미〉(2019) 등이 있습니다. 〈천문〉은 노비 출신 장영실과 함께 천문 기기를 발명해 나가는 이야기입니다. 신분이 극과 극이지만 두 사람은 서로에게 좋은 친구입니다. 대화를 통해 세종이 백성을 사랑하는 따스한 마음을 느낄 수 있습니다. 한편, 〈나랏말싸미〉는 화려한 캐스팅에도 불구하고 역사 왜곡이라는 오명을 뒤집어쓰고 흥행에 실패했습니다. 세종이 아닌 신미 대사가 훈민정음을 창제한 것이라고 역사를 왜곡했다고 하여 많은 비판을 받았습니다. 여러분 생각은 어떤가요? 역사 영화의 역사적 사실 각색은 어디까지 허용할 수 있을까요? 영화는 예술이고 예술은 창작의 영역인데 꼭 역사적 고증을 거쳐야 할까요? 이런저런 생각을 해보게 만드는 영화였습니다.

혹시 사화에 관심이 있다면, 〈왕의 남자〉(2005)를 추천합니다. 조금 거북스러운 장면들도 나오는데 연산군의 광기를 이처럼 잘 그린 영화도 드뭅니다.

조선의 가장 큰 사건을 하나 꼽는다면 임진왜란일 것입니다. 임진왜란 하면 누가 떠오르나요? 그렇습니다. 이순신이 떠오르죠? 영화 제작자들도 그러했나 봅니다. 임진왜란과 관련된, 정확히는 이순신의 활약에 관련된 영화로는 〈한산〉(2022), 〈명량〉(2014), 〈노량〉(2023) 등이 있습니다. 한산대첩, 명량대첩, 노량대첩은 임진왜란 3대 해전이라고도 일컬어질 만큼 드라마틱한 전투였습니다. 이를 장엄한 영화로 만나보면 그 감동은 이루 말할 수 없을 것입니다. 특이한 점은 이 세 영화 모두 같은 감독이 메가폰을 잡아 제작했다는 점입니다. 개봉 순서가 아니라 실제로 전투를 치른 순서에 따라 〈한산〉-〈명량〉-〈노량〉 순으로 감상해 보면 어떨까요?

〈광해〉, 〈왕이 된 남자〉(2012)는 유명한 '왕자와 거지' 이야기의 광해군 판입니다. 허구가 많이 들어갔지만, 임진왜란 직후의 조선 상황이 어떠했고 당면 과제가 무엇이었는지를 살펴볼 수 있습니다.

병자호란을 소재로 한 영화도 있습니다. 〈남한산성〉(2017)은 제목 그대로 병자호란 당시 남한산성에서 항전하던 시기를 중점적으로 다뤘습니다. 특히 주전파와 주화파의 대립을 생생하게 그리고 있습니다. 남한산성이 왕을 비롯한 지배층의 시각에서 병자호란을 바라봤다면, 〈최종병기 활〉(2011)은 하층민의 시각으로 병자호란을 그렸습니다. 조금 더 화끈한 액션을 원한다면 〈최종병기 활〉을 추천합니다.

영조 시기 사도세자의 죽음을 소재로 한 〈사도〉(2015)도 있습니다. '왜 사도세자는 친아버지에게 죽임까지 당해야 했나?'라는 의문을 가져 본 적 있나요? 너무도 비상식적이기에 오히려 호기심이 이는 사건입니다. 영조와 사도세자의 심리 묘사를 잘해 몰입감을 주는 영화입니다.

정조 시기를 다룬 〈역린〉(2014)도 볼만합니다. 정조에게는 건드려서는 안될 '역린'이 있었는데, 그것은 바로 뒤주에 갇혀 죽은 친아버지 사도세자였습니다. 암살 위협을 받는 정조는 어떻게 대응했을까요? 조선 시대를 다룬 영화 중 드물게 액션이 화려한 영화입니다.

그 외에도 다산 정약용의 형 자산 정약전의 삶을 소재로 한 〈자산어보〉(2021), 철종 시기 하층민의 힘겨운 삶을 생생하게 그린 〈군도〉(2014)도 볼만합니다.

고려사

빈출 키워드

고려에서는 그동안 공민왕과 경제, 문화가 많이 출제되었습니다. 그래서 전민변정도감, 쌍성총관부 공격 등과 같은 공민왕 관련 키워드가 많습니다. 고려 초기 왕 중에서는 쌍기의 건의로 과거제를 실시했던 광종이 자주 출제되었습니다.

고려사

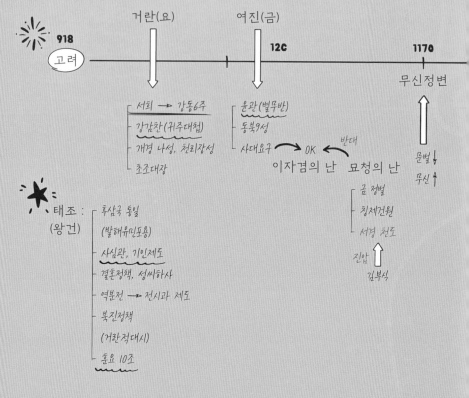

918 고려 · 거란(요) · 여진(금) 12C · 1170 무신정변

서희 → 강동6주
강감찬 (귀주대첩)
개경 나성, 천리장성
초조대장

윤관 (별무반)
동북9성
사대요구 → OK ← 반대
이자겸의 난   묘청의 난

금 정벌
칭제건원
서경 천도

진압
김부식

문벌↓
무신↑

태조 : (왕건)
후삼국 통일
(발해유민포용)
사심관, 기인제도
결혼정책, 성씨하사
역분전 → 전시과 제도
북진정책
(거란적대시)
훈요 10조

광종 :
과거제 (쌍기)
노비안검법
연호 (광덕, 준풍)

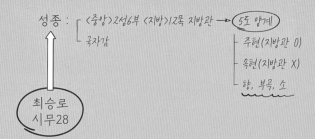

성종 :
〈중앙〉2성6부 〈지방〉12목 지방관 → 5도 양계
국자감
주현 (지방관 O)
속현 (지방관 X)
향, 부곡, 소

최승로
시무28

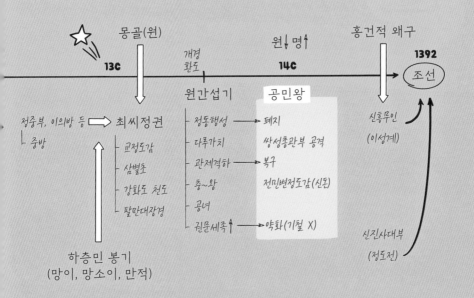

몽골(원)

원↓ 명↑

홍건적 왜구

☆

13C

개경
환도

14C

1392

조선

정중부, 이의방 등 ⇨ 최씨정권
└ 중방

원간섭기

공민왕

신흥무인
(이성계)

┌ 정동행성 ──→ 폐지

쌍성총관부 공격

├ 다루가치

├ 관제격하 ──→ 복구

├ 충~왕

전민변정도감 (신돈)

├ 공녀

└ 권문세족↑ ──→ 약화 (기철 X)

신진사대부
(정도전)

├ 교정도감

├ 삼별초

├ 강화도 천도

└ 팔만대장경

하층민 봉기
(망이, 망소이, 만적)

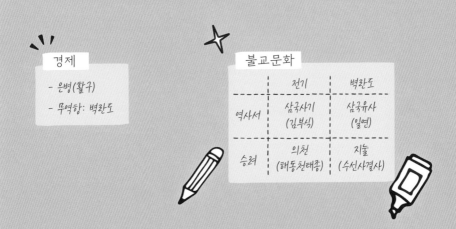

경제

- 은병(활구)
- 무역항: 벽란도

불교문화

	전기	벽란도
역사서	삼국사기 (김부식)	삼국유사 (일연)
승려	의천 (해동천태종)	지눌 (수선사결사)

외국에서 한국을 뭐라고 부를까요? 네, 맞습니다. '코리아'(Korea)라고 부릅니다. '한국'은 영어로 발음하면 'Hankook'인데, 왜 엉뚱하게 '코리아'라고 부를까요? 이제부터 정리할 고려에 그 비밀이 숨어 있습니다. 고려는 개방적인 나라였습니다. 그래서 당시에 외국 상인들과 활발히 교류하였습니다. 이때 외국에 알려진 고려의 이름을 지금까지 쓰고 있는 것입니다.

고려는 조선에 비해 우리에게 낯섭니다. 두 가지 이유가 있습니다. 우선 시기적으로 조선보다 더 앞선 시대이기 때문이에요. 당연히 고려를 요리조리 살펴볼 수 있는 자료도 조선보다 적습니다. 고려를 소재로 한 드라마나 영화가 조선을 소재로 한 것보다 상대적으로 적은 것도 이 때문입니다.

두 번째는 지리적인 이유입니다. 조선의 수도 한양이 지금의 서울인 반면, 고려의 수도 개경은 오늘날의 개성으로 우리가 갈 수 없는 북한 지역에 있습니다. 개성에는 지금도 고려의 흔적들이 많이 남아 있을 것입니다. 하지만 우리가 가 볼 수 없으니 뭔가 멀게만 느껴집니다.

수험생의 처지에서는 오히려 이 점이 더 유리하게 작용할 수 있습니다. 남아 있는 자료가 많지 않다는 것은 그만큼 한정된 자료를 바탕으로 출제한다는 뜻이니까요. 고려는 공부할 양이 많지 않고 출제되는 주제도 한정적인 편입니다.

횟수	전기						후기				경제문화	
	태조	광종	성종	고려제도	거란과여진	이자겸묘청	무신정권	몽골침입	원간섭기	공민왕	고려경제	고려문화
	6	7	2	2	6	5	3	5	3	10	8	11
24-수	✔									✔		
23-10					✔							✔
24-9		✔			✔							
23-7						✔				✔		
24-6	✔					✔						
23-4		✔						✔				
23-3					✔							
23-수		✔						✔				
22-10										✔		✔
23-9			✔					✔				
22-7										✔		
23-6		✔										✔
22-4						✔		✔				
22-3		✔										
22-수			✔				✔		✔			
21-10							✔			✔	✔	
22-9	✔							✔		✔		
21-7									✔		✔	✔
22-6		✔			✔				✔			
21-4	✔										✔	✔
21-3	✔			✔						✔		✔
21-수	✔											✔
20-10		✔									✔	✔
21-9			✔			✔					✔	
20-7					✔		✔				✔	✔
21-6										✔		✔
20-4						✔				✔		✔
20-3					✔						✔	✔

고려도 조선과 마찬가지로 교육과정이 개정되면서 출제 비중이 줄었습니다. 기존에는 3문항 출제되다가 새 교육과정에서는 2문항으로 고정되는 분위기입니다. 기존에는 고려 초기 왕 중에서 1문항, 경제나 문화에서 1문항, 그 외에서 1문항 정도로 분배되었는데, 최근에는 경제와 문화의 출제 비중이 작아지고 이자겸과 묘청의 난, 몽골 침입 등의 출제 비중이 커지고 있습니다. 그래도 출제되는 키워드가 조선에 비해 한정적이니 너무 걱정하지 않아도 괜찮습니다.

초기 왕들

이 책을 읽고 있는 독자라면 수능을 준비하는 수험생이거나 예비 수험생, 또는 수험생이나 예비 수험생을 자녀로 둔 학부모일 것입니다. 대입에서 학교생활기록부를 주로 반영하는 수시 전형도 있지만 여전히 수능의 영향력은 무시하기 어렵습니다. 수능은 한날한시에 같은 문제를 모든 수험생이 동시에 치른다는 특징이 있습니다. 이런 시험이 또 있는데, 그중 대표적인 것이 바로 공무원 시험입니다. 이 시험에 합격하면 공무원으로 임용될 수 있습니다.

이런 공무원 시험에 해당하는 시험이 바로 과거입니다. 고려 때 처음 과거 시험이 시행되었답니다. 이제부터 과거 시험을 처음 시행했던 광종을 포함하여 고려 초기의 왕들이 어떤 업적을 이루었는지 알아보겠습니다.

후삼국을 통일한 태조 왕건

고려를 세운 사람은 왕건입니다. 우리가 태조라고 부르는 사람이지요. 왕건은 원래 후고구려를 세운 궁예의 부하였습니다. 왕씨 집안은 개경 지역의 이름난 가문이었는데, 궁예가 이 지역으로 세력을 넓히자 그 밑으로 들어가 기회를 엿봅니다.

후고구려가 있었으면 후백제도 있었겠지요? 통일 신라 말기에는 중앙 정부의 통제가 지방에까지 미치지 못했습니다. 그 틈을 타 옛 백제 지역에서는 견훤이 후백제를, 철원을 중심으로

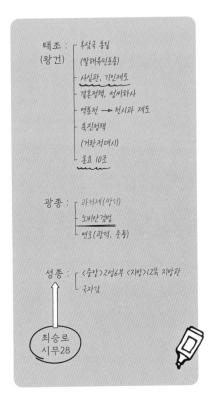

한 중부 지역에서는 궁예가 후고구려를 각각 건국했습니다. 후삼국 시대의 시작입니다.

궁예가 백성들에게 신망을 잃자 그 뒤를 이어 왕건이 권력을 잡았습니다. 그리고 통일신라 마지막 경순왕의 항복을 받고 후백제를 격파하여 한반도를 다시 고려로 통일하였습니다.

태조 왕건은 오랜 전쟁과 수탈로 피폐해진 민생을 돌보기 위해 세금을 인하하였고, 정기적으로 연등회와 팔관회라는 행사를 열어 백성들의 마음을

달래 주었습니다. 왕건이 후삼국 시대를 통일하는 데는 지방 호족[1]들의 지원이 한몫했습니다. 그래서 통일 과정에서 공을 세운 사람들에게는 역분전이라는 토지를 나눠 주어 공을 치하하였습니다.

그런데 호족들은 지방에서 강력한 힘을 가지고 있었기 때문에 이들을 확실하게 내 편으로 만들 필요가 있었습니다. 그래서 왕씨 성을 하사하거나 결혼을 통해 친척 관계를 만들어 우호를 다졌습니다. 태조 왕건은 이런 회유책 말고도 강경책으로 호족 세력을 통제하기도 하였습니다. 대표적인 것이 사심관 제도와 기인 제도입니다.

지방의 힘 있는 호족을 그 지방의 사심관으로 임명하고 그 지역에서 일어난 일을 책임지게 한 제도가 사심관 제도입니다. 학교에서 선생님이 자리를 비울 때 학급 회장에게 조용히 하게 하고 자리를 비운 다음, 만약 그사이 학급에서 떠드는 소리가 들리면 들어와서 학급 회장을 혼내는 상황과 비슷합니다.

기인 제도는 호족의 자식을 수도 개경에 불러들여 질 높은 교육을 시켜 주는 것을 말합니다. 호족에게 좋은 제도 아니냐고요? 네, 좋은 제도입니다. 그런데 만약 호족이 다른 마음을 품고 반란을 일으켰다면 그의 자식이 먼저 처형당했을 것입니다. 즉, 호족의 자녀를 인질로 삼은 것이지요.

왕건이 후삼국을 통일할 즈음 통일 신라 북쪽에 있던 발해가 거란족에 의해 멸망합니다. 나라를 잃은 발해 백성 중 상당수가 고려로 넘어옵니다. 왕건 입장에서는 이들의 마음을 달래 주어 내 편으로 만들 필요가 있었습니다. 그래서 왕건은 발해를 멸망시킨 거란을 적대시하여 거란이 잘 지내보자며 선물로 보내온 낙타를 다리에 묶어 굶겨 죽입니다. 그뿐만 아니라 전진기지

---

1 신라 말 지방에서 성장한 세력 있는 가문들을 말합니다.

로서 지금의 평양인 서경을 중시했습니다. 이런 적극적인 북진 정책으로 고려의 영토는 청천강까지 넓어졌습니다.

파란만장한 인생을 산 왕건도 사람인지라 나이를 먹어 죽을 때가 되었습니다. 죽기 전에 그는 후대 왕들에게 남기는 열 가지의 가르침을 남겼는데, 이를 훈요 10조라고 합니다.

왕권을 안정시킨 광종

호족 통합 정책으로 왕건은 호족의 딸들과 결혼을 많이 했습니다. 부인이 무려 29명이나 되었다고 합니다. 그러니 자식이 또 얼마나 많았을까요? 자식이 많으면 무슨 일이 생길까요? 왕위 다툼이 일어나기 쉽습니다. 앞서 살펴본 것처럼 조선에서도 3대 왕 태종 이방원은 태조 이성계의 다섯째 아들이었는데, 두 차례에 걸친 왕자의 난으로 즉위했습니다.

고려에서도 왕건이 죽은 후 왕위 계승 분쟁이 일어났습니다. 불안정했던 왕권은 고려 4대 왕 광종 대에 이르러서 안정됩니다. 광종은 노비안검법을 시행하여 억울하게 노비가 되었던 양민들을 다시 양인으로 풀어 주었습니다.

이 정책은 두 가지 결과를 가져왔습니다. 첫째, 호족 세력이 약화되었습니다. 당시 호족들은 노비를 많이 가지고 있었는데, 이 정책 때문에 호족들의 노비가 양민이 되면서 자연스럽게 호족 세력이 약화로 이어졌습니다.

둘째, 국가 재정이 안정되었습니다. 노비는 '사람 형체를 한 물건'으로 취급받았기 때문에 세금을 낼 의무가 없었습니다. 이런 노비들이 양민이 되면서 세금 납부의 의무가 생겼습니다.

호족 세력의 약화는 곧 왕권 강화를 의미했습니다. 광종은 노비안검법으로 왕권 강화와 국가 재정 확보라는 두 마리 토끼를 잡은 셈입니다.

중국 후주라는 나라에서 쌍기라는 사람이 고려에 귀화하여 머물고 있었습니다. 광종은 쌍기의 건의로 과거제를 처음 도입합니다. 이제부터는 시험을 통해 관리를 선발하게 된 것입니다.

호족 세력을 누르고 왕권을 안정화했을 뿐 아니라 과거제를 도입함으로써 관리 등용 제도를 체계화한 광종은 이런 자신감을 바탕으로 중국의 연호를 따르지 않고 광덕, 준풍이라는 독자적 연호를 사용했습니다. 연호는 황제만 사용할 수 있는데, 이처럼 연호를 독자적으로 사용했다는 것은 스스로를 황제로 인식했다는 것을 의미합니다.

통치 체제를 구축한 성종

고려 6대 왕 성종이 즉위하였습니다. 이때 유학자 최승로가 28가지나 되는 건의문을 성종에게 제출했습니다. 이 건의문을 시무 28조라고 부릅니다. 주요 내용은 유학을 정치에 도입하라는 것과 지방에 지방관을 파견하라는 것이었습니다.

성종은 최승로의 건의를 받아들여 유학 교육 기관으로 국자감을 두었습니다. 국자감은 요새로 치면 국립대학입니다. 조선 시대에는 성균관이 그 역할을 담당하였습니다.

한편, 지방 주요 거점 12곳을 12목이라고 하는데 12목에 지방관을 파견하였습니다. 이때부터 고려 정부는 꾸준히 지방 행정 조직을 정비하여 고려 8대 왕 현종 대에는 5도 양계 체제로 개편되었습니다. 또 성종은 중앙 정치 기구로 중국 제도를 본떠 2성 6부제를 마련하였습니다. 중국 제도를 본뜨긴 했지만, 고려 실정에 맞게 조직을 구성하고 운영하는 등 독자적인 모습도 보였습니다.

　이처럼 고려의 시스템은 성종 시기에 안정화되었으나 이 시기가 평화롭기만 한 것은 아니었습니다. 당이 멸망하고 혼란스러운 틈을 타 성장한 북방 유목민 거란족이 공격해 왔기 때문입니다. 과연 고려는 거란족의 공격을 막아 냈을까요? 거란족은 왜 넓은 중국을 두고 고려로 쳐들어왔을까요?

① 태조, 광종, 성종의 업적을 키워드 중심으로 잘 정리해 두세요.

② 특히, 광종이 자주 출제됩니다. 과거제-노비안검법은 세트입니다. 한 묶음으로 알아 두세요.

066 밑줄 친 '왕'의 재위 기간에 있었던 사실로 옳은 것은? [3점]

> 후주 사람인 쌍기는 사신 설문우를 따라 고려에 왔다가 병이 들어 돌아가지 못하고 남았다. 왕이 그의 재능을 아껴 후주에 알린 다음 관료로 발탁하였으며, 얼마 뒤 원보 한림학사로 승진시켰다. 쌍기는 <u>왕</u>에게 건의하여 과거제를 신설하게 하고, 과거 시험을 담당하였다. 이 뒤에도 과거 시험을 맡아 후학들에게 학업을 권장하니, 학문을 중시하는 기풍이 일어났다.

① 독립문이 건립되었다.

② 별기군이 편성되었다.

③ 경국대전이 반포되었다.

④ 노비안검법이 실시되었다.

⑤ 수선사 결사가 조직되었다.

[정답 ④] 광종의 업적을 물어본 문항입니다. 자료의 '쌍기' '과거제' 등을 통해 밑줄 친 '왕'이 고려 광종이라는 사실을 알 수 있습니다. 광종은 노비안검법을 실시(④)하여 호족 세력을 약화시키는 한편, 국가 재정을 확보하였습니다.

광종은 단골 주제입니다만, 출제되는 키워드는 매우 정형화되어 있습니다. 과거제-노비안검법이 세트입니다. 과거제가 자료로 제시되면 노비안검법이 정답으로 나오고, 노비안검법이 자료에 나오면 과거제가 정답으로 제시됩니다. 두 키워드를 묶음으로 알아 두세요.

067 밑줄 친 '이 왕'에 대한 설명으로 옳은 것은? [3점]

> 사진은 고려를 건국한 이 왕의 무덤입니다. 무덤의 명칭은 현릉으로 현재 개성에 있습니다. 이 왕은 후삼국을 통일하고, 지방 호족들을 포용하는 정책을 펼쳤습니다. 또한 고구려 계승 의식을 내세우며 북진 정책을 추진하였습니다.

① 훈요 10조를 남겼다.

② 과거제를 시행하였다.

③ 평양으로 천도하였다.

④ 4군 6진을 개척하였다.

⑤ 홍범 14조를 반포하였다.

[정답 ①] 태조 왕건의 업적을 물어본 문항입니다. 자료의 '고려 건국' '후삼국 통일' 등을 통해 밑줄 친 '이 왕'은 고려 태조라는 사실을 알 수 있습니다. 태조는 지방 호족들을 포용하는 정책을 펼쳤고, 고구려 계승 의식을 내세우며 거란을 적대시하고 적극적인 북진 정책을 추진하였습니다. 태조는 죽기 전 열 가지 가르침을 후대 왕들에게 남겼는데, 이를 훈요 10조라고 합니다(①).

태조 또한 광종처럼 키워드가 뻔합니다. 고려 건국, 후삼국 통일, 사심관 제도, 기인 제도, 훈요 10조 정도의 키워드는 잘 알아 두고 넘어가세요.

우공쌤
한국사
깨기

(가) 왕이 실시한 정책으로 옳은 것은?

이 인물은 고려 4대 왕이야. 왕권을 강화하기 위해 많은 노력을 했어.

고려

(가)

노비안검법을 시행하여 공신 세력을 약화시킨 것이 한 가지 사례지.

① 과거제를 시행하였다.

② 균역법을 실시하였다.

③ 후삼국을 통일하였다.

④ 4군 6진을 개척하였다.

⑤ 2성 6부 체제를 도입하였다.

[정답 ①] 광종의 정책에 관한 문항입니다. 대화에서 '고려 4대 왕' '노비안검법' 등을 통해 (가) 왕이 광종이라는 것을 알 수 있습니다. 광종은 쌍기의 건의를 받아들여 과거제를 시행하였습니다(①).
광종은 고려 초기 단골 소재입니다. 난이도는 높지 않습니다. 등장하는 키워드가 노비안검법-과거제로 정형화되어 있기 때문입니다.

거란과 여진의 침입

싸우지 않고 오직 외교로서 거란을 돌아가게 했을 뿐만 아니라 영토까지 넓힌 서희에 대해서 다들 한 번쯤 들어 보았을 것입니다. "나도 나중에 저런 훌륭한 외교관이 되어야지!"라고 다짐한 독자도 있을 테고요. 그런데 거란이 그 뒤로도 두 번이나 더 공격해 왔다는 사실을 아는 사람은 많지 않습니다. 대체 왜 거란은 고려를 두 번이나 더 공격했을까요? 고려는 여기에 어떻게 대응했을까요?

지금부터 동아시아의 격동기였던 10세기 말로 돌아가 보겠습니다.

거란이 고려를 공격한 이유

중앙 정치 기구를 마련하고 지방관을 파견하였으며 국자감이라는 유학 교육 기관까지 세우며 고려의 기틀을 마련한 왕, 성종을 앞에서 살펴보았습니

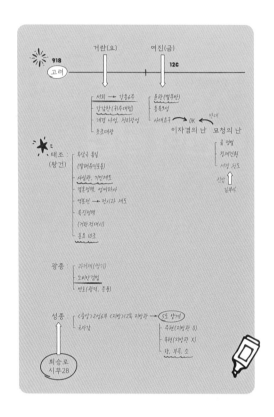

다. 그런데, 성종 시기에 북방 유목민 거란이 쳐들어옵니다. 거란은 왜 갑자기 쳐들어왔을까요? 당시를 조금 더 자세히 이해하려면 먼저 중국의 상황을 알아야 합니다.

당이 멸망하고 60여 년간 중국은 **5대 10국** 시대라고 하는 혼란의 시기를 겪습니다. 이 시기에는 여러 나라들이 생겨났다가 멸망하는 일이 반복됩니다.

고려는 바로 이 시기에 후삼국을 통일했습니다. 중국의 혼란한 시기는 고려 초까지 계속되었습니다. 광종에게 과거제 도입을 건의했던 쌍기의 나라 후 주도 바로 이 시기에 잠시 존재했던 나라입니다.

이런 혼란을 수습하고 중국을 재통일한 나라가 바로 송입니다. 그런데, 송은 반란이 두려워 군인 세력을 누르고 문신 세력을 우대한 문치주의 정책을 실시합니다. 그러다 보니 자연스럽게 국방력이 약화되었는데, 이때 중국의 북쪽 만주 지역에는 유목민 거란족이 힘을 키워나갑니다. 거란은 나라 이름을 요라고 정하는 한편 송을 공격하여 중국을 지배하겠다는 욕심을 품습니다.

문제는 고려였습니다. 고려는 당시 중국의 송을 '큰형님'으로 대우하면서 활발하게 교류하고 있었습니다. 거란이 송으로 쳐들어갔을 때 고려가 송의 요청으로 거란의 후방을 공격하면 그야말로 낭패입니다. 그래서 거란은 송을 공격하기에 앞서 먼저 고려를 공격하여 자기편으로 만들어 놓거나 적어도 겁을 주어서 꼼짝 못 하게 할 필요가 있었습니다.

이런 상황에서 고려 성종 때 거란(요)이 쳐들어온 것입니다.

거란(요)의 침입, 혀와 칼로 격퇴하다

서희는 거란의 속마음을 꿰뚫어 보고 거란족 대장 소손녕과 마주합니다.

소손녕이 거만하게 말합니다.

"너희 고려는 신라 땅에서 일어났으므로 신라 국경이었던 대동강 북쪽 땅(태조 왕건이 청천강까지 넓힌 땅)을 다 내놔야 한다."

그러자 서희가 대답합니다.

"우리는 고구려를 계승한 나라이다. 그래서 이름도 고(구)려인 것이다. 그렇게 따진다면 오히려 땅을 내놓아야 할 사람은 너희들이다. 너희가 차지하고 있는 만주 지역이 바로 고구려의 땅이었다."

한 방 먹은 소손녕이 속마음을 털어놓습니다.

"음, 과거 이야기는 이제 그만하고 미래지향적인 관계를 만들어 보자. 너희 매번 송나라와만 교류하지? 이번에 송과 교류를 끊고 우리와 교류하면 물러가마."

서희는 미끼를 던져 봅니다.

"우리도 너희와 교류하고 싶다. 그런데 너희와 우리 사이 압록강 지역에는 여진족이 흩어져 살고 있어서 우리가 통하지 못한 것이다."

소손녕이 그 미끼를 뭅니다.

"그건 걱정하지 마라. 우리가 다 쫓아내 주지."

서희가 쐐기를 박습니다.

"좋아! 그럼 우리가 그 지역에 방어를 위한 성을 쌓고 너희와 교역할게."

고려는 이렇게 해서 압록강 근방의 6개 성을 획득합니다. 바로 강동 6주입니다. 이로써 거란(요)의 공격을 물렸을 뿐 아니라 영토까지 확장한 것입니다.

그런데 이후에도 고려는 여전히 송과 교역을 합니다. 거란과의 약속을 지키지 않은 것이지요. 이에 거란은 두 차례나 더 쳐들어왔습니다. 그중 2차 침입 때는 고려의 왕이 피난 가고 수도 개경이 함락되는 등 어려움을 겪기도 했어요. 이때 부처의 힘을 빌려 거란의 침입을 물리치고자 초조대장경을 판각하기도 했습니다.

이후 3차 침입 때는 청천강 근방 귀주에서 강감찬이 큰 승리를 거두었습니다(귀주대첩).

귀주대첩 이후 고려는 거란이 다시 쳐들어올 것을 염려하여 국경 지역에 천리장성을 쌓고 수도 개경을 빙 둘러서 나성을 쌓아 국방력을 강화했습니다. 그런데 더 이상 거란은 쳐들어오지 않았습니다. 송과 거란, 고려 세 나라가 어느 정도 세력 균형을 이루었기 때문입니다.

이후 거란이 세운 요가 멸망합니다. 대체 누가 강력한 요를 무너뜨렸을까요? 바로 여진이었습니다.

여진(금)의 태세전환, 굴복한 고려

여진족은 고려 국경 근처에서 작은 부족 단위로 흩어져 살고 있었습니다.

그런데 12세기에 여진족이 통일을 이루면서 천리장성 부근까지 세력을 넓혀 고려와 충돌하게 되었습니다. 윤관은 여진 정벌을 위해 기마병이 필수적이라 판단하고 보병, 기마병, 그리고 스님으로 이루어진 승병으로 구성된 특수부대를 편성합니다. 이 특수부대를 별무반이라고 부릅니다. 윤관은 별무반을 이끌고 여진족을 정벌하여 동북 지역을 차지하였습니다. 그리고 이 지역에 동북 9성을 쌓아 군대를 주둔시켰습니다.

그러자 생활의 터전을 잃은 여진족은 동북 9성을 되돌려 달라고 애원했습니다. 마침 고려도 관리에 어려움을 겪고 있던 터라 결국 1년 만에 여진족에게 동북 9성을 다시 돌려주고 맙니다. 그런데 이것이 실수였습니다. 여진족은 이곳을 기반으로 삼아 더욱더 성장하여 금이라는 나라를 세웠고 거란(요)을 멸망시켰습니다. 내친김에 중국까지 나아가 송을 공격하여 중국 북부를 차지해 버립니다. 그리고는 고려에 자신들을 '큰형님'으로 모시라고 사대 요구를 했습니다.

고려는 어떻게 대응했을까요? 놀랍게도 한 번 싸워 보지도 않고 사대 요구에 응하고 말았습니다. 거란과 3차례나 맞서 싸우던 고려의 용감함과 적극성은 다 어디로 갔을까요?

이 의문을 풀어 줄 열쇠는 당시 지배층에 있습니다.

포인트
레슨

① 거란의 침입과 관련된 키워드를 정리해 두세요.

② 여진 토벌과 사대 요구와 관련한 키워드를 정리해 두세요.

068 자료의 상황이 전개된 시기를 연표에서 옳게 고른 것은? [3점]

> 바야흐로 금이 전성기를 맞아 우리나라를 신하로 삼으려 하였다.
> 여러 사람이 어지럽게 논의하였는데, 공(公)이 홀로 따지며 아뢰
> 었다. …(중략)… 이때에 권신(權臣)이 임금의 명을 제멋대로 정
> 하여 신하를 칭하면서 서약하는 글을 올렸다.
>
> -〈윤언이 묘지명〉-

	(가)	(나)	(다)	(라)	(마)	
매소성 전투		발해 멸망	귀주 대첩	강화 천도	공민왕 즉위	위화도 회군

① (가) ② (나) ③ (다) ④ (라) ⑤ (마)

 [정답 ③] 금이 사대를 요구하고 이에 대한 논의가 전개되던 시기를 물어본 연표 유형의 문항입니다. 자료에서 '금이 전성기를 맞아' '신하로 삼으려' 등을 통해 이 상황은 금이 고려에 사대 요구를 한 상황임을 알 수 있습니다.

3차례의 거란 침입 이후 여진이 성장하여 금을 건국하고 고려에 사대 요구를 하였습니다. 이후 이자겸의 난과 묘청의 난을 거쳐 무신 정변으로 무신 정권이 성립되었고, 몽골의 침입으로 고려 왕실은 강화도로 천도하였습니다. 따라서 거란 3차 침입 때의 전투인 귀주대첩과 강화 천도 사이인 (다) 시기(③)가 정답입니다.

거란의 침입과 여진의 침입과 대응은 자료를 주고 결과를 물어보는 유형이 일반적이지만 가끔 순서를 물어보거나 사이에 있었던 일을 물어보거나 연표를 통해 시기를 찾으라는 유형이 출제되기도 합니다. 이런 경우 난이도가 높아집니다. 키워드와 함께 순서도 알아 두세요.

069 다음 가상 대화에서 밑줄 친 '담판'이 끼친 영향으로 가장 적절한 것은? [3점]

거란 장수 소손녕과의 담판에서 어떤 말씀을 하셨습니까?

우리나라는 고구려를 이어받았기에 나라 이름이 고려라고 하였지요. 또한 여진을 몰아내고 우리의 옛 땅을 찾는다면 거란과 국교를 맺을 것이라고 설득하였습니다.

서 희

① 후삼국이 통일되었다.

② 대가야가 병합되었다.

③ 한성 조약이 체결되었다.

④ 사비 천도가 단행되었다.

⑤ 강동 6주 지역이 확보되었다.

[정답 ⑤] 거란의 1차 침입 때 서희의 외교 담판이 끼친 영향을 물어본 문항입니다. 대화에서 '소손녕' '서희' 등을 통해 밑줄 친 '담판'이 거란 1차 침입 당시 서희의 외교 담판이라는 것을 알 수 있습니다. 서희의 외교 담판으로 고려는 강동 6주를 획득하였습니다(⑤).

거란 관련 키워드와 여진 관련 키워드를 잘 정리해 두어야 합니다. 거란의 경우 서희, 강동 6주, 강감찬, 귀주대첩이 자주 등장합니다. 여진의 경우 윤관, 별무반, 동북 9성, 사대 요구가 핵심 키워드입니다.

다음 대화가 이루어졌던 시기를 연표에서 옳게 고른 것은?

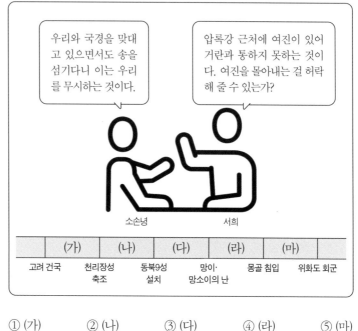

① (가)　　　② (나)　　　③ (다)　　　④ (라)　　　⑤ (마)

[정답 ①] 서희의 외교 담판이 이루어진 시기를 물어본 연표형 문항입니다. 서희의 외교 담판은 거란(요)의 1차 침입 당시에 있었던 일입니다. 고려는 거란의 3차 침입 이후 천리장성을 축조합니다. 따라서 이 대화가 이루어진 시기는 (가)입니다(①).

1단계는 거란과 여진의 침입과 관련한 키워드를 구분할 줄 알아야 합니다. 2단계는 주요 사건이 일어난 순서를 파악해야 합니다. 거란 1차 침입-서희 외교 담판-거란 3차 침입-강감찬 귀주대첩-천리장성 축조-윤관 별무반 조직-동북 9성 설치-반환-여진(금)의 사대 요구 순으로 정리해 두세요.

문벌의 동요와 무신 정변

이자겸이라는 사람이 있었습니다. 이자겸은 고려 17대 왕 인종의 외할아버지이자 장인이었습니다. 뭔가 이상한 관계죠? 한번 따져 볼까요? 외할아버지라는 말은 어머니가 이자겸의 딸이라는 뜻입니다. 장인이라는 말은 아내가 이자겸의 딸이라는 뜻입니다. 즉 인종은 이모와 결혼한 것입니다. 어떻게 이런 일이 일어났을까요? 지금부터 고려의 지배층을 파 보겠습니다.

고려의 금수저, 문벌의 형성

태조 왕건은 고려를 통일할 때 지방 세력가들, 즉 호족의 도움을 많이 받았습니다. 이 때문에 고려 통일 이후에도 호족 세력은 여전히 강성했습니다. 그러나 광종 때 과거제가 실시되고 시간이 지나면서 점점 호족들의 세력은 약화되었습니다. 물론 몇몇 가문들은 여전히 과거나 음서를 통해 대대로 높

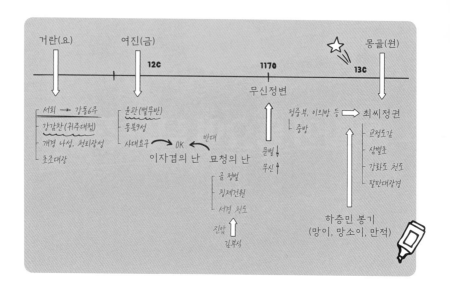

은 관직에 오르기도 했습니다. 호족들 사이에서도 잘나가는 가문과 그저 그런 가문으로 격차가 벌어진 것입니다.

음서란 아버지가 높은 관직에 있으면 자식이 과거를 거치지 않고도 관리에 등용되는 일종의 특혜라고 생각하면 됩니다. 이처럼 대대로 높은 관직을 차지하고 권력을 유지한 세력을 문벌이라고 부릅니다. 여진족이 쳐들어오던 11세기에서 12세기에 이런 문벌 세력이 고려의 지배층을 형성하게 됩니다. 《삼국사기》를 쓴 김부식도 문벌 세력입니다.

앞서 말했던 이자겸은 세 딸을 두 왕에게 시집보내서 권력을 유지했습니다. 여진(金)이 중국 북부를 차지하고 사대 요구를 하자 김부식, 이자겸 등의 문벌 세력은 싸워 보지도 않고 받아들이고 맙니다. 기득권의 입장에서는 가진 것을 잃을지도 모르는 전쟁을 하기보다는 그냥 굴복하여 자기 것을 지키는 편이 더 유리하다고 생각했을 것입니다. 그런데 이들의 결정은 나중에 묘청의 서경 천도 운동이 발생하는 배경 중 하나가 됩니다.

문벌의 몰락을 가져온 이자겸의 난과 묘청의 난

이자겸의 권력 남용이 도를 넘어서자 왕마저도 점점 그를 피하기 시작했습니다. 심지어 제거하려는 시도도 몇 차례 있었죠. 이에 이자겸은 오히려 무장 척준경과 함께 반란을 일으켰습니다(이자겸의 난). 하지만 인종의 설득으로 척준경은 마음을 돌렸고, 도리어 이자겸을 제거해 버리고 맙니다.

이때 서경(지금의 평양) 출신 묘청이라는 스님이 풍수지리설을 내세워 인종에게 서경으로 수도를 옮기라고 건의합니다. 이자겸의 난으로 심란했던 인종도 이번 기회에 수도를 옮겨서 분위기를 바꿔 보고 싶어 했죠. 그런데 김부식을 비롯한 개경의 문벌 세력이 반대하고 나섰습니다. 이즈음 자연재해가 일어나고 반대 여론이 높아집니다. 인종은 결국 마지막 순간에 마음을 돌려 수도를 서경으로 옮기려던 계획을 없던 일로 합니다.

그러자 묘청이 서경의 귀족 세력들과 함께 서경에서 반란을 일으켰습니다(묘청의 난). 중앙 권력에서 소외되었던 서경 귀족 세력은 수도를 자신들의 근거지로 옮겨오면 개경 세력으로부터 권력을 빼앗아 올 수 있을 것으로 생각해서 서경 천도 운동을 적극적으로 지지했거든요. 그런데 일이 수포가 되니 무력을 써서라도 뜻을 이루려고 했던 것입니다.

모든 일에는 명분이 필요합니다. 이때 묘청 세력이 내세웠던 명분은 금국 정벌이었습니다. 앞서 살펴본 것처럼 이자겸 등의 문벌은 무기력하게 금의 사대 요구에 응하고 말았습니다. 묘청 세력은 여기에 반대하며 금을 정벌해야 한다고 주장한 것입니다. 이들은 스스로 대위국이라는 나라를 세우고 연호를 천개라고 공포하였습니다. 그리고 개경으로 진격할 것임을 밝혔습니다(묘청의 난). 하지만 이들은 결국 김부식이 이끄는 관군에 의해 진압되고 말았습니다.

그리고 보면 인종은 참 불쌍한 왕입니다. 이자겸의 횡포를 몸소 겪은 데다가 1126년 금의 사대 요구에 응해야 했고, 같은 해 이자겸의 난을 겪었잖아요. 그리고 나서 10여 년 뒤인 1135년에는 묘청의 난을 겪었습니다. 단 하루도 마음 편안한 날이 없었을 것 같습니다.

모욕과 차별이 불러온 무신 정변

이자겸의 난과 묘청의 난을 진압하는 과정에서 문벌 세력의 무능과 부패가 적나라하게 드러났습니다. 두 차례의 난 모두 백성을 위하거나 외적의 침입을 물리치는 것과는 거리가 멀었습니다. 그저 자기들끼리 권력을 두고 다투느라 일어난 갈등이었습니다. 이 갈등을 해결하는 데 물론 많은 군인이 동원되었겠지요? 즉 개경의 문벌은 군인들이 잘 싸워 줬기 때문에 이후에도 권력을 유지할 수 있었던 것입니다. 그런데 이 당시 고려는 문신을 우대하고 무신을 차별했습니다. 문벌 김부식의 아들 김돈중이 장난삼아 나이 지긋한 무신 정중부의 수염을 불태우는, 지금 생각해도 어이없는 일이 일어나기도 했습니다.

정치적 격변을 겪은 인종 다음 왕인 의종은 정치에 환멸을 느껴 정사를 돌보지 않고 문신들과 함께 연회를 열며 향락에 빠져 지냈습니다. 월급도 제대로 받지 못한 무신들은 이들을 호위해야 했고요. 무신들의 불만이 높아질 수밖에 없었습니다.

운명의 그날도 의종은 문신들과 함께 보현원이라는 곳에 행차하여 연회를 열려고 했습니다. 보현원으로 가는 길에 잠깐 쉬게 되었는데, 이때 의종은 수박희라는 전통 무예를 무신들에게 시켰습니다. 무신들의 경기를 지켜보며 문신들은 즐거워했습니다. 대장군 이소응은 나이가 많아 상대편의 젊은 무신들에게 쩔쩔맸습니다. 그러자 젊은 문신 한뢰가 뛰쳐나와 이소응의 뺨을

후려치며 비웃었습니다. 이 순간 정중부를 비롯한 무신들은 거사를 일으키기로 결심합니다.

왕이 보현원에 도착하자 무신들이 일제히 칼을 뽑아 들고 문신들을 닥치는 대로 죽였습니다. 1170년에 일어난 무신 정변의 시작이었습니다.

무신 정권 성립, 피폐해진 백성들

무신 정변은 하룻밤에 일어난 사건이었지만 이후 100년간 무신 정권 시대가 펼쳐집니다. 초기 무신들은 중방이라는 기구를 통해서 중대사를 논의하였습니다. 하지만 무신들 사이에서도 권력 다툼이 일어났고, 그사이 정치적 혼란이 계속되었습니다. 이런 혼란을 정리한 사람이 최충헌입니다. 그리고 이때부터 최씨 가문이 권력을 세습하게 되어 최씨 정권이라고도 부릅니다. 최씨 정권은 최충헌이 설치한 교정도감에서 주요 정책을 결정하였고, 치안 유지를 위해 야별초(후에 삼별초로 확대)를 두었습니다.

무신 정권기에 무신들은 혼란을 틈 타 농민들의 땅을 빼앗는 경우가 많았습니다. 중앙 정부의 통제력이 약한 틈을 타 지방관들의 수탈도 심해졌습니다. 이로 인해 특히 하층민들의 삶이 피폐해졌습니다. 결국 견디다 못한 하층민들은 지방 곳곳에서 들고 일어나 저항합니다.

특히, 일반 군현에 비해 더 많은 세금을 내야 했던 향·부곡·소에서 저항이 심했습니다. 공주 명학소의 망이·망소이의 난이 대표적입니다. 경상도 일대에서는 김사미와 효심 등이 신라 부흥을 내세우며 봉기하기도 했습니다. 심지어 최충헌의 노비였던 만적이 신분 해방을 목표로 저항하기도 했습니다.

이처럼 무신 정권기에는 백성들의 저항이 줄기차게 이어졌습니다. 하지만 무신 정권의 진정한 위협은 나라 안이 아닌 나라 밖에서 옵니다.

① 이자겸의 난 – 묘청의 난 – 무신 정변으로 이어지는 사건들의 순서를 알아 두세요.

② 이자겸의 난과 묘청의 난의 영향을 정리해 두세요.

③ 무신 정권기의 키워드를 정리해 두세요.

2024-6월 모의평가

070 (가)에 들어갈 내용으로 가장 적절한 것은? [3점]

탐구 활동 보고서

3학년 ○반 이름: ○○○

탐구 주제: [(가)]

탐구 내용

- 이자겸과 척준경이 군사를 동원하여 궁궐을 불태웠다. 이자겸 일파가 왕을 위협하여 처소를 남쪽으로 옮기고, 왕의 측근들을 죽였다.
- 묘청 등이 서경을 근거지로 삼아서 반란을 일으켰다. 이에 김부식이 이끄는 관군이 이들을 토벌하였다.

① 신라 말 호족 세력의 등장

② 고려 문벌 사회의 동요

③ 조선 전기 훈구와 사림의 대립

④ 조선 후기 탕평 정치의 추진

⑤ 일제 강점기 민족 유일당 운동의 전개

[정답 ②] 이자겸의 난과 묘청의 난에 대한 문항입니다. 자료에서 '이자겸' '묘청' 등을 통해 이자겸의 난과 묘청의 난을 탐구하고 있다는 것을 알 수 있습니다. 이 두 사건으로 고려 전기 지배층이었던 문벌이 동요하고 불만을 품은 무신들이 정변을 일으켜 무신 정권으로 이어집니다. 따라서 이 둘을 묶을 수 있는 주제로는 고려 문벌 사회의 동요(②)가 가장 적절합니다.

주제를 크게 물어본 문항입니다. 난이도는 그리 높지 않습니다. 이자겸의 난과 묘청의 난이 고려 시대에 있었던 사건이라는 것만 알아도 정답을 고를 수 있는 문항입니다. 어렵게 출제된다면 연표를 제시하고 일어난 시기를 고르는 유형으로 출제될 수도 있습니다. 키워드와 순서를 함께 정리해 두세요.

2022-대학수학능력시험

071 다음 자료를 활용한 학습 주제로 가장 적절한 것은? [3점]

> 의종이 궁 밖에서 또다시 가까운 문신들과 술을 마시고 시를 읊다
> 가 되돌아가는 것을 잊으니, 호위 장사(將士)들의 배고픔이 심하
> 였다. 정중부가 잠시 나왔는데, 이의방 등이 따라와 "문신들은 배
> 불리 먹고 마시는데, 우리들은 모두 굶주리고 피곤합니다. 이를
> 참아야만 합니까?"라고 하였다. 정중부는 예전에 문신 김돈중이
> 자신의 수염을 태운 것에 악감정도 남아 있어 "그렇지 않다."라고
> 답하였다. 이들은 마침내 거사를 계획하였다.

① 개화 정책에 대한 반발

② 강화도 조약의 체결

③ 훈구와 사림의 대립

④ 무신 정변의 발생

⑤ 예송의 전개

[정답 ④] 무신 정변에 대한 문항입니다. 자료의 '정중부' '이의방' '거사' 등을 통해 무신들이 정변을 모의하
는 장면임을 알 수 있습니다. 이자겸의 난과 묘청의 난 이후 문벌이 동요하고 차별에 불만을 품은 무신들
이 무신 정변을 일으켰습니다(④).

이 문항 역시 주제를 크게 물어본 경우입니다. 정중부 등이 고려의 무신이라는 것만 알아도 쉽게 정답을 찾을
수 있습니다. 앞 문항과 마찬가지로 이자겸의 난, 묘청의 난, 무신 정변에 이르는 사건들을 묶어서 순서와 키워
드를 잘 정리해 두세요.

지도의 봉기가 일어난 시기에 있었던 사실로 옳은 것은?

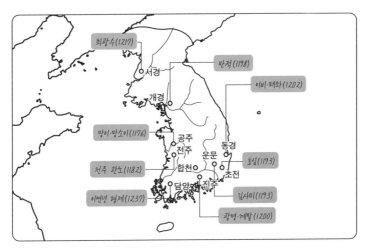

① 후고구려가 건국되었다.

② 삼정의 문란이 심화되었다.

③ 위화도 회군이 단행되었다.

④ 무신들이 권력을 장악하였다.

⑤ 소수 가문이 비변사를 장악하였다.

[정답 ④] 하층민 봉기 지도를 주고 무신 정권기를 물어본 문항입니다. 지도의 '망이·망소이' '만적' '김사미' '효심' 등을 통해 이 시기가 무신 정권기라는 것을 알 수 있습니다. 무신 정변 이후 무신들이 권력을 장악 했습니다(④). 이 시기에는 무신과 지방관의 수탈이 심해져 하층민 봉기가 끊이지 않았습니다.
무신 정권기의 주요 키워드뿐 아니라 지방에서 일어난 하층민 봉기의 대표적인 키워드도 함께 정리해 두세요.

원 간섭기와
공민왕의 개혁

　지구상에 존재했던 나라 중 가장 거대했던 나라는 어디일까요? 바로 몽골 제국입니다. 몽골 제국은 직할지와 4개의 칸 국으로 분열되기 전까지는 동쪽으로는 한반도에서부터 서쪽으로는 동유럽 오스트리아 국경 지역까지 굉장히 넓은 영토를 차지하고 있었습니다. 이들의 원정에 저항했던 나라들은 몽골 기병의 말발굽 아래 무참히 쓰러졌지요. 그런데 이 무시무시한 몽골 군대와 30~40여 년 동안 맞서 싸우고도 멸망하지 않았던 나라가 있습니다. 바로 고려입니다. 이제부터 그 이야기를 해 보려고 합니다.

세계 최강 몽골군의 침입과 항쟁

　원래 몽골족은 몽골 고원에서 흩어져 살고 있던 민족이었습니다. 그런데, 테무친(칭기즈 칸)이라는 강력한 지도자에 의해 부족이 통일되어 거대한 세력

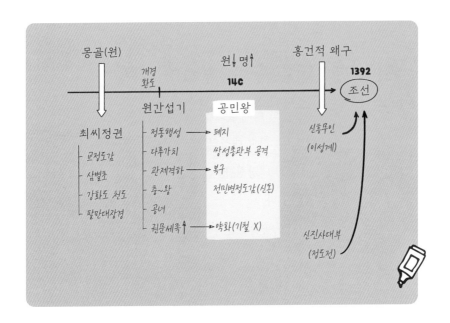

을 이루게 되었고, 중국 북부를 차지하고 고려를 압박했던 금나라를 멸망시키면서 동아시아의 새로운 강자로 떠올랐습니다. 이즈음 중국과 고려 국경에서 몽골 사신이 살해당하는 사건이 일어났습니다. 사건은 미궁 속으로 빠져들었는데, 몽골은 이 사건을 구실 삼아 군대를 파견해 고려를 공격해 왔습니다. 이때부터 30~40여 년 고려는 몽골 군대에 맞서 싸우게 됩니다.

세계 최강의 군대를 맞아 이렇게 오랫동안이나 싸우다니 고려 군대가 정말 강력했던 모양입니다. 그런데 속 사정은 이와 다릅니다. 당시 최씨 정권은 기병으로 이루어진 몽골 군대가 물에 약할 것이라 여기고 고려 왕실을 강화도로 옮겨버립니다(강화도 천도). 나라의 최고 권력자와 정부가 백성들을 버리고 바다 건너 강화도로 숨은 것이지요. 그럼 대체 누가 몽골 군대에 맞서 싸웠을까요? 바로 우리 같은 보통 사람들이었습니다. 왜 싸웠을까요? 가족과 마을을 지키기 위해서입니다. 어디 다른 데로 피난을 갈 상황도 아니었고요.

몽골과의 전쟁 중 국토는 황폐화되었고, 소중한 우리 문화유산도 많이 파괴되었습니다. 신라 시대의 걸작품인 황룡사 9층 목탑과 거란의 침입에 맞서 판각되었던 초조대장경도 이때 불타 없어졌습니다. 이에 고려는 다시 한번 부처의 힘을 빌려 보기로 하고 대장경을 새로 만들기 시작합니다. 글자가 모두 8만여 자에 달하는 이 대장경판은 합천 해인사에 아직도 남아 있습니다. 바로 팔만대장경판입니다.

전쟁이 계속되고 피해가 속출했습니다. 마침내 백성들의 어려움을 모른 척했던 무신 정권이 무너지고 고려 왕실은 더 이상의 저항은 어렵겠다고 판단하여 몽골에 항복함으로써 전쟁을 끝내기로 합니다. 빨리 전쟁을 끝내고 싶었던 몽골도 이를 받아들여 고려 왕실은 다시 개경으로 환도[1]하게 됩니다. 이 과정에서 최씨 정권의 군사 조직인 삼별초가 개경 환도에 반대하며 계속해서 몽골군과 전투를 이어갑니다. 삼별초는 강화도에서 진도로, 다시 제주도로 옮겨가며 항전했지만 결국 진압되고 말았습니다.

원의 사위 국가가 된 고려, 원 간섭기

몽골은 고려가 항복할 즈음에 나라 이름을 '원'으로 정합니다. 몽골과 강화를 맺은 고려는 몽골 군대에 맞서 싸운 나라 중 멸망하지 않고 독립국의 지위를 유지한 몇 안 되는 나라 중 하나입니다. 하지만 원으로부터 이런저런 내정 간섭을 받는 원 간섭기가 시작되었습니다. 고려 왕은 즉위하기 전에 일정 기간 원에 머무르며 교육을 받아야 했고, 원 공주와 결혼해야 했습니다.

---

1 다시 원래의 수도로 옮긴다는 뜻입니다.

이로써 고려는 원의 사위 국가, 즉 **부마국**이 되었습니다. 또 기존의 '~종' 대신 **충~왕**으로 원에 대한 충성을 왕의 명칭에 표시하게 되었습니다. 그 외에도 왕실에서 쓰던 용어와 정치 기구의 명칭 등 **관제가 격하**되었습니다.

원은 고려에 **정동행성**을 설치하고 **다루가치**라 불리는 관리를 파견하여 정치에 개입하였습니다. 또 동북 지역에 **쌍성총관부**, 서북 지역에 동녕부, 제주에 탐라총관부를 설치하여 고려 영토를 직간접적으로 통치하였습니다. 고려는 정기적으로 공물과 **공녀**를 바쳐야 했습니다. 공녀는 정기적으로 원에 '바친' 여성을 가리킵니다. 이 중 기씨 성을 가진 여인이 원 황제의 황후가 되었는데, 바로 기황후입니다. 기황후의 오빠 기철은 여동생을 등에 업고 고려 국내에서 권력을 행사하기도 했습니다.

원 간섭기에는 왕의 측근 세력, 원에 자주 다녀온 통역관 등이 새로운 지배층으로 등장하였는데, 이들을 **권문세족**이라고 합니다. 이들은 양민의 토지를 불법으로 **빼앗아** 대토지를 소유하며 음서를 통해 관직에 올라 권력을 행사하였습니다.

고려의 마지막 개혁 군주 공민왕

영원한 것은 없습니다. 강성했던 원나라도 황위 계승 분쟁과 한족의 반란 등으로 내부에서 무너지기 시작했습니다. 마침내 한족에 의해 몽골은 다시 만리장성 북쪽으로 쫓겨나고 **명**이 중국의 새로운 주인이 되었습니다.

이런 격동기에 왕위에 오른 사람이 바로 공민왕입니다. 공민왕은 원 간섭기 이후 '충' 자를 붙이지 않은 첫 번째 왕입니다. 공민왕은 원이 쇠퇴하고 명이 중국의 새 주인이 된 국제 정세를 이용하여 **반원 정책**을 추진하였습니다. 격하되었던 **관제를 복구**하고 **정동행성을 폐지**해 버렸습니다. 그때까지 남아 있던 쌍성총관부를 공격하여 빼앗겼던 영토를 되찾기도 합니다. 공민왕의 쌍성총관부 공격에 큰 도움을 주었던 사람이 바로 이자춘입니다. 이자춘의 아들이 누구일까요? 바로 조선 태조 이성계입니다. 이성계의 세력 기반은 이 때부터 조성되었다고 볼 수 있습니다.

공민왕은 기황후의 오빠 기철로 대표되는 친원 세력을 숙청하고 고려에서 유행하던 변발을 비롯한 몽골풍을 금지하는 등 자주성 회복을 위해서도 힘 썼습니다.

공민왕은 과거를 통해 새로운 유학, 성리학을 공부하고 개혁적인 성향을 가진 신진 사대부를 등용하여 권문세족을 견제하였습니다. 세력을 형성한 신진 사대부는 권문세족의 비리를 비판하고 고려 사회의 여러 사회 문제를 해결하기 위한 방안을 고민하였습니다.

공민왕은 승려 신돈을 등용하고 전민변정도감을 설치하였습니다. 그리고 전민변정도감을 통해 무신 정권기를 거쳐 원 간섭기에 불법으로 빼앗은 토 지를 원래 주인에게 되찾아 주고 억울하게 노비가 된 사람을 조사하여 다시 양인으로 풀어 주는 개혁을 추진하였습니다.

홍건적과 왜구의 침입, 그리고 신흥 무인의 활약

공민왕이 사망하면서 고려는 다시 혼란에 빠져들었습니다. 바닷가에서는 왜구가, 북쪽에서는 중국의 홍건적이 침입하여 약탈을 일삼았습니다. 이때 이들을 물리치며 활약하는 새로운 무인 세력, 즉 신흥 무인 세력이 등장합니다. 대표적인 인물이 최영과 이성계죠.

앞서 살펴본 대로 이후 이성계는 위화도 회군을 통해 권력을 장악하였고, 정도전을 중심으로 한 급진파(혁명파) 신진 사대부들이 이성계를 추대하여 고려는 역사의 뒤안길로 퇴장하고 조선이 새롭게 역사의 주인공이 되었습니다.

① 몽골의 침입부터 공민왕의 개혁까지 주요 사건들의 순서를 정리해 두세요.

② 원 간섭기의 키워드를 정리해 두세요. '당시 볼 수 있는 모습'을 자주 물어봅니다.

③ 공민왕의 개혁을 키워드 중심으로 정리해 두세요. 전민변정도감-쌍성총관부 공격이 세트입니다. 자주 출제되는 키워드이니 한 묶음으로 알아 두세요.

072 밑줄 친 '침략'의 영향으로 가장 적절한 것은?   [3점]

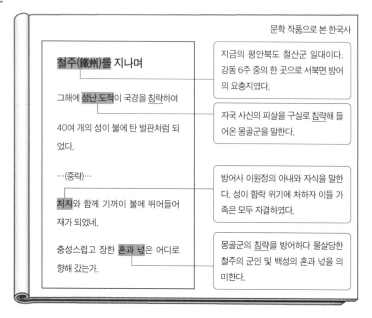

문학 작품으로 본 한국사

철주(鐵州)를 지나며

그해에 성난 도적이 국경을 침략하여

40여 개의 성이 불에 탄 벌판처럼 되
었다.

…(중략)…

처자와 함께 기꺼이 불에 뛰어들어
재가 되었네.

충성스럽고 장한 혼과 넋은 어디로
향해 갔는가.

지금의 평안북도 철산군 일대이다.
강동 6주 중의 한 곳으로 서북면 방어
의 요충지였다.

자국 사신의 피살을 구실로 침략해 들
어온 몽골군을 말한다.

방어사 이원정의 아내와 자식을 말한
다. 성이 함락 위기에 처하자 이들 가
족은 모두 자결하였다.

몽골군의 침략을 방어하다 몰살당한
철주의 군인 및 백성의 혼과 넋을 의
미한다.

① 대가야가 병합되었다.

② 균역법이 실시되었다.

③ 수원 화성이 건설되었다.

④ 수도가 강화도로 옮겨졌다.

⑤ 나당 연합군이 결성되었다.

[정답 ④] 몽골 군의 침략에 따른 여파와 영향을 물어본 문항입니다. 자료의 '사신 피살' '몽골군' 등을 통
해 밑줄 친 '침략'이 몽골군의 침략임을 알 수 있습니다. 당시 최씨 정권은 고려 왕실과 함께 강화도로 천
도(④)했습니다.

자료가 좀 생소하지만 다 독해하고 이해하려고 애쓸 필요 없습니다. '몽골군'이 핵심 키워드입니다. 침입 당시
강화도 천도-개경 환도-삼별초의 항쟁 순으로 전개되었다는 것을 잘 정리해 두세요.

그동안 몽골의 침입은 잘 출제되지 않았습니다. 최근 새 교육과정에서 종종 보이는데, 자료가 생소할 뿐 난이
도는 평범하니 너무 걱정하지 않아도 됩니다.

073 다음 자료의 상황이 나타난 시기의 모습으로 가장 적절한 것은? [3점]

○ 다루가치가 왕에게 말하기를, "선지(宣旨), 짐(朕), 사(赦)를 칭하니 어찌 이렇게 참람한가?"라고 하였다. 왕은 "분수를 넘어서려는 것이 아니라 조상 때부터 전해 오는 관례를 따랐을 뿐이오."라고 해명하고 선지를 왕지(王旨)로, 짐을 고(孤)로, 사를 유(宥)로 격을 낮추었다.

○ 관직 이름이 여전히 상국(上國)과 같은 것은 모두 고쳤다. 또한 충렬왕의 복식도 격하하여 자황포(赭黃袍)를 지황포(芝黃袍)로 고쳤다.

① 지계가 발급되었다.

② 골품제가 실시되었다.

③ 아관 파천이 단행되었다.

④ 지방에 서원이 설립되었다.

⑤ 원의 강요로 공녀가 징발되었다.

[정답 ⑤] 원 간섭기의 모습을 물어본 문항입니다. 자료의 '다루가치' '격을 낮추었다'(관제 격하) 등을 통해 자료 상황은 원 간섭기라는 것을 알 수 있습니다. 이 시기에는 정동행성이 설치되었고, 쌍성총관부로 영토 일부를 잃었으며 정기적으로 공물과 공녀(⑤)를 바쳐야 했습니다.

원 간섭기의 키워드를 정리해 두면 어려움 없이 풀 수 있는 문항입니다. 지난 교육과정에서 종종 출제되다가 최근에는 잘 보이지 않는 주제이긴 합니다만, 언제든 다시 출제될 수 있는 주제인 만큼 잘 정리해야 합니다.

2024-대학수학능력시험

074 (가), (나) 시기 사이에 있었던 사실로 옳은 것은?

> (가) 이의방과 이고가 몰래 정중부에게 말하기를, "문신은 우대받아 배부르나, 무신은 모두 굶주리고 피곤하니, 이것을 어찌 참겠습니까?"라고 하였다. …(중략)… 정중부가 마침내 의종과 태자를 쫓아내고 어린 태손을 죽였다.
>
> (나) 군사가 위화도에 머물면서 좌·우군도통사가 글을 올려 회군을 요청하니 최영이 말하기를, "두 도통사가 있으니 스스로 와서 아뢰는 것이 옳다. 군사를 물리자는 말을 감히 내 입으로 하지 못하겠다."라고 하였다.

① 조선책략이 소개되었다.

② 한성 조약이 체결되었다.

③ 홍경래의 난이 일어났다.

④ 사비 천도가 이루어졌다.

⑤ 전민변정도감이 설치되었다.

[정답 ⑤] 공민왕의 개혁 내용에 대한 문항입니다. (가) 자료는 '이의방' '정중부' 등을 통해 무신 정변이 일어난 상황임을 알 수 있습니다. (나) 자료는 이성계의 위화도 회군을 보여 주고 있습니다. 무신 정변과 위화도 회군 사이에는 몽골의 침입과 원 간섭기, 공민왕이 있습니다.

공민왕은 신돈을 등용하고 전민변정도감을 설치(⑤)하여 억울하게 노비가 된 사람을 양인으로 되돌리고 억울하게 빼앗긴 땅을 원래 주인에게 돌려주었습니다. 그 외에도 쌍성총관부를 공격하여 철령 이북 지역을 수복하였으며, 정동행성 이문소를 폐지하는 등 적극적인 반원 자주 정책을 추진하였습니다.

공민왕은 고려의 단골 주제로 출제되어 왔습니다. 그동안 공민왕은 전민변정도감-쌍성총관부 공격 세트로 많이 출제되어 오다가 이번에는 시기 사이를 추론하는 문항이 출제되었습니다. 난이도를 높이려고 고민한 흔적이 보입니다. 고려사를 공부할 때 큰 사건들을 덩어리로 묶어 순서대로 나열하며 공부하기 바랍니다.

(가) 왕에 대한 설명으로 옳은 것은?

① 탕평 정치를 시행하였다.

② 나당 연합군을 결성하였다.

③ 전민변정도감을 설치하였다.

④ 의정부 서사제를 실시하였다.

⑤ 기인제도를 통해 호족을 통제하였다.

[정답 ③] 공민왕에 관한 문항입니다. 자료의 '반원 개혁 정치' '몽골풍 금지' '친원 세력 제거' '정동행성 이문소 폐지' '쌍성총관부 공격' 등을 통해 (가) 왕은 고려 후기 공민왕이라는 사실을 알 수 있습니다. 공민왕은 신돈을 등용하고 전민변정도감을 설치하여(③) 개혁을 추진하였습니다.

공민왕은 단골 소재입니다. 나올 만한 키워드가 여기에 다 나왔습니다. 잘 정리해 두세요.

제도와 경제, 문화

고려는 상대적으로 개방적이고 개성이 강한 나라였습니다. 이런 특징은 제도와 문화유산에도 고스란히 나타납니다. 이번 장에서는 고려의 제도 및 경제와 문화에 대해 정리해 보겠습니다.

독자성이 담긴 중앙 정치 제도

고려의 중앙 정치 조직은 2성 6부입니다. 뼈대는 당의 3성 6부제입니다. 여기에 송의 제도를 일부 도입하였고, 고려만의 독자적인 기구도 덧붙였습니다. 2성 6부에서 2성은 중서문하성과 상서성을 가리킵니다. 상서성 밑에는 다시 6부(이부, 병부, 호부, 형부, 예부, 공부)가 있습니다.

중서문하성은 최고의 정치 기구로 정책을 만들고 심의하는 역할을 담당하였습니다. 오늘날로 치면 국무회의를 하는 곳이라고 보면 됩니다. 여기에서

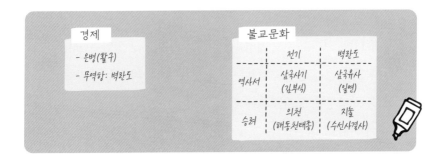

만들어진 정책들은 상서성으로 보냅니다. 상서성은 정책의 성격에 따라 6부로 나누어 보내 시행하게 했습니다.

중추원, 어사대, 삼사는 송의 제도를 본떠 설치한 기구입니다. 중추원은 오늘날 비서실에 해당하는 기구로 왕의 명령을 내보내고 군사 기밀을 다루었습니다. 어사대는 오늘날 감사원의 역할을 담당하였는데, 관리의 비리를 감찰하였습니다. 마지막으로 삼사는 회계를 담당하였습니다. 오늘날 기획재정부의 역할에 해당합니다.

그 외에 귀족들의 임시 회의 기구로 도병마사와 식목도감이 있었습니다. 이 두 기구는 고려에만 있었던 독자적인 기구입니다. 도병마사에서는 국방 문제를 논의하였고, 식목도감에서는 법을 만들었습니다.

이처럼 고려는 선진 제도를 적극적으로 받아들이는 한편, 고려의 실정에 맞게 바꾸어 이를 운영하는 독자성을 보여 주었습니다.

이원적으로 운영한 지방 행정 제도

고려의 지방제도는 최종적으로 5도 양계로 정비됩니다. 이 제도 또한 고려의 개성이 드러나는데, 5도는 행정적 특성이 강했습니다. 오늘날 충청도,

경상도, 전라도처럼 고려에는 서해도, 교주도, 양광도, 전라도, 경상도의 5도가 있었습니다. 그리고 수도 개경을 둘러싼 경기가 따로 있었습니다. 양계는 북계와 동계를 가리킵니다. 양계는 5도와 달리 군사적 기능이 강했습니다. 북계는 북쪽 국경에, 동계는 동해에 위치하는데요. 이로써 양계는 외적의 침입을 막기 위해 설치되었다는 것을 알 수 있습니다.

오늘날의 지방자치단체장인 시장, 도지사, 구청장처럼 고려에서도 지방에 관리를 파견했는데, 5도에 파견한 관리를 안찰사라고 불렀습니다. 현재의 도지사에 해당합니다. 그리고 그 외에 구청장이나 지방 소도시 시장에 해당하는 수령을 파견하였습니다. 고려 시대만 해도 중앙 정부의 통제력이 강하지 못하였고 국가 재정 상황이 좋지 않아 모든 지방에 수령을 파견하지 못하였습니다. 오히려 파견하지 못한 곳이 더 많았습니다. 수령이 파견된 지방을 주현, 파견되지 못한 지방을 속현이라고 불렀습니다.

학교로 치면 교사가 모자라 담임이 있는 학급과 담임이 없는 학급이 있는 상황이라고 이해하면 되겠습니다. 담임이 없는 학급은 옆 학급의 담임으로부터 각종 공지 사항을 전달받고 관리를 받을 수밖에 없겠지요? 고려도 마찬가지였습니다. 수령이 파견되지 않은 속현은 주현에 파견된 수령의 간접 지배를 받았습니다. 또 담임이 없는 학급에서는 학급 회장의 역할이 중요하겠지요? 그 과정에서 학급 회장의 권한도 더 커질 테고요. 고려도 마찬가지였습니다. 속현에서는 행정실무를 담당하던 향리의 권한이 강했습니다.

고려에는 이외에도 차별받는 양인이 사는 특수 행정 구역이 있었습니다. 향, 부곡, 소라고 불리던 지역입니다. 이곳의 양인들은 다른 지역에 비해 국가에 납부해야 할 세금이 무거웠습니다. 무신 정권기 하층민의 봉기가 향, 부곡, 소에서 많이 일어난 데에는 이런 이유가 있었습니다.

조선 시대에 5도 양계는 8도로 통일되고, 일반 군현으로 승격되면서 향,

부곡, 소가 사라집니다. 또 중앙 정부의 통제력이 강해지면서 모든 지방에 수령을 파견합니다.

세금 걷을 권리를 준 전시과 제도

토지 제도로는 전시과가 운영되었습니다. 전시과 제도는 태조 왕건이 공신들에게 나눠준 역분전에서 그 기원을 찾아볼 수 있습니다.

요즈음에도 나랏일을 하는 공무원들에게 나라에서 월급을 줍니다. 공무원들에게 주는 월급은 국민이 낸 세금으로 충당하지요. 고려 시대에도 관리들에게 월급을 주어야 했겠지요? 그런데 이 시기는 앞서 말한 대로 중앙 정부의 통제력이 지방까지 미치지 못했고, 화폐 경제가 발달하지 않아 백성들로부터 세금을 걷어 월급을 줄 수 없었습니다.

대신 관리들에게 일한 대가로 특정 토지에서 나오는 세금을 걷을 권리(수조권)를 주었습니다. 땅 주인이 국가에 낼 세금을 관리가 대신 걷어서 월급으로 가지라고 한 것입니다. 이런 토지 제도는 삼국 시대에도 있었습니다. 고려에서는 쌀을 걷을 수 있는 전지와 땔감을 가져다 쓸 수 있는 시지를 주었습니다. 이 둘을 합해서 전시과라고 부르는 것입니다.

국제 무역항 벽란도와 고액 화폐 은병(활구)

고려는 국제 무역을 활발히 전개하였습니다. 개경 앞의 벽란도는 국제 무역항으로 유명했지요. 그 바람에 외국 상인들에게 고려가 알려지게 되었는데, 지금까지 한국을 '고려'의 영어식 발음인 'Korea'라고 부르는 이유가 여기에 있습니다.

고려는 화폐 경제 발달을 위해 여러 차례 동전을 만들어 유통했는데 당시 사회는 농업 사회였고 상공업이 크게 발달하지 않아 정작 활발히 쓰이지는 않았습니다. 백성들은 쌀이나 베를 화폐처럼 사용하는 게 더 일반적이었어요.

독특한 것은 지금의 가치로 약 200만 원이나 되는 고액 화폐를 발행했다는 것입니다. 활구라고도 불리는 은병이 바로 그 주인공입니다. 은병은 한반도의 지형을 본떠 호리병 모양으로 만든 고려의 은화입니다. 하지만 너무 고가라 널리 유통되지는 못했습니다.

왕실의 보호로 발달한 불교

고려는 불교를 중시했습니다. 태조 왕건이 죽으면서 남긴 훈요 10조에서 불교의 중요성을 제1조에 언급했을 정도였지요. 불교는 고려가 멸망할 때까지 광장히 중요한 사상이자 종교로 간주되었습니다. 때문에 고려 시기에는 많은 절과 불상, 불탑이 만들어졌습니다.

심지어 고려 11대 왕 문종의 넷째 아들은 출가하여 승려가 되었습니다. 바로 의천입니다. 의천은 불교 통합 운동을 전개하는 한편, 《신편제종교장총록》을 편집하였고, 해동 천태종을 개창하는 업적을 세웠습니다.

고려 전기에 의천이 있었다면 고려 후기에는 지눌이 있습니다. 보조국사 지눌은 수행의 방법으로 정혜쌍수, 돈오점수를 강조했습니다. 고인 물은 썩는다고 했죠? 시간이 지남에 따라 특혜를 받는 절들이 늘어나면서 사회적 폐단이 생깁니다. 지눌은 지금의 송광사, 당시의 수선사를 중심으로 불교 정화 운동을 전개했습니다(수선사 결사). 또 조계종을 창시하였습니다.

다양한 역사서의 편찬

묘청의 난을 진압한 고려 전기의 김부식 기억하나요? 김부식은 《삼국사기》를 지은 인물로 더 잘 알려져 있습니다. 김부식은 왕명을 받아 《삼국사기》를 지었는데, 이 책에는 유교적인 색채가 많이 들어 있습니다. 현재 전해지는 역사서 중 가장 오래된 《삼국사기》는 삼국 중 신라를 정통으로 보고 고려가 신라를 계승했다고 서술하였습니다.

고려 전기의 《삼국사기》에 견줄 만한 역사서가 고려 후기에 편찬됩니다. 승려 일연이 지은 《삼국유사》입니다. 《삼국유사》에는 《삼국사기》에 기록하지 않았던 각종 신화와 설화를 많이 실었는데, 우리가 단군에 대해 알 수 있는 것도 《삼국유사》 덕분입니다. 일연이 승려였기 때문에 불교의 영향을 많이 받았고요.

《삼국유사》가 집필된 시기는 몽골 침입 이후입니다. 몽골의 침입을 막아내면서 자주 의식이 한창 성장해 있던 시기죠. 이런 분위기를 반영하여 이승휴는 고구려의 시조인 주몽을 강조한 《제왕운기》를 저술하였습니다.

원포인트
레슨

① 고려의 중앙 정치 기구와 지방 행정 체계를 키워드 중심으로 알아 두세요.

② 경제와 관련해서는 은병(활구)과 벽란도를 묶어서 기억해 두세요.

③ 의천과 지눌의 키워드를 구분해서 정리해 두세요.

④ 삼국사기-김부식-묘청의 난 진압은 세트입니다. 묶음으로 알아 두세요.

075 다음 시무책이 제출된 나라에 대한 설명으로 옳은 것은?

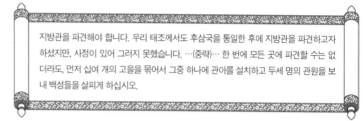

지방관을 파견해야 합니다. 우리 태조께서도 후삼국을 통일한 후에 지방관을 파견하고자 하셨지만, 사정이 있어 그러지 못했습니다. …(중략)… 한 번에 모든 곳에 파견할 수는 없더라도, 먼저 십여 개의 고을을 묶어서 그중 하나에 관아를 설치하고 두세 명의 관원을 보내 백성들을 살피게 하십시오.

① 9주 5소경을 두었다.

② 주현과 속현이 있었다.

③ 전국을 8도로 나누었다.

④ 면 협의회를 운영하였다.

⑤ 5경 15부 62주를 설치하였다.

[정답 ②] 고려 지방 행정 체제의 특징을 물어본 문항입니다. 자료로는 최승로의 시무 28조가 제시되었습니다. 자료에서 '태조께서도 후삼국을 통일'했다는 내용을 통해 이 자료가 후삼국을 통일한 고려에서 쓰인 자료임을 추리해 낼 수 있습니다. 고려에는 지방관을 파견한 주현과 파견하지 않은 속현이 있었습니다(②). 그동안 잘 나오지 않던 제도 문항이 최근 출제되고 있습니다. 주현, 속현, 향, 부곡, 소, 5도, 양계 등 고려의 지방 행정의 키워드를 정리해 두세요. 특히, 통일 신라의 9주 5소경, 발해의 5경 15부 62주와 헷갈리지 않도록 주의하세요.

076 다음 정책을 추진한 국가의 경제 상황으로 옳은 것만을 <보기>에서 고른 것은?

[3점]

> 조서를 내려 이르기를, "이제부터 유통하는 모든 은병에 표식을
> 새기도록 하고, 어기는 자는 중한 죄로 처단하라."라고 하였다. 이
> 때부터 은병을 화폐로 사용했는데, 은 1근의 무게로 본국의 지형
> 을 본떠 만들었으며, 속칭은 '활구'라고 하였다.

보기

ㄱ. 지계아문에서 지계를 발급하였다.

ㄴ. 벽란도에 외국 상인들이 드나들었다.

ㄷ. 관리들에게 진지와 시지가 지급되었다.

ㄹ. 대동법의 시행으로 공인이 등장하였다.

① ㄱ, ㄴ   ② ㄱ, ㄷ   ③ ㄴ, ㄷ   ④ ㄴ, ㄹ   ⑤ ㄷ, ㄹ

[정답 ③] 고려의 경제 상황을 물어본 문항입니다. 자료의 '은병'을 통해 고려에 대한 자료라는 것을 알 수 있습니다. 개경 앞 벽란도는 고려의 대표적인 무역항(ㄴ)이었습니다. 또, 고려는 관리들에게 전지와 시지를 지급(ㄷ)하였는데, 이 제도를 전시과라고 합니다.

은병(활구)-벽란도-전시과는 고려 경제와 관련하여 자주 등장하는 세트 키워드입니다. 전시과를 전지와 시지로 풀어서 설명하여 많은 수험생이 혼란을 겪었을 것입니다. 주제 자체도 생소한데, 합답형 문항이라 난이도가 높았습니다.

하지만 위에 언급한 3개 키워드를 크게 벗어날 일은 없으므로 키워드 중심으로 정리해 두면 좋을 것입니다.

2023-10월 학력평가

077 (가) 인물에 대한 설명으로 옳은 것은?

> [(가)] 이/가 결사 운동을 시작한 거조사에 이어 알아볼 곳은 송광사입니다. 이곳은 그가 수선사 결사를 이끌며 입적할 때까지 활동한 사찰입니다.

[(가)]의 행적을 찾아서

거조사

송광사

① 서경 천도를 건의하였다.

② 《삼국사기》를 편찬하였다.

③ 청 문물 수용을 주장하였다.

④ 《왕오천축국전》을 저술하였다.

⑤ 선종과 교종의 조화를 추구하였다.

[정답 ⑤] 지눌의 활동을 물어본 문항입니다. 자료의 '수선사 결사'를 통해 (가) 인물이 지눌이라는 사실을 알 수 있습니다. 지눌은 고려 후기에 활동한 승려로 지금의 송광사인 수선사에서 불교 정화 운동인 결사 운동을 전개하였습니다. 또 정혜쌍수, 돈오점수를 강조하며 선종과 교종의 조화를 추구하였습니다(⑤).

고려는 불교 국가로 승려를 소재로 출제하기가 좋은 시대입니다. 이 중 문화 파트에서는 고려 전기의 의천, 후기의 지눌이 자주 등장합니다. 두 명 다 교종과 선종의 통합을 추구하였습니다. 그 외에 정치적 사건과 연결된 묘청, 신돈을 함께 구분하여 정리해 두세요.

(가)에 들어갈 내용으로 옳은 것만을 <보기>에서 고른 것은?

전국을 5도 양계로 나눈 국가의 지방 행정 체제에 대해 더 이야기해볼까?

양계는 북계와 동계를 가리키는데, 외적의 침입에 대비하기 위해 설치했어요.

(가)

보기

ㄱ. 5경 15부 62주로 전국을 정비했어요.

ㄴ. 고구려의 공격으로 웅진으로 천도했어요.

ㄷ. 지방관이 파견되지 않은 속현이 많았어요.

ㄹ. 향·부곡·소라는 특수 행정 구역이 있었어요.

① ㄱ, ㄴ   ② ㄱ, ㄷ   ③ ㄴ, ㄷ   ④ ㄴ, ㄹ   ⑤ ㄷ, ㄹ

[정답 ⑤] 고려의 지방 행정 체제에 관한 문항입니다. 대화의 '5도 양계' 등을 통해 고려의 지방 행정 체제에 대해 대화하고 있음을 알 수 있습니다. 고려에는 지방관이 파견되지 않은 속현이 많이 존재했고(ㄷ), 향·부곡·소라는 특수 행정 구역이 있었습니다(ㄹ). 따라서 정답은 ⑤입니다.

그동안 보이지 않던 제도에 대한 문항이 조금씩 보이기 시작했습니다. 단독으로 출제될 수도 있고, 다른 주제와 통합해서 출제될 수도 있습니다. 고려 제도의 특징을 키워드 중심으로 정리해 두세요.

드라마로 보는 고려사

고려는 조선에 비해 영화나 드라마 작품이 압도적으로 적습니다. 앞서도 말했듯이, 시기적으로 더 먼 시기이고 수도 개경이 우리가 가 볼 수 없는 북한 지역에 있기 때문입니다. 그나마 다행인 것은 고려에 대한 기록은 많이 남아 있어 고려라는 나라의 큰 흐름을 이해하는 데는 부족함이 없습니다. 다만 왕실에서 철저하게 관리했던 《조선왕조실록》에 비하면 섬세함이 떨어져 이를 소재로 영화나 드라마로 제작하기에는 다소 부족한 것이 사실입니다. 그러다 보니 전체적인 시기를 다루기보다는 건국 초나 멸망 직전, 공민왕 시기 등으로 드라마의 배경이 한정되는 경향을 보입니다.

〈태조 왕건〉(2000)은 고려를 세운 태조 왕건을 중심으로 한 드라마입니다. 태조 왕건이 궁예의 부하로 들어가서 권력을 얻고 호족들의 도움을 받아 후삼국을 통일하는 과정을 생생하게 그렸습니다. 다만, 통일된 이후의 고려에 대한 내용을 다루지는 않습니다. 엄밀히 따지면 후삼국 시대의 태조 왕건을 다루는 드라마라 할 수 있습니다. 그렇지만 태조 왕건이 고려의 왕이 되어 후삼국을 통일하는 데 있어 호족들의 지지가 있었음을 잘 이해할 수 있습니다.

〈무인시대〉(2003)는 제목에서와 같이 무신 정권기를 다루고 있습니다. 고려 18대 왕인 의종부터 23대 왕 고종까지 50여 년간의 무신 정권 전반부를 조명했는데, 이의방, 정중부, 최충헌 등이 차례로 등장하여 주인공의 역할을 해서 그런지 다소 다큐멘터리의 느낌이 나기도 합니다. 배신과 반란을 생생하게 그려서 무신 정권 초기의 혼란한 상황을 잘 보여 줍니다.

〈신돈〉(2005)은 원 간섭기 말부터 공민왕까지를 다룹니다. 역사적으로도 논란이 많은 신돈과 공민왕을 주인공으로 등장시켜 많은 시청자의 호기심을 자극했습니다. 드라마는 비극으로 끝나고 마는데, 이는 실제 역사에서와 같습니다.

그 외에도 원 간섭기의 고려 처지를 잘 보여 주는 〈기황후〉(2013), 고려 말을 다룬 〈정도전〉(2014), 〈태종 이방원〉(2022) 등이 있습니다.

고대사

빈출 키워드

고대사에서는 청동기 시대가 자주 출제되었습니다. 고인돌, 계급, 비파형 동검, 사유재산 등이 단골로 나왔다는 것을 알 수 있습니다. 그 외에도 빗살무늬 토기, 농경과 목축과 같이 신석기 시대 관련 키워드도 자주 등장했습니다. 구석기 시대와 관련해서는 주먹 도끼가, 발해와 관련해서는 대조영과 해동성국이 자주 활용되었다는 것을 알 수 있습니다

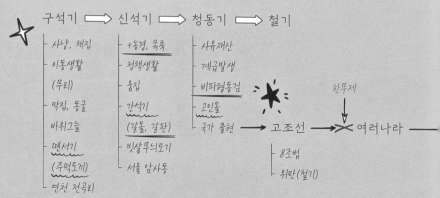

구석기 ⇨ 신석기 ⇨ 청동기 ⇨ 철기

구석기
- 사냥, 채집
- 이동생활
  (무리)
- 막집, 동굴
  바위그늘
- 뗀석기
  (주먹도끼)
- 연천 전곡리

신석기
- +농경, 목축
- 정착생활
- 움집
- 간석기
  (갈돌, 갈판)
- 빗살무늬토기
- 서울 암사동

청동기
- 사유재산
- 계급발생
- 비파형동검
- 고인돌
- 국가 출현 ⟶ 고조선

철기
한무제
고조선 ⟶✗⟶ 여러나라

- 8조법
- 위만(철기)

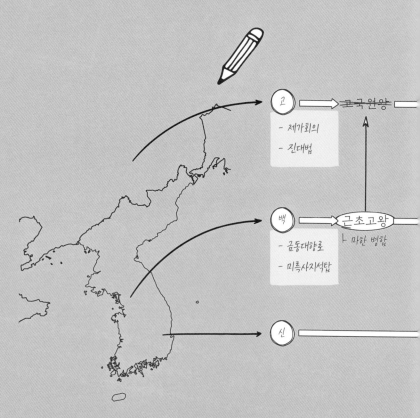

고 ⟹ 큰국 원왕
- 제가회의
- 진대법

백 ⟹ 근초고왕
└ 마한 병합
- 금동대향로
- 미륵사지석탑

신

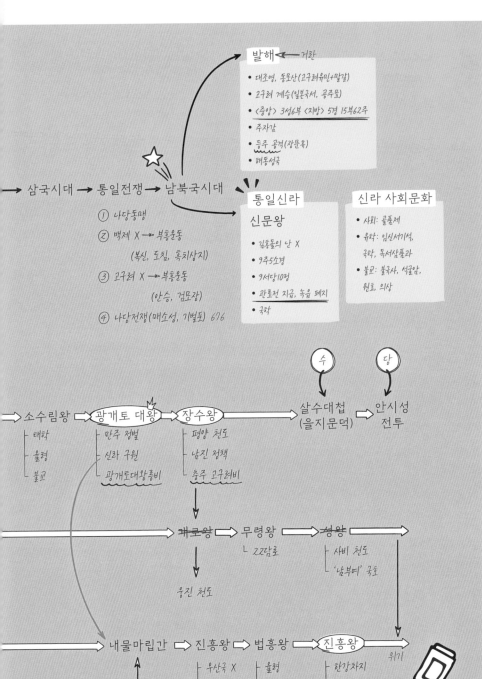

발해 ← 거란

- 대조영, 동모산(고구려유민+말갈)
- 고구려 계승(일본국서, 공주묘)
- <중앙> 3성6부 <지방> 5경 15부62주
- 주자감
- 등주 공격(장문휴)
- 해동성국

→ 삼국시대 → 통일전쟁 → 남북국시대

① 나당동맹
② 백제 X → 부흥운동
   (복신, 도침, 흑치상지)
③ 고구려 X → 부흥운동
   (안승, 검모잠)
④ 나당전쟁(매소성, 기벌포) 676

통일신라
신문왕

- 김흠돌의 난 X
- 9주5소경
- 9서당10정
- 관료전 지급, 녹읍 폐지
- 국학

신라 사회문화

- 사회: 골품제
- 유학: 임신서기석, 국학, 독서삼품과
- 불교: 불국사, 석굴암, 원효, 의상

수   당

→ 소수림왕 → 광개토 대왕 → 장수왕 → 살수대첩 → 안시성
                                    (을지문덕)   전투
┌ 태학   ┌ 만주 정벌   ┌ 평양 천도
├ 율령   ├ 신라 구원   ├ 남진 정책
└ 불교   └ 광개토대왕릉비 └ 충주 고구려비

                           ↓
→ 개로왕 ⇒ 무령왕 → 성왕
          └ 22담로   ┌ 사비 천도
                     └ '남부여' 국호
          ↓
          웅진 천도

→ 내물마립간 ⇒ 진흥왕 ⇒ 법흥왕 → 진흥왕   위기
      ↑   ┌ 우산국 X   ┌ 율령   ┌ 한강차지
      왜   ├ '왕' 칭호   ├ 불교(이차돈) ├ 대가야 X
              └ '신라' 국호 └ 금관가야 X └ 순수비

역사라는 과목은 다른 과목과 달리 정답이 없습니다. 역사를 아무리 객관적으로 서술하려고 해도 문제가 한두 가지가 아닙니다.

일단 사료의 문제가 있습니다. 역사학자들은 옛날에 만들어진 역사 자료(사료)를 토대로 추리를 해서 '이런 자료를 봤을 때 예전에 이런 일이 일어났을 것이다.'라고 역사를 연구하고 서술합니다. 그런데 만약 사료가 위조되었거나 조작되었다면요? 그 추리가 무너지는 것은 한순간일 것입니다.

사료가 진짜라고 판명이 났어도 또 다른 문제가 생겨납니다. 같은 사료를 놓고도 역사학자들마다 추리가 다를 수 있습니다. 이때는 많은 역사학자들이 동의한 가설을 일단 인정합니다. 하지만 언제든 다른 사료가 발견되어 이 가설이 무너질 수 있습니다.

마지막으로 시대적 상황에 따라서도 역사 해석이 달라질 수 있습니다. 박정희 군사정권 시기에는 군인들, 즉 무인들이 강조되었습니다. 당연히 역사 서술도 이와 관련한 서술이 더 강조되었을 것입니다. 연구가 누적되면서 시대에 따라 역사적 사건이나 인물에 대한 평가도 얼마든지 달라질 수 있습니다. 광해군은 왕위에서 쫓겨난 왕입니다. '쫓겨난 왕'이라는 이미지 때문에 오랫동안 광해군은 연산군과 함께 '폭군'으로 인식되었습니다. 그런데 얼마 전부터는 명분에 얽매이지 않고 중립 외교를 펼쳤고 대동법을 실시하여 백성들의 삶을 개선하려고 노력했다는 점을 들어 긍정적으로 평가하기도 합니다. 최근에는 다시 광해군의 업적이 너무 과대평가되었다고 주장하기도 합니다.

고대로 갈수록 남아 있는 자료가 적기 때문에 역사 해석에 대한 논란이 많습니다. 그렇지만 우리는 역사학자가 되는 것이 목표가 아닙니다. 수능은 대한민국의 가장 표준화된 시험이므로 논란의 소지가 조금이라도 있는 주제는 출제하지 않습니다. 그러니 안심해도 좋습니다. 여기에서는 구석기 시대부터 삼국 시대를 거쳐 통일 신라와 발해가 있었던 남북국 시대까지 정리해 보겠습니다. 많은 수험생이 마르고 닳도록 공부했던 교과서 앞부분 내용이라 많이 익숙하리라 믿습니다.

| 횟수 | 선사시대~청동기 | | | 삼국시대 | | | | 남북국시대 | | |
	구석기	신석기	청동기	고구려	백제	신라	통일전쟁	통일신라	발해	신라사회문화
	5	9	10	8	9	3	3	6	11	7
24-수			✔						✔	
23-10		✔							✔	
24-9		✔		✔						
23-7			✔						✔	
24-6			✔		✔					
23-4					✔					
23-3	✔									✔
23-수		✔							✔	
22-10				✔				✔		
23-9			✔							✔
22-7		✔								✔
23-6				✔	✔			✔		
22-4						✔				
22-3			✔				✔			✔
22-수	✔				✔			✔		
21-10			✔		✔				✔	
22-9			✔			✔			✔	
21-7		✔				✔			✔	
22-6		✔		✔						✔
21-4	✔						✔		✔	
21-3			✔	✔				✔		
21-수	✔				✔				✔	
20-10	✔			✔						✔
21-9		✔						✔		✔
20-7		✔		✔	✔			✔		
21-6			✔		✔				✔	
20-4			✔		✔				✔	
20-3			✔		✔			✔		

고대사를 선사 시대와 청동기 시대, 삼국 시대, 남북국 시대로 나눴을 때 기존에는 각 영역에서 1문항씩 총 3문항 출제되었습니다. 하지만 현행 2015 개정 교육과정에서는 출제 비중이 줄어들어 2문항이 출제되고 있습니다. 이중 선사 시대와 청동기 시대는 고정적으로 1문항 출제되는 추세입니다. 그리고 삼국 시대와 남북국 시대를 통합해서 1문항 출제되고 있습니다. 기존에는 백제-고구려-신라 순으로 자주 출제되었는데, 최근에는 신라 사회와 발해가 강조되고 있는 추세입니다.

선사 시대와 청동기 시대

우리는 과거에 어떤 일이 있었는지 어떻게 알 수 있을까요? 과거 사람들이 남긴 여러 가지 흔적들로 추리해 낼 수 있습니다. 특히 문자가 발명된 뒤부터 다양한 기록들이 남게 되었는데요. 이 기록들은 비교적 신뢰도가 높은 '흔적'입니다. 먼저 어떤 기록이 쓰인 종이나 돌판이 과거의 그 시대에 만들어졌다는 것이 과학적으로 밝혀지고 나면 그다음으로 문자를 해독함으로써 과거 사실을 비교적 객관적으로 받아들이게 되는 것입니다.

우리가 써놓은 다이어리나 노트 필기, 친구들과 주고받은 손편지 등이 수백 수천 년 후에 한 역사학자에 의해 발견되었다고 합시다. 그 역사학자는 거기에 쓰인 내용을 토대로 '2024년 ○월 ○일에 아무개가 아무개와 편의점이라는 곳에 가서 초코우유라는 것을 사 먹고 학원이라는 곳에 갔구나.'라는 것을 추리해 낼 수 있을 것입니다.

대부분의 역사 연구는 이처럼 과거의 문자 기록을 토대로 합니다. 그런데 만약 문자 기록이 없는 시대라면요?

지금 일순간에 문자와 문자를 기록할 수 있는 도구들이 싹 사라졌다고 생각해 볼까요? 우리는 어떻게든 살아가겠지요. 그리고 수백 수천 년이 지났습니다. 미래의 역사학자는 무엇을 보고 우리의 삶을 추리해 낼 수 있을까요? 아마 우리가 남긴 여러 도구나 쓰레기 등을 통해 추리해 낼 수 있겠지요. '콘크리트와 철근이 모여 있는 지역이 광범위하게 발굴되는 것으로 보아 21세기 초반 사람들은 건물을 높이 올려지어(아파트) 모여 살았겠구나.' '플라스틱이 모든 지역에서 발굴되니까 이 시대 사람들은 플라스틱을 사용하여 도구를 만들어 썼구나.' '네모난 철판과 바퀴를 이용해서 자동차라는 것을 만들어 이용했구나.' 등과 같이 말입니다.

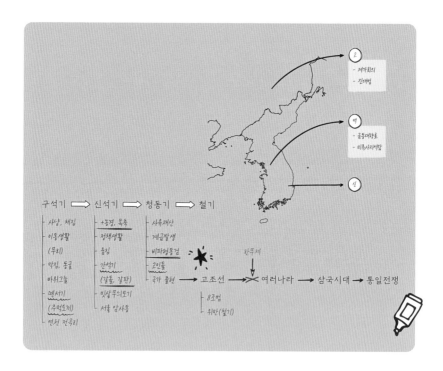

역사 이전의 시대, 선사 시대

문자 기록은 인류 역사에서 매우 중요한 의미를 지닙니다. 앞서 말씀드린 것처럼 문자는 가장 정확하고 믿을 만한 인간의 흔적이기 때문이죠. 문자가 발명되기 전을 선사 시대, 문자가 발명되어 기록이 남아 있는 시대를 역사 시대라고 부릅니다. 문자 기록이 없는 선사 시대인들의 삶은 그들이 사용했던 도구를 통해 알 수 있는데요. 당시 사람들은 주위에서 쉽게 구할 수 있는 돌로 도구를 만들어 썼습니다. 그래서 선사 시대를 '돌 석' 자를 써서 석기 시대라고도 부릅니다. 석기 시대는 다시 '더 오래된 석기 시대'라는 뜻의 구석기 시대와 '많이 발전한 새로운 석기 시대'라는 뜻의 신석기 시대로 구분합니다.

이동 생활을 했던 구석기 시대

구석기인들은 돌을 구해서 깨뜨린 다음 떼어내서 원하는 모양의 도구를 만들어 썼습니다. 이처럼 돌을 떼어내서 만든 도구를 뗀석기라고 합니다. 주먹 도끼와 찍개, 슴베찌르개 등이 대표적인 뗀석기입니다.

구석기인들은 어떤 방법으로 먹을거리를 구했을까요? 사냥, 채집, 어로 등을 통해서입니다. 사냥은 동물을 잡아먹는 것이고, 채집은 나무에서 열매를 따 먹거나 땅에 있는 식물을 뜯어먹는 것을 말하고, 어로는 물고기를 잡는 것을 뜻합니다.

자연이 주는 것은 참 풍족합니다만, 한곳에서 너무 오래 사냥하고 채집하다 보면 얻을 수 있는 먹거리가 떨어지겠지요? 그 지역의 특정 동물이 먼저 모습을 감출 것이고, 특히 채집을 많이 한 지역에서는 열매도 사라질 것입니다. 어떻게 해야 할까요? 굶어 죽기 싫으면 다른 지역으로, 기왕이면 먹거리가 풍족한 지역으로 이동해야 합니다. 그런데 혼자 가기보다는 떼로 이동하는 편이 더 안전하겠지요? 그래서 구석기인들은 무리를 지어 끊임없이 이동 생활을 합니다.

곧 떠날 텐데 집을 지을 때 공들여서 멋지게 지을 이유가 없습니다. 그래서 구석기인들은 주로 자연을 이용합니다. 동굴이나 덤불, 바위 그늘 등에서 생활하거나 막집을 지어 거주했습니다.

어떻게 아느냐고요? 우리나라에도 구석기 유적지가 많이 발굴되었거든요. 그중 대표적인 곳이 연천 전곡리, 공주 석장리 유적지입니다.

혁명과 같은 변화가 일어난 신석기 시대

신석기 시대에는 어떤 변화가 나타났을까요? 먼저 도구에 변화가 옵니다. 돌을 깨뜨려서 뗀석기를 만들다 보니 깨뜨릴 때마다 모양이 달라집니다. 그래서 이것을 살살 갈아보기 시작합니다. 이렇게 하니 좀 더 쓸모 있는 도구가 되었습니다. 도구를 만들 때 돌을 깨뜨리고 '갈았다'라고 해서 간석기라고 부릅니다. 갈돌과 갈판이 대표적입니다.

더 중요한 변화는 농경과 목축의 시작입니다. 물론 신석기 시대에도 여전히 사냥과 채집이 먹거리 획득에 아주 중요한 부분을 차지했습니다. 하지만 어설프게나마 농경과 목축이 시작되면서 이제 먹거리를 직접 생산해 내기 시작합니다. 그러다 보니 이동할 필요가 없어졌어요. 정착 생활이 시작된 것입니다.

한곳에 오래 머물러야 하니 집을 튼튼하게 지어야겠지요? 그래서 땅을 움푹 파서 기둥을 세우고 나뭇가지와 짚을 엮어 원뿔 모양으로 벽을 세웠습니다. 이렇게 땅을 '움'푹 파서 만든 집을 움집이라고 합니다. 또, 신석기인들은 토기를 만들어 먹거리를 저장하거나 조리할 때 사용했습니다. 서울 암사동 선사 유적지에는 신석기인들의 생활이 잘 재현되어 있습니다.

구석기 시대와 신석기 시대에는 연장자가 리더의 역할을 했을 뿐 지배자가 없었습니다. 즉, 계급이나 신분제가 없는 평등한 사회였습니다. 그러다가 청동기 시대에 큰 변화가 생깁니다.

계급이 나뉘어진 청동기 시대

청동기 시대는 청동으로 만든 도구를 사용한 시대입니다. 대표적인 유물로 비파형 동검이 있습니다. 청동은 구리와 아연, 또는 주석을 녹여 적절히 섞은 합금입니다. 말만 들어도 굉장히 만들기 어려웠겠지요? 만들기 어려웠으니 가질 수 있는 사람도 아주 한정적이었을 것입니다. 그 말은 곧 평등했던 사람들 사이에 무언가 차이가 생기기 시작했다는 뜻이겠지요?

시간이 지나면서 농업 기술이 발달하고 이에 따라 생산량도 늘어 이제 먹고사는 데 쓰고도 남는 게 생깁니다. '잉여분'이 생긴 거죠. 이로써 사유재산이 등장하였습니다. 그런데 이 과정에서 더 가진 사람과 덜 가진 사람이 생겨납니다. 덜 가진 사람은 더 가진 사람 것을 빼앗고 싶습니다. 더 가진 사람은 덜 가진 사람 것마저 빼앗아 더욱더 많이 가지고 싶어 했고요. 그러다 보니 싸움이 일어납니다. 따라서 청동기 시대에는 전쟁이 자주 일어났습니다.

전쟁을 겪고 나면 이긴 쪽과 진 쪽이 생깁니다. 이긴 쪽은 진 쪽을 부려 먹기 시작합니다. 당시는 인구가 적어서 노동력이 아주 귀했습니다. 섣불리 죽이면 오히려 손해였습니다. 그래서 진 쪽을 노예로 부려 먹었죠. 그러면서 계급(신분제)이 생겨났습니다.

잘 부려 먹으려면 힘으로만 통제해서는 안 됩니다. 언제든 불만을 품고 반란을 일으킬 수 있으니까요. 그래서 지배 계급은 자신들을 합리화하기 위해 "우리는 하늘의 자손"이라고 선전하기 시작합니다(천손 사상). 그중 하늘과 대화할 수 있는 사람을 제사장 또는 왕으로 불렀고요. "하늘과 대화"하는 행위가 바로 제사입니다. 하늘에 제사를 지낼 때는 최대한 거창하고 성대하게 치러야 피지배 계급의 기가 팍 죽겠지요? 그래서 이때 아주 화려한 청동기를 사용했습니다.

제사장이나 왕도 사람인지라 언젠가 죽습니다. 뭔가 특별한 사람이 죽었으니 그 사람의 무덤도 오래오래 남아 있도록 큰 돌과 많은 노동력을 동원하여 특별하게 짓습니다. 그렇게 고인돌이 생겨났습니다.

청동기 시대는 이처럼 생산력이 발달하면서 여러 세력이 전쟁을 통해 통합됩니다. 그 과정에서 신분제가 생겨났고, 재산 상태를 기록하는 과정에서 문자가 발명되었습니다. 이어 국가가 탄생하였고 사유재산 보호와 통치를 위한 법률도 만들어졌습니다. 문명이 시작된 것입니다. 우리나라 최초의 국가인 고조선도 이런 흐름 속에서 건국되었습니다.

최초의 국가 고조선과 여러 나라의 성장

《삼국유사》에 따르면 고조선은 기원전 2333년 단군왕검에 의해 건국되었습니다. 고조선에는 지켜야 할 8가지 법(8조법)이 있었는데, 현재는 3개 조항만 전해집니다. 이를 통해 고조선 사회는 노동력을 중시했고, 농경사회였으며 사유재산을 중시했다는 것을 알 수 있습니다. 신분에 따라 다르게 처벌했다는 내용으로 신분제가 존재했다는 것도 알 수 있습니다.

이후 고조선에서는 중국으로부터 온 위만이 왕위를 차지하고 중계 무역을 하면서 번성했습니다. 이때 철기 문화가 본격적으로 발달합니다. 하지만 고

조선은 중국 한무제에 의해 기원전 108년에 멸망합니다.

고조선 사람들은 어떻게 되었을까요? 남아 있는 사람도 있었을 테고, 중국으로 이주한 사람도 있었을 테고, 중국과는 반대 방향인 한반도 남부로 이동한 사람도 있었을 것입니다.

이런 상황 속에서 만주와 한반도에서는 토착 세력과 이주민이 뒤섞이며 여러 나라가 성장했습니다. 만주의 부여와 고구려, 한반도 동해 쪽의 옥저, 동예, 한반도 남부의 삼한(마한, 진한, 변한)이 그 주인공들입니다. 이들은 시간이 지나면서 대략 세 개 나라로 정리됩니다. 우리가 알고 있는 삼국 시대의 시작입니다.

① 구석기 시대와 신석기 시대, 청동기 시대의 특징을 키워드 중심으로 구분하세요. 1번 문항으로 출제됩니다.

② 고조선은 출제되지 않은 지 오래되었습니다. 사료의 신빙성과 중국과의 역사 논란으로 인해 그런 것으로 추정됩니다. 실체가 불확실하거나 논란의 여지가 있는 경우 출제를 피하는 경향이 있습니다.

078 (가) 시대의 생활 모습으로 옳은 것은?

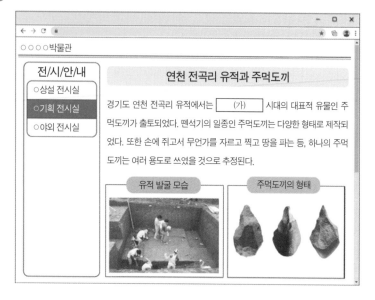

○○○○박물관

전/시/안/내
- ○상설 전시실
- ○기획 전시실
- ○야외 전시실

연천 전곡리 유적과 주먹도끼

경기도 연천 전곡리 유적에서는 ▢ (가) ▢ 시대의 대표적 유물인 주먹도끼가 출토되었다. 뗀석기의 일종인 주먹도끼는 다양한 형태로 제작되었다. 또한 손에 쥐고서 무언가를 자르고 찍고 땅을 파는 등, 하나의 주먹도끼는 여러 용도로 쓰였을 것으로 추정된다.

유적 발굴 모습

주먹도끼의 형태

① 불상을 제작하였다.

② 비파형 동검을 만들었다.

③ 철제 농기구로 농사를 지었다.

④ 덩이쇠를 화폐처럼 사용하였다.

⑤ 채집과 사냥을 하며 이동 생활을 하였다.

[정답 ⑤] 구석기 시대의 생활 모습을 물어본 문항입니다. 자료의 '연천 전곡리' '주먹 도끼' '뗀석기' 등을 통해 (가) 시대가 구석기 시대임을 알 수 있습니다. 구석기 시대에는 채집과 사냥을 하며 이동 생활을 하였습니다(⑤).

구석기 시대의 전형적인 문항입니다. 주로 등장하는 키워드로는 뗀석기, 주먹 도끼, 이동 생활 등입니다. 어렵게 나올 수 없는 주제인 만큼 한 번만 확실히 정리해 두세요.

079 (가) 시대에 대한 설명으로 옳은 것은?

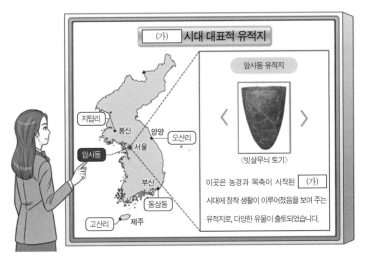

① 간석기가 사용되었다.

② 백동화가 발행되었다.

③ 철제 무기가 보급되었다.

④ 비파형 동검이 제작되었다.

⑤ 석굴암 본존 불상이 만들어졌다.

[정답 ①] 신석기 시대의 특징을 물어본 문항입니다. 자료의 '암사동' '농경과 목축 시작' '빗살무늬 토기' '정착 생활' 등을 통해 (가) 시대가 신석기 시대라는 것을 알 수 있습니다. 신석기 시대에는 간석기가 사용되었습니다(①).

역시 어려운 것이 없는 주제입니다. 신석기 관련해서는 농경과 목축의 시작, 토기, 정착 생활이 핵심 키워드입니다.

2024-대학수학능력시험

080 밑줄 친 '이 시대'에 대한 설명으로 옳은 것은?

> 이 시대의 대표적인 무덤은 고인돌이었습니다. 고인돌을 만드는 데는 많은 노동력이 필요했습니다. 이 시대에는 농업 생산량이 늘어났고 계급이 발생했으며, 군장이 나타났습니다.

① 상평통보가 전국적으로 유통되었다.

② 석굴암 본존 불상이 만들어졌다.

③ 팔관회와 연등회가 개최되었다.

④ 지방에 서원이 설립되었다.

⑤ 비파형 동검이 제작되었다.

[정답 ⑤] 청동기 시대의 사회 모습을 물어본 문항입니다. 자료의 '고인돌' '계급 발생' '군장' 등을 통해 밑줄 친 '이 시대'가 청동기 시대임을 알 수 있습니다. 청동기 시대에는 비파형 동검이 제작되었습니다(⑤).
청동기 시대에는 비파형 동검, 사유재산, 고인돌, 계급 발생이 키워드로 자주 등장합니다. 구석기, 신석기, 청동기 시대를 구분할 수 있게 확실히 정리해 두세요.

(가)에 들어갈 사진으로 가장 적절한 것은?

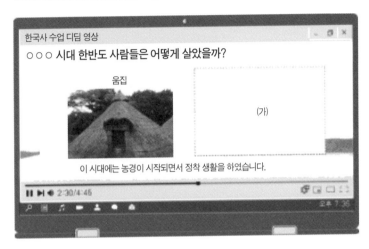

한국사 수업 디딤 영상

○○○ 시대 한반도 사람들은 어떻게 살았을까?

움집

(가)

이 시대에는 농경이 시작되면서 정착 생활을 하였습니다.

2:30/4:46

오후 7:36

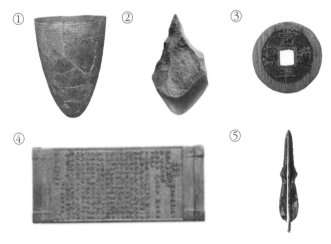

① ② ③

④ ⑤

[정답 ①] 신석기 시대에 관한 문항입니다. 자료의 '움집' '농경이 시작' '정착 생활' 등을 통해 '이 시대'는 신석기 시대라는 것을 알 수 있습니다. 신석기 시대에는 빗살무늬 토기가 만들어졌습니다(①).

구석기 시대와 신석기 시대, 청동기 시대는 돌아가면서 1번 문항으로 출제됩니다. 주로 사진 자료가 함께 제시되므로 유적이나 유물 명칭뿐 아니라 사진 자료도 함께 알아두세요.

삼국 시대

여러분은 아래의 질문 중 몇 개나 답변할 수 있나요?

- 삼국 시대는 어떤 나라들을 가리킬까요?
- 삼국은 어느 나라가 통일했을까요?
- 삼국이 각각 전성기를 맞았을 때 공통으로 차지했던 지역은 어디일까요?
- 왜 가야까지 포함해서 사국 시대라고 부르지 않을까요?

이제부터 이 질문들에 대한 답변을 포함해서 삼국 시대를 한 번에 정리해 보도록 하겠습니다. 전성기를 맞이했던 순서인 백제, 고구려, 신라 순으로 알아보겠습니다.

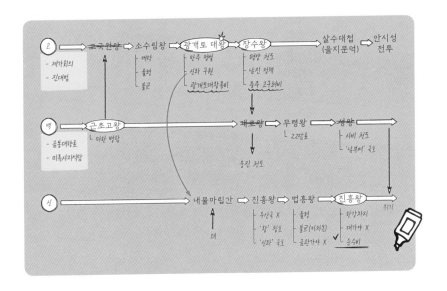

가장 먼저 전성기를 맞은 백제

고구려를 세운 주몽의 아들 온조가 한강 유역을 수도로 삼아 백제를 건국했습니다. 수도 이름은 한성이라고 지었고요. 백제는 삼국 중 가장 먼저 전성기를 맞이했던 나라입니다. 4세기 백제의 전성기를 이끌었던 왕은 근초고왕입니다. 근초고왕은 남아 있던 마한 세력을 복속시키고 적극적인 북진 정책을 추진합니다. 그 바람에 평양성에서 고구려 고국원왕이 화살에 맞아 '원'통하게 죽습니다. 이 시기 백제는 한강 유역을 포함하여 최대 영토를 차지했는데요. 하지만 세상에 영원한 것은 없나 봅니다.

시간이 흘러 5세기가 되면 고구려가 전성기를 맞이합니다. 광개토 대왕의 뒤를 이어 장수왕이 남진 정책을 추진하는 과정에서 수도 한성이 함락되고, 이때 백제 개로왕이 상당히 '괴로워'하면서 사망했습니다. 고구려가 원수를 갚은 셈이지요. 수도 한성을 빼앗긴 백제는 지금의 공주, 웅진으로 수도를 옮겼습니다.

웅진 백제 시기 대표적인 왕은 벽돌무덤 왕릉으로 더 유명한 무령왕입니다. 무령왕은 지방 22담로에 왕족을 파견하여 통제력을 강화하였습니다. 무령왕의 아들이 성왕입니다. 성왕은 백제를 부흥하기 위해 많이 노력합니다. 수도를 다시 지금의 부여인 사비로 옮기고 나라 이름을 남부여로 바꿉니다. 그리고 신라 전성기를 이끌었던 진흥왕과 연합하여 고구려를 공격하여 마침내 옛 수도가 있던 한강 유역을 되찾는 데 성공했습니다. 하지만 기쁨도 잠시, 진흥왕의 배신으로 백제는 신라에 한강 유역을 내주고 맙니다. 이에 분노한 성왕은 신라를 공격하였지만, 관산성 전투에서 전사하고 말았습니다.

신라가 배신한 것도 화가 나는데, 이를 응징하려다 왕까지 죽었으니 신라에 대한 백제의 원한은 얼마나 깊었을까요? 그래서 이후에 백제는 신라에 대한 보복전을 전개합니다. 결국 수세에 몰린 신라가 위기를 극복하기 위해 당나라와 동맹을 맺습니다. 삼국 통일 전쟁의 씨앗은 이미 이때 뿌려진 셈입니다.

동아시아의 강자 고구려

부여의 왕자였던 주몽이 건국한 고구려 이야기를 해 보겠습니다. 앞서 살펴본 대로 4세기에 전성기를 맞이한 백제 근초고왕의 공격으로 고구려 고국원왕이 사망합니다. 한 나라의 왕이 죽었으니 그야말로 비상입니다. 이때 소수림왕이 즉위합니다. 소수림왕은 이름 그대로 '소수점'부터 다시 시작합니다. 태학을 세워 유학 교육을 진흥하고 법과 제도를 정비하여 율령을 반포했습니다. 또 중국으로부터 불교를 받아들였습니다.

이후 고국양왕을 거쳐 광개토 대왕이 즉위합니다. 소수림왕이 고국원왕의 큰아들, 고국양왕이 둘째 아들입니다. 그러니 광개토 대왕은 고국원왕의 손자인 셈입니다. 광개토 대왕은 적극적인 팽창 정책을 추진하여 만주 지역을 정복하고 한강 이북 지역을 차지하여 광대한 영토를 차지했습니다.

이때 신라에 왜가 쳐들어왔습니다. 당시 신라 내물마립간은 광개토 대왕에게 도움을 요청했습니다. 이에 광개토 대왕은 군대를 파견하여 왜를 쫓아주었습니다. 이로써 신라는 일시적으로 고구려의 간섭을 받기도 했습니다. 호우명 그릇이 바로 그 증거가 되는 유물입니다.

광개토 대왕의 아들 장수왕은 이름처럼 아주 오래 산 왕입니다. 장수왕은 수도를 압록강변의 국내성에서 평양으로 옮깁니다. 그리고 남진 정책을 추진하여 백제의 수도 한성을 함락시키고 백제 개로왕을 전사시켰습니다. 장수왕은 충주까지 내려왔는데, 그 사실이 충주 고구려비에 잘 기록되어 있습니다. 장수왕은 아버지 광개토 대왕을 기리기 위해 커다란 비석을 왕릉 앞에 세웠습니다(광개토왕릉비).

광개토 대왕에서 장수왕으로 이어지던 4세기 말~5세기는 고구려의 전성기였습니다. 장수왕 때는 한강 유역을 포함하여 최대 영토를 차지했습니다. 하지만 이후 6세기에 백제 성왕과 신라 진흥왕 연합군의 공격으로 한강 유역을 다시 내주고 말았습니다.

6세기 말에는 분열되어 있던 중국을 수가 통일합니다. 수는 동아시아의 강자가 되고 싶었습니다. 그래서 라이벌 고구려를 굴복시키기 위해 두 차례나 쳐들어왔습니다. 이때 을지문덕이 이끄는 고구려군은 살수에서 수의 군대를 격파해 버립니다(살수대첩). 무리한 원정으로 힘을 잃은 수는 얼마 가지 않아 멸망하고 새롭게 당이 건국되었습니다. 당 또한 동아시아의 강자가 되기 위해 수처럼 고구려를 공격해 왔습니다. 이때 안시성에서 고구려 군대와 백성들이 힘을 합쳐 당의 공격을 저지했습니다(안시성 전투).

자존심이 상한 당은 호시탐탐 고구려 정복의 기회를 엿봅니다. 이런 상황은 당이 신라와 동맹을 맺는 데 아주 중요한 요인 중 하나가 되었습니다.

대기만성 신라와 가야 연맹

삼국 중 변방에 있어 가장 발전이 늦었던 나라가 신라였습니다. 신라의 시조는 무려 세 명이나 됩니다. 박혁거세, 김알지, 석탈해가 바로 그 주인공입니다. 이후 신라는 정치 지배자를 세 성씨가 돌아가면서 맡다가 내물마립간 때부터 김씨 가문이 세습[1]하기 시작했습니다.

신라는 부족적 성격이 꽤 오랫동안 남아 있었습니다. 정치 지배자를 '부족장'이라는 뜻을 가진 차차웅, 이사금, 거서간, 마립간 등으로 불렀습니다. 5세기 신라에는 내물마립간이 즉위합니다. 앞에서 살펴본 것처럼 이때 왜가 쳐들어왔으나 고구려 광개토 대왕의 도움으로 위기를 모면합니다. 그리고 일시적으로 고구려가 신라에 영향력을 행사하기도 했습니다.

이후 5세기 지증왕 때 처음으로 '왕'이라는 칭호를 사용합니다. 그리고 나라 이름도 진한 사로국에서 '신라'로 바꾸었습니다. 지증왕은 지금의 울릉도인 우산국을 정벌하여 복속시키기도 했습니다.

지증왕 다음 왕이 법흥왕입니다. 법흥왕은 고구려 소수림왕이 했던 것과 비슷하게 법과 제도를 정비하여 율령을 반포하고, 이차돈의 순교를 계기로 불교를 공인하였습니다. 또, 전기 가야 연맹을 이끌던 금관가야를 정복했습니다.

법흥왕의 뒤를 이어 진흥왕이 즉위합니다. 진흥왕 때 신라는 전성기를 맞이했습니다. 진흥왕은 화랑도를 정비하고 적극적인 팽창정책을 추진했고,

---

1 지위, 신분, 직업 등을 자식에게 물려주는 것을 말합니다. 여기에서는 왕 자리를 자식에게 물려주었다고 이해하면 되겠습니다.

백제 성왕과 함께 연합하여 고구려가 차지하고 있던 한강 유역을 빼앗습니다. 하지만 이때 한강 상류와 하류를 각각 나누어 갖자는 백제와의 약속을 깨고 한강 유역 전체를 차지해 버립니다. 그 결과 성난 백제군과 맞서 싸우다가 관산성에서 백제의 성왕을 전사시키지요. 한편으로는 후기 가야 연맹을 이끌던 대가야를 복속시켰습니다. 진흥왕과 관련해서는 비석이 여럿 남아 있습니다. 대표적인 것이 순수비, 단양 적성비입니다.

진흥왕 이후에도 백제의 공격이 계속 이어집니다. 수세에 몰린 신라는 이 위기를 극복하기 위해 어떻게 했을까요?

가야는 그냥 가야라 하지 않고 '가야 연맹'이라고 부릅니다. 여러 가야가 연합하여 연맹 국가를 유지했기 때문입니다. 즉, 가야 연맹에서는 어느 강한 세력이 전체를 통일하여 중앙 집권적인 고대 국가로 발전하지 못했습니다. 그 때문에 고구려, 백제, 신라와 함께 사국 시대라고 부르지 않고 삼국 시대라고 부르는 것입니다.

포인트 레슨

① 삼국이 전성기를 맞이했던 순서를 알아 두세요.

② 삼국이 전성기를 맞이했을 당시의 왕과 업적을 기억해 두세요.

③ 백제가 두 차례 수도를 옮기게 된 계기를 정리해 두세요.

081 밑줄 친 '왕'에 대한 설명으로 옳은 것은?

> ○ 왕의 이름은 담덕이고 고국양왕의 아들이다 …(중략)… 백제를
> 공격하여 한강 이북의 여러 군을 빼앗고 또 군사를 보내 거란
> 을 쳐서 이겼다.
>
> ○ 신라가 사신을 보내 "왜인이 국경에 가득 차 성을 부수었으니,
> 노객은 백성된 자로서 왕에게 귀의하여 분부를 청합니다."라고
> 하였다. …(중략)… 왕이 보병과 기병 5만을 보내 신라를 구원
> 하게 하였다.

① 별무반을 편성하였다.

② 금관가야를 병합하였다.

③ 만주 지역에서 영토를 넓혔다.

④ 나당 연합군과 전쟁을 하였다.

⑤ 대마도(쓰시마섬)를 정벌하였다.

[정답 ③] 고구려 광개토 대왕에 대한 문항입니다. 자료에서 백제를 공격하여 한강 이북 지역을 차지한 점, 왜의 공격으로부터 신라를 구해 준 점 등을 통해 밑줄 친 '왕'이 고구려의 광개토 대왕이라는 것을 알 수 있습니다. 광개토 대왕은 만주 지역에서 영토를 넓혀(③) 고구려의 전성기를 열었습니다.

최근에는 개별 왕의 업적을 구분하기보다 해당 왕이 속한 국가에 관해 물어보는 추세로 바뀌었습니다. 만약 위의 자료를 활용한다면 발문이 "밑줄 친 왕이 속한 국가에 대한 설명으로 옳은 것은?"과 같은 식으로요. 일단은 국가별 특징과 성장 과정을 구분하여 정리해 두세요.

082 (가) 국가의 문화유산으로 옳은 것은? [3점]

○ 16년 봄, [(가)]의 왕이 도읍을 사비로 옮기고 국호를 남부
여로 개칭하였다.

○ 32년 가을, [(가)]의 왕이 적을 습격하기 위해 구천에 이르
렀는데 숨어 있던 적군과 맞서 싸우다가 전사하였다. 시호를
성(聖)이라 하였다.

①
경주 석굴암 석굴

②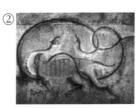
강서대묘 사신도(현무)

③
백제 금동 대향로

④
삼국유사

⑤
수원 화성

[정답 ③] 백제의 유물을 물어본 문항입니다. 자료는 사비 천도, 남부여로 국호 변경 등을 한 성왕에 대한
내용입니다. 성왕은 백제의 왕입니다. 백제와 관련된 유물은 백제 금동 대향로(③)입니다.
이처럼 최근에는 개별 왕의 업적보다는 그 왕의 국가에 대해 크게 물어보는 추세입니다. 백제 관련 유물로
는 금동 대향로, 유적으로는 미륵사지 석탑과 무령왕릉이 자주 나오고, 신라 관련 유적으로는 석굴암과 불국사
가 자주 나옵니다. 수능에서는 그림 아래에 캡션이 함께 나오므로 너무 걱정하지 않아도 괜찮습니다.

2022-9월 모의평가

083 (가) 왕의 업적으로 옳은 것은?

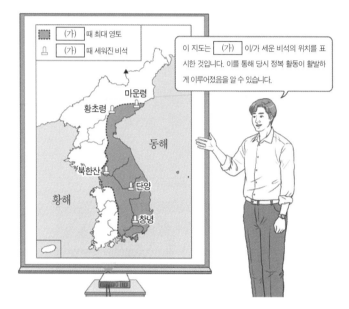

지도 내 범례:
- (가) 때 최대 영토
- (가) 때 세워진 비석

지도 지명: 마운령, 황초령, 북한산, 단양, 창녕, 동해, 황해

말풍선: 이 지도는 (가) 이/가 세운 비석의 위치를 표시한 것입니다. 이를 통해 당시 정복 활동이 활발하게 이루어졌음을 알 수 있습니다.

① 낙랑군을 몰아냈다.

② 우산국을 정복하였다.

③ 대가야를 병합하였다.

④ 기벌포 전투에서 승리하였다.

⑤ 수의 대군을 살수에서 물리쳤다.

[정답 ③] 신라 진흥왕의 업적을 물어본 문항입니다. 지도의 최대 영토와 비석 등을 봤을 때 색칠된 국가가 신라라는 것을 알 수 있습니다. 신라의 전성기를 이끌었던 왕은 진흥왕입니다. 진흥왕은 후기 가야 연맹을 이끌던 대가야를 병합(③)하였습니다.

조금 난이도가 있는 문항입니다. 지도를 보고 해당 국가가 신라임을 먼저 알아내야 합니다. 5개의 선지 중 신라와 관련한 선지는 2개입니다. 이 중 우산국 정복(②)은 지증왕 대의 일입니다.

기존에는 이처럼 개별 왕의 업적을 물어보는 문항이 출제되곤 했습니다. 이 유형의 난이도를 높이려면 같은 국가의 다른 왕의 업적을 선지로 섞어 놓게 됩니다. 하지만 최근에는 이 영역의 출제 비중이 줄었으므로 이미 언급했듯이 고구려, 백제, 신라의 특징을 크게 구분한 다음 각 국가의 주요 왕들의 업적을 가볍게 정리해 보세요.

한반도 정세가 (가)에서 (나)로 변화한 시기 사이에 있었던 사실로 옳은 것은?

〈가〉

〈나〉

① 나당 동맹이 체결되었다.

② 백제가 마한을 복속하였다.

③ 고구려에서 율령이 반포되었다.

④ 성왕이 백제의 수도를 사비로 옮겼다.

⑤ 백제의 공격으로 고구려 고국원왕이 전사하였다.

[정답 ④] 삼국의 항쟁 전반에 대해 물어본 문항입니다. 고구려 영역이 가장 넓은 것을 보아 〈가〉는 고구려 전성기 장수왕 때의 상황이고, 신라의 영역이 가장 넓은 것으로 보아 〈나〉는 신라 전성기 진흥왕 때의 상황이라는 것을 알 수 있습니다.

장수왕의 남진 정책으로 백제는 한강 유역을 잃고 수도를 웅진으로 옮겼습니다. 이후 성왕은 다시 수도를 사비로 옮기고 ④ 백제의 부흥을 꾀하였습니다. 신라와 연합해서 빼앗겼던 한강 유역을 일시적으로 회복하였으나 진흥왕의 배신으로 한강 유역을 다시 빼앗기고 맙니다.

난이도가 높은 문항입니다. 지도를 통해 어느 나라 전성기인지 읽어낼 줄 알아야 하고, 삼국 항쟁의 전반적인 흐름을 알고 있어야 풀 수 있는 문항입니다.

수능에서 지금까지는 주로 특정 국가(고구려, 백제, 신라)를 물어보았으나 앞으로는 이처럼 삼국이 상호작용한 상황을 통합적으로 출제할 수 있으니 지도와 주요 사건 순서를 잘 정리해두세요.

통일 신라와 발해

스포츠 경기 많이 보시나요? 스포츠 경기의 매력은 뭐니 뭐니 해도 역전승입니다. 특히, 약팀이 강팀을 상대로 역전하여 승리를 거머쥐는 모습은 정말 감동적입니다.

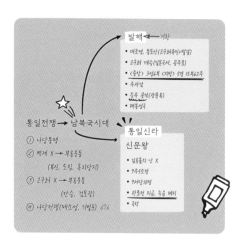

삼국 통일도 이와 비슷했습니다. 변방에 치우쳐 발전이 늦은 바람에 뒤늦게 전성기를 맞이했던 약소국 신라가 마침내 삼국을 통일했습니다. 지금부터 그 역전의 드라마를 이야기해 보겠습니다.

위기를 기회로 삼은 신라의 삼국 통일

신라 전성기를 이끌었던 진흥왕은 백제 성왕과 함께 고구려가 차지하고 있던 한강 유역을 빼앗았습니다. 원래 약속은 한강 하류는 백제가, 상류는 신라가 차지하는 것이었습니다. 하지만 백제를 배신하고 한강 유역을 통째로 차지해 버리고 맙니다.

화가 난 성왕은 신라를 공격하였고, 관산성 전투에서 사망하고 말았습니다. 이후 백제는 신라에 대한 깊은 원한이 맺혔고, 줄기차게 신라를 공격했습니다. 백제의 마지막 왕인 의자왕은 친히 군대를 거느리고 출전하여 신라 서쪽 40여 개의 성을 함락시켰으며, 이어 신라의 교통 거점인 당항성마저 공격했습니다. 마침내 신라의 관문이라고 할 수 있는 대야성마저 함락되고 말았습니다. 신라는 절체절명의 위기에 빠지고 말았습니다.

신라의 선덕여왕은 위기를 극복하기 위해 최후의 수단으로 김춘추를 파견합니다. 김춘추가 먼저 달려간 곳은 고구려였습니다. 그곳에서 김춘추는 정변을 통해 권력을 잡은 연개소문과 만남을 가집니다. 연개소문은 신라를 도와줄 테니 충청 이북 지역을 돌려 달라고 요구했습니다. 백제의 신라 공격의 발단이 되었던 한강 유역을 되돌려 달라는 것이었지요. 김춘추로서는 받아들일 수 없는 제안이었습니다.

고민을 하던 김춘추는 중국 당으로 건너가 태종에게 도움을 요청했습니다. 당시 고구려를 꺾고 동아시아 강자로 군림하고 싶었던 당은 김춘추의 방문을 기회로 여겼습니다. 백제를 함께 공격해 주면, 후에 고구려를 공격할 때 지원하겠다는 신라의 제안을 당 태종이 받아들임으로써 나당 동맹이 체결되었습니다.

나당 연합군은 먼저 백제를 공격했습니다. 의자왕을 비롯한 백제군은 최선을 다해 방어했으나 660년 멸망하고 말았습니다. 이후 복신, 도침, 흑치상지 등이 주도하고 왜가 지원하여 백제 부흥 운동이 전개되었으나 진압되고 맙니다.

나당 연합군의 다음 목표는 고구려였습니다. 맞서 싸우던 고구려는 내분으로 인해 결국 668년 멸망하고 말았습니다. 이후 고구려에서도 안승, 검모잠 등이 주도한 고구려 부흥 운동이 전개되었습니다만 역시 진압됩니다.

하지만 이때, 신라가 백제를 배신했듯 당도 신라를 배신하고 한반도 전체를 차지하려는 욕심을 드러냈습니다. 결국 나당 동맹은 깨어지고 나당 전쟁이 시작됩니다. 매소성과 기벌포에서 신라군이 당군에 승리를 거둠으로써 마침내 신라는 대동강과 원산만을 경계로 하여 한반도를 통일하게 됩니다. 이때가 앞으로 해도 676, 뒤로 해도 676년입니다. 학자들은 고구려가 멸망한 668년이 아닌, 나당 전쟁이 끝나고 당군이 물러난 676년을 삼국 통일의 해로 봅니다.

어떤가요? 동아시아의 최약팀이었던 신라가 여러 강팀을 상대로 승리를 거두며 마침내 삼국 통일의 주인공이 된 이야기가 마치 2002년 월드컵에서 대한민국이 4강에 오른 것처럼 짜릿하지 않나요?

이후 대동강과 원산만을 잇는 선을 경계로 남쪽에는 통일 신라가 존재하고, 북쪽에는 발해가 건국됩니다. 조선 후기 유득공은 이 시기를 '남북국 시대'라고 불렀답니다.

새로운 시스템을 구축한 통일신라

삼국 통일 과정에서 큰 역할을 한 김춘추는 진골 귀족 신분으로 처음 신라 왕위에 오릅니다. 원래 신라에서는 골품제 중 최상층인 성골만 왕이 될 수 있었습니다. 그 공식이 깨진 첫 사례가 바로 김춘추입니다. 왕에 오른 김춘추를 태종무열왕이라고 부른답니다. 태종무열왕 김춘추는 백제가 멸망한 다음 해 사망합니다. 그리고 그 뒤를 이어 문무왕이 즉위합니다. 문무왕은 삼국 통일 전쟁 시기 신라를 이끌었던 왕입니다. 문무왕은 고구려 멸망, 나당 전쟁을 치르며 삼국 통일을 완성했습니다.

이후 통일된 신라에서 문무왕 다음에 즉위한 왕이 바로 신문왕입니다. 즉위 직후 김흠돌의 난이 일어나 왕권을 위협하는 위기가 닥칩니다. 신문왕은 김흠돌의 난을 진압하고 나서 귀족 세력을 누르고 왕권을 강화하는 정책을 실시하였습니다. 대표적인 정책으로 관료전 지급과 녹읍 폐지가 있습니다. 앞서 살펴본 고려의 토지 제도 기억나나요? 지금은 공무원들의 월급을 나라에서 걷은 세금으로 주지만 옛날에는 국가 통제력이 그리 강하지 못했고 화폐 경제가 발달하지 않았습니다. 그래서 세금을 걷어 현금으로 월급을 주지 않고 특정 땅에서 나오는 세금을 걷을 수 있는 권리(수조권)를 월급 대신 주었습니다. 그런데 녹읍이라는 것은 토지에서 나오는 세금과 더불어 그 토지에서 농사짓는 사람의 노동력을 가져다 쓸 수 있는 권한까지 준 것입니다. 관료전은 노동력을 가져다 쓸 수 있는 권한을 빼고 세금을 걷을 권리만 남겨놓은 것입니다.

신문왕이 관료전을 지급하고 녹읍을 폐지했다는 것은 관료들이 월급으로 받은 토지에서 노동력은 가져다 쓸 수 없게 만든 것입니다. 관료들은 대부분 귀족이었겠지요? 신문왕의 이 정책은 귀족 세력을 누르고 왕권을 강화하려는 목적으로 시행되었습니다.

신문왕에게는 과제가 있었습니다. 이제 막 통일을 달성하면서 넓어진 땅을 효과적으로 다스리기 위해 나라 시스템을 재정비하는 것이었죠. 신문왕은 지방을 9개 주로 다시 나누었고, 수도 경주가 치우쳐 있는 지리적 한계를 보완하기 위해 주요 거점에 5개의 작은 수도를 두었습니다. 이 제도를 9주 5

소경 체제라고 부릅니다. 또 군사 제도를 9서당 10정으로 재편하였습니다. 유학 교육을 위해 국학을 세우기도 했습니다. 시간이 조금 더 흘러 원성왕 때는 국학의 졸업생들을 대상으로 독서삼품과라는 일종의 졸업시험을 치르 기도 했습니다.

다시 분열된 한반도, 후삼국 시대

영원한 것은 없습니다. 통일 신라도 시간이 지남에 따라 점점 진골 귀족 세력이 강해졌고, 마침내 진골 귀족들이 서로 왕이 되겠다며 왕위 쟁탈전이 벌어집니다. 당연히 중앙 정부의 통제력은 지방까지 미치지 못했습니다. 그 러자 지방에서 힘이 강한 가문이 스스로 무장하여 자기 지방에서 실력을 행 사하기 시작했습니다. 통일 신라 말 지방의 힘이 있는 이 세력들을 호족이라 고 부릅니다. 고려를 세운 왕건도 지금의 개성 지역의 호족 출신이었습니다.

통일 신라 말, 궁예가 후고구려를, 견훤이 후백제를 각각 세우면서 신라의 힘이 미치는 지역은 경주 중심으로 쪼그라들었습니다. 이 시기를 후삼국 시 대라고 부릅니다. 그리고 후삼국 시대는 다시 고려로 통일됩니다.

고구려와 닮은 '해동성국' 발해

고구려 멸망 후 한반도 북부와 만주 지역, 즉 옛 고구려 땅에서는 무슨 일 이 일어났을까요? 698년 고구려 장군 출신인 대조영이 옛 고구려인과 말갈 인들과 연합하여 동모산에서 발해를 건국합니다. 고구려가 멸망한 지 얼마 안 되었고 고구려 옛 땅에서 건국된 나라인 만큼 발해는 고구려와 문화적으 로 비슷한 점이 많았습니다. 정혜공주묘와 정효공주묘, 온돌과 기와 등에서 고구려 양식을 엿볼 수 있습니다. 발해의 왕들도 고구려 계승 의식이 있었습니다. 일본에 보낸 편지에도 스스로를 '고려왕'이라고 칭하고 있습니다. 여기에서 말하는 '고려'는 우리가 알고 있는 태조 왕건의 고려가 아닌 고구려를 가리킵니다.

발해는 초기에 당과 적대적인 관계를 유지하며 장문휴를 파견하여 중국 땅 등주를 공격하기도 합니다. 하지만 시간이 지나면서 당, 신라, 왜와 친선 관계를 맺으며 활발하게 교류하였습니다. 중앙 정치 기구로 당의 3성 6부제를 도입하기도 했습니다. 하지만 6부를 좌사정, 우사정 각 3부로 나누었고, 6부의 명칭을 유교식으로 사용하는 등 독자성을 보이기도 했습니다. 지방은 5경 15부 62주의 행정 구역으로 구분하여 통치하였습니다. 또 주자감을 두어 유학 교육을 실시했습니다.

발해는 전성기에 중국인들로부터 해동성국이라는 별칭으로 불리기도 했습니다. '바다 건너 성스러운 나라'라는 뜻입니다.

10세기 중반에 동아시아는 급격한 변화를 맞이합니다. 중국에서는 당이 멸망하고 5대 10국이라는 분열 시기가 이어집니다. 한반도에서는 후삼국 시대가 펼쳐졌습니다. 이 시기 중국 북방에서는 유목민족인 거란이 성장하였습니다. 발해는 결국 거란에 의해 멸망하고 맙니다. 이후 발해 백성들 중 상당수는 통일된 한반도의 새로운 주인이 된 고려로 이주합니다.

> **원포인트 레슨**
>
> ① 신문왕의 업적을 키워드 중심으로 정리해 두세요.
>
> ② 발해의 특징을 키워드 중심으로 정리해 두세요.
>
> ③ 신라의 삼국 통일 과정의 순서를 키워드와 함께 정리해 두세요.

084 다음 자료를 활용한 탐구 주제로 가장 적절한 것은? [3점]

○ 승려 도침과 옛 장수 복신이 무리를 거느리고 주류성을 거점으로 반란을 일으켰다. 이후 왜국에 사신을 보내 의자왕의 아들 부여풍을 맞아들여 왕으로 세웠다.

○ 흑치상지가 흩어진 군사들을 모아 임존성으로 들어가 수비하자 열흘이 못 되어 소식을 듣고 모인 사람들이 3만 명이나 되었다. 소정방은 성을 공격하였지만 승리하지 못하였다.

① 백제 부흥 운동의 전개

② 위정척사 운동의 영향

③ 4군 6진 개척의 결과

④ 삼별초 항쟁의 과정

⑤ 북벌 운동의 배경

[정답 ①] 신라의 삼국 통일 과정 중 백제 부흥 운동에 대한 문항입니다. 자료의 '도침' '복신' '의자왕의 아들' '흑치상지' 등을 통해 백제 부흥 운동에 대한 자료라는 것을 알 수 있습니다(①).
백제 부흥 운동, 고구려 부흥 운동, 나당 전쟁의 키워드를 잘 알아 두고 구분할 수 있어야 합니다. 난이도가 올라가면 순서를 물어보거나 각 시기 사이에 있었던 사실을 물어볼 수도 있으니 키워드와 순서를 함께 정리해야 합니다.

085 (가)에 들어갈 내용으로 가장 적절한 것은?

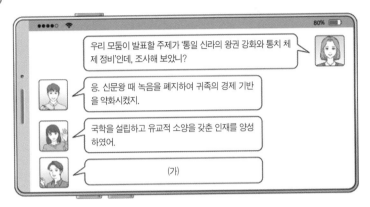

① 훈민정음을 반포하였어.

② 평양으로 수도를 옮겼어.

③ 수원 화성을 건설하였어.

④ 군국기무처를 설치하였어.

⑤ 전국을 9주 5소경 체제로 편성하였어.

[정답 ⑤] 통일 신라 신문왕에 대한 문항입니다. 신문왕은 녹읍을 폐지하고 관료전을 지급하는 등 귀족의 경제 기반을 약화시키는 한편, 국학을 설립하고 유학교육을 장려하였습니다. 또, 통일 후 넓어진 영토를 효율적으로 통치하기 위해 전국을 9주 5소경 체제로 편성하였습니다(⑤).

통일 신라에서는 신문왕이 주로 출제됩니다. 신문왕의 키워드는 9주 5소경-국학-녹읍/관료전 정도이니 정리 해 두세요.

2024-대학수학능력시험

086 (가) 국가에 대한 설명으로 옳은 것은? [3점]

> (가) 에서는 왕을 '가독부', '성왕' 또는 '기하'라고도 부른다.
> 왕의 명령은 '교'라고 한다. 주요 관청으로는 선조성, 정당성 등이
> 있다. …(중략)… (가) 의 땅에는 5경 15부 62주가 있다.

① 골품제를 운영하였다.

② 주자감을 설립하였다.

③ 수원 화성을 건설하였다.

④ 대한국 국제를 제정하였다.

⑤ 향부·곡·소를 설치하였다.

[정답 ②] 발해의 특징에 관한 문항입니다. 자료의 '선조성' '정당성' '5경 15부 62주' 등을 통해 (가) 국가는
발해라는 것을 알 수 있습니다. 발해는 주자감을 설립하여 유학 교육을 하였습니다(②).
　발해는 자주 출제되었던 주제입니다. 통일 신라가 나오거나 발해가 나오거나 하는데, 발해가 더 많이 나왔
습니다. 대조영, 해동성국, 고구려 계승 의식 등이 주요 키워드입니다. 하지만 다소 생소한 5경 15부 62주도
선지에 자주 보이기 시작했습니다. 통일 신라의 9주 5소경, 고려의 5도 양계와 헷갈리지 않게 정리해 두세요.
발해는 영토가 넓어 관련 숫자가 크다는 점을 기억해 두세요.

(가) 국가에 대한 설명으로 옳은 것은?

고구려 양식인 모줄임 천장이 특징이구나.

맞아. 대조영이 세운 [(가)] 이/가 고구려 문화를 계승했다는 사례를 보여 주는 유적이야.

정효 공주 묘 내부

① 천리장성을 쌓았다.

② 해동성국이라고 불렀다.

③ 청에 연행사를 파견하였다.

④ 제가들이 사출도를 다스렸다.

⑤ 명과 조공·책봉 관계를 맺었다.

[정답 ②] 발해의 특징에 관한 문항입니다. 자료의 '정효 공주 묘' '대조영' '고구려 문화를 계승' 등을 통해 (가) 국가가 발해라는 것을 알 수 있습니다. 발해는 전성기 때 해동성국이라고 불렀습니다(②). 발해는 키워드 위주로 출제가 되므로, 난이도가 높지 않습니다. 발해 관련 키워드를 잘 정리해 두세요.

사회와 문화

여러분이 수업 시간에 지루해져서 옆 친구와 노트에 필담을 나눕니다.

"○○야. 나 배고파."

"나도. 우리 수능 얼마 안 남았으니 열공하자."

"그래. 수능 필수 과목인 한국사 너무 어려워. 열심히 해야겠다."

"한국사 공부 열심히 해서 1등급 받자."

그리고 1500년쯤 시간이 흘렀습니다. 우연히 3523년에 여러분의 노트가 역사학자들의 손에 들어갔습니다. 역사학자들은 이 노트를 보고 몇 가지 사실을 추리해 낼 것입니다.

'2023년에는 수능이라는 시험이 있었나 보구나.'

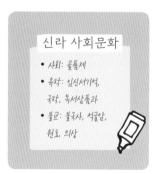

'그때는 한국사를 중요한 과목으로 생각했구나.'

'성적은 등급으로 산출되었구나.'

하고 말입니다.

유학 교육의 강화

1934년 경주에서 발견된 길이 34cm의 임신서기석에는 신라의 두 청년이 유교 경전을 학습할 것을 맹세한 내용이 새겨져 있습니다. 앞에서 예로 든 이야기와 비슷한 일이 실제로 일어난 것이지요. 이를 통해 우리는 신라에서 유학 교육이 이루어졌다는 것을 알 수 있습니다.

삼국과 발해에서는 모두 유학 교육이 실시되고 있었습니다. 고구려에서는 소수림왕 때 태학이, 통일 신라에서는 신문왕 때 국학이, 발해에서는 주자감이 설치되어 국가적으로 유학 교육을 중요시했음을 알 수 있습니다. 유학은 정치 운영과 인재 선발에 영향을 끼쳤습니다. 특히, 통일 신라에서는 국학의 졸업생들을 대상으로 유교 경전의 이해 정도를 3개 등급으로 평가하는 독서삼품과라는 일종의 졸업시험이 치러졌습니다.

도교와 불교의 발달

한편, 불교와 도교는 삼국의 문화에 영향을 끼쳤습니다.

고구려의 한 귀족 무덤 내부의 묘실의 벽면에는 동서남북을 각각 지키는 전설 속의 동물 청룡, 백호, 주작, 현무가 그려져 있습니다. 이를 사신도라고 합니다. 백제의 금동대향로는 불교적 요소와 도교적 요소가 함께 들어 있습니다. 받침대의 연꽃 모양은 불교적 요소입니다. 한편, 몸체에 있는 깊은 산과 물, 봉황 등은 도교적 요소입니다. 백제의 산수무늬 벽돌에도 산과 물 등 도교적 요소가 잘 나타나 있습니다.

불교는 국가적 지원을 받으며 성장하였습니다. 그래서 이때 지어진 절이나 탑의 흔적이 아직도 많이 남아 있습니다. 익산 미륵사지 석탑은 백제의 석탑 양식을 잘 보여 주는 유적입니다. 신라의 불교 유적으로는 불국사와 석굴암이 유명합니다. 이런 큰 절이나 탑을 짓기 위해서는 엄청난 자금과 노동력이 필요했겠지요? 아무나 짓지는 못했을 것입니다. 그래서 삼국 시대 절이나 탑은 국가적 사업으로 진행되었습니다. 이처럼 이때의 불교는 국가와 귀족 중심으로 받아들여지고 유행했습니다. 신라가 삼국을 통일할 즈음이 되어서야 불교가 민간에도 널리 퍼지게 됩니다. 신라 승려 의상과 원효는 모두 불교 대중화에 기여하였습니다.

신라의 골품제와 고구려의 진대법

신라에는 골품제라는 신분제가 존재했습니다. '뼈의 품질'이라는 뜻의 골품제는 원래 귀족들의 서열을 나눠 놓은 것인데, 크게 '골'과 '두품'으로 나누어집니다. 그래서 최상층에는 성골과 진골이, 그다음에는 6두품, 5두품, 4두품 순으로 내려갑니다. 신라는 골품에 따라 관직에서 승진할 수 있는 상한선이 정해졌고, 심지어는 집 크기도 정해졌습니다. 이로 인해 통일 신라 말 실력 있는 6두품 세력은 자신의 능력이 제대로 쓰임 받지 못해 신라에 불만을 품기도 했습니다. 대표적인 6두품 지식인으로 최치원이 있습니다.

우리나라에는 서민들을 위해 국가에서 싼 이자로 생활 자금을 대출해 주는 복지 제도가 있습니다. 놀랍게도 고구려에도 이와 비슷한 진대법이라는 복지 제도가 있었습니다. 봄에 쌀이 떨어졌을 때 나라에서 곳간을 열어 쌀을 빌려주었다가 가을에 추수가 끝나면 싼 이자로 갚게 한 제도입니다.

이번 장에서는 고대의 생활과 문화의 이모저모에 대해서 알아보았습니다. 형태와 명칭이 다를 뿐 사람 사는 모습은 예나 지금이나 비슷한 것 같습니다. 우리는 과거 사람들은 뭔가 우리와 다르고, 심지어 우리보다 수준이 떨어졌을 것이라고 생각하는 경향이 있습니다. 그런데 과거의 사람들도 현대 우리와 다를 바 없지요? 살면서 겪는 어려움도 비슷했을 것입니다. 그러니 "나라면 이 상황에서 어떻게 했을까?"라는 생각을 토대로 추리해 보면, 과거 사람들의 삶을 더 잘 이해할 수 있을 것입니다.

포인트 레슨

① 유학, 도교, 불교와 관련된 키워드를 구분할 수 있도록 정리해 두세요.

② 신라의 골품제와 관련한 키워드를 알아 두세요.

③ 진대법이 고구려의 제도라는 것을 기억해 두세요.

087 (가) 국가에 대한 설명으로 옳은 것은? [3점]

이것은 임신서기석입니다. (가) 의 젊은이들이 나라를 위해 힘쓸 것과 유교 경전을 열심히 공부할 것을 맹세한 내용이 새겨져 있습니다. 이를 통해 당시 유학이 보급되었음을 알 수 있습니다.

시(경)
상서
예(기)
(춘추)전

나라가 불안하고 세상이 어지러우면 행동할 것을 맹세

① 국학을 두었다.

② 신흥 강습소를 세웠다.

③ 원산 학사를 건립하였다.

④ 육영 공원을 운영하였다.

⑤ 한성 사범 학교를 설립하였다.

[정답 ①] 신라의 유학 교육에 대한 문항입니다. 자료의 임신서기석을 통해 유학 교육과 관련한 주제라는 것을 알 수 있습니다. 임신서기석은 신라에서 유학 교육이 시행되었음을 보여 주는 대표적인 유물입니다. 통일 신라 신문왕은 국학을 설치하여 유학 교육을 장려하였습니다(①).

이 외에도 유학 교육 기관으로 고구려의 태학, 발해의 주자감, 고려의 국자감, 조선의 성균관이 있습니다. 시대를 아우르는 문항이 출제될 수도 있으니 주제별로도 정리해 두세요. 나아가 불교 유적과 승려, 도교도 이와 같은 방법으로 정리해 두세요.

088 (가) 국가에 대한 설명으로 옳은 것은?

> 이 비는 (가) 의 광개토 대왕을 기리기 위해 세워진 것입니다. 이 비를 통해서 (가) 이/가 천손 의식을 내세웠고, 강력한 군사력을 바탕으로 요동을 포함한 만주 일대를 차지한 사실을 알 수 있습니다.

① 우산국을 정벌하였다.

② 진대법을 실시하였다.

③ 경국대전을 반포하였다.

④ 쌍성총관부를 공격하였다.

⑤ 백두산정계비를 건립하였다.

[정답 ②] 고구려의 진대법에 관한 문항입니다. 자료는 광개토 대왕릉비입니다. 광개토 대왕은 고구려의 왕이므로, (가) 국가는 고구려라는 것을 알 수 있습니다. 고구려에서는 복지 제도로 진대법을 시행(②)하였습니다.

정치사나 대외관계사가 아닌 사회 제도 진대법은 수험생들에게 생소한 키워드입니다. 최근에 자주 보이는 키워드이니 이번 기회에 정리하고 가도록 합니다.

2022-6월 모의평가

089 (가)에 들어갈 내용으로 가장 적절한 것은?

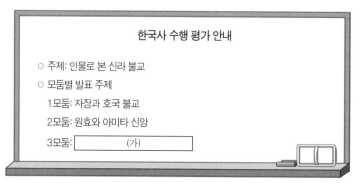

한국사 수행 평가 안내

○ 주제: 인물로 본 신라 불교
○ 모둠별 발표 주제
　1모둠: 자장과 호국 불교
　2모둠: 원효와 아미타 신앙
　3모둠: ＿＿＿＿(가)＿＿＿＿

① 의상과 화엄 사상

② 지눌과 수선사 결사

③ 의천과 해동 천태종

④ 신돈과 전민변정도감

⑤ 묘청과 서경 천도 운동

[정답 ①] 신라 불교에 대한 문항입니다. 원효와 쌍을 이루는 신라의 승려가 의상입니다(①).
선지 5개가 모두 승려입니다. 시기별로 구분해놓는 것이 좋습니다. 신라에서는 원효와 의상, 고려에서는
의천, 묘청, 지눌, 신돈이 대표적입니다. 그리고 나서 여유가 있으면 각 승려들이 한 활동을 정리해 두면 든
든합니다.

(가) 교육 진흥을 위한 사례로 옳지 않은 것은?

이 유물은 임신서기석입니다. 두 사람이 《시경》《상서》《예기》《춘추전》 등 ___(가)___ 경전을 공부하기로 맹세한 내용이 있습니다.

① 고구려 - 태학을 설립하였다.

② 백제 - 오경박사를 두었다.

③ 발해 - 주자감을 설치하였다.

④ 고려 - 승과를 시행하였다.

⑤ 조선 - 성균관을 설치하였다.

[정답 ④] 유학 교육을 물어본 문항입니다. 자료의 '임신서기석' 등을 통해 (가) 교육은 유학 교육임을 알 수 있습니다. 고구려는 태학을, 발해는 주자감을, 통일신라는 국학을, 고려는 국자감을, 조선은 성균관을 설치하여 유학 교육을 장려하였습니다. 또 백제는 유교 경전에 능통한 사람에게 박사라는 칭호를 주었습니다. 고려에서 실시한 승과는 승려를 뽑는 과거로 불교와 관련이 있습니다(④).

유학 교육, 불교, 도교와 관련한 사항을 구분할 줄 알아야 합니다. 유학 교육은 주로 교육 기관, 불교는 승려, 도교는 유적과 유물로 출제되는 경우가 많습니다. 정치사에 비해 다소 생소하여 매번 어려움을 겪는 수가 많습니다. 한 번만 정확하게 암기하면 두고두고 써먹을 수 있으니 잘 정리해 두세요.

영화로 보는 삼국 시대 전쟁사

전쟁으로 점철된 삼국 시대를 잘 보여 주는 영화가 두 편 있습니다.

〈황산벌〉(2003)은 백제 멸망 직전 마지막 전투라 할 수 있는 황산벌 전투를 배경으로 삼아 다양한 계층의 사람들을 여과 없이 보여 줍니다. 결사 항쟁을 외치며 갑옷을 꿰매는 백제 병사들, 죽을 줄 알면서도 명예를 실추시키지 않기 위해 화랑인 아들을 홀로 적군 속으로 보내는 신라의 귀족들, 최후의 결전을 앞두고 자기 가족을 자기 손으로 죽이려는 계백, 그리고 그런 계백에 맞서 항변하는 계백의 아내. 이들에게 전쟁은 무엇이었을까요? 전라도 사투리와 경상도 사투리가 뒤섞이며 코믹함을 자아내지만, 그 속에는 날카로운 질문이 숨어 있습니다.

〈안시성〉(2018)은 당과 고구려 사이에 벌어진 안시성 전투를 소재로 삼은 영화입니다. 안시성 전투에 대해서는 기록이 많이 남아 있지 않아 영화는 많은 부분을 각색했습니다. 하지만 당시 안시성 전투에 동원되었던 수많은 백성의 활약과 애환은 사실과 다름없을 것입니다.

이 장을 넘기기 전에 왕의 이야기와 영토 정복 이야기 속에 묻혀 있던 삼국 시대 백성들의 삶에 대해서도 한번 생각해 보는 시간을 가지면 어떨까요?

숨가쁜 여정이었습니다. 마치 명소 여기저기 점만 찍고 다니는 초단기 패키지 여행 상품 같은 느낌입니다. 패키지 여행에도 장점은 있습니다. 적어도 명소에 가서 짧게나마 머물고 기념 사진이라도 직접 찍어올 수 있습니다. 시간이 지나면 점점 그곳에 갔던 기억이 희미해지겠지만, 내 발로 직접 가서 내 눈으로 보고 내 손으로 사진을 직접 찍어왔다는 사실은 변함없습니다.

저는 이 책을 통해 여러분에게 수능 한국사 초단기 패키지 여행 상품을 제공했습니다. 통계를 활용한 기출 분석 데이터를 기반으로 고르고 고른 한국사의 '명소'들을 최대한 짧은 기간 내에 여러분이 '찍고 다니도록' 가이드 역할을 했습니다. 이후의 일은 이제 현실로 '귀국'한 여러분 몫입니다. 시간이 지남에 따라 기억이 점점 흐려지는 것은 당연합니다. 하지만 문득문득 여행지에서 찍은 사진을 꺼내 보며 추억을 회상하듯, 이 책을 꺼내 훑으면 훑을수록 '점'만 찍고 다녔던 '명소'들이 여러분의 마음속에 깊이 자리잡을 것입니다. 그리고 여행지의 골목길과 현지인들이 생각나듯, 한국사 주요 개념들 간의 관계가 그려질 것입니다. 부디 이 여행이 여러분의 삶에 티끌만큼이라도 도움이 되기를 진심으로 기원합니다.

부족한 원고를 다시 보니 여기저기 아쉬움이 많이 남습니다. 조금 더 내용을 구조화할 수는 없었는지, 내용을 조금 더 뺄 수는 없었는지, 혹시 너무 많이 생략해서 연결이 부자연스럽지는 않은지, 역사적 사실 관계에 논란이 될 소지는 없는지, 조금 더 시각적 자료를 제공할 필요는 없었는지 등등 그 어떤 것 하나 속 시원하게 만족스러운 것이 없습니다. 하지만 이 작업은 이것으로 마침표를 찍은 것이 아닙니다. 이제 첫발을 내디딘 것에 불과합니다. 매년 수능이 끝나고 나면 개정 작업에 들어가서 조금씩 다듬고 업데이트할 계획입니다. 한 번 출간하고 박제해 놓는 책이 아닌, 매년 변화에 맞춰 성장해 나가는 '살아 있는' 책을 만들고 싶습니다.

텍스트보다 영상에 익숙한 독자를 위해 제 유튜브 채널을 소개합니다. 이곳에는 책의 내용을 약 20분 분량으로 촬영해 놓은 강좌를 비롯하여 내신 대비로 조금 더 잘게 주제를 쪼개서 촬영한 강좌도 탑재되어 있습니다. 마찬가지로 매년 변화에 맞게 영상을 업데이트할 것을 약속드립니다.

마지막으로, 책 출판에 용기를 주고 도움을 주신 모든 분께 고개 숙여 깊이 감사드립니다.

기적은 그냥 주어지는 것이 아닙니다. 만들어 가는 것입니다. 매일매일 기적이 일어나도록 꾸준히 노력하는 사람이 되겠습니다.

GTS 한국사 유튜브 채널
https://www.youtube.com/@2023gts